AF346787

DROIT DES GENS

MODERNE

DE L'EUROPE.

DROIT DES GENS

MODERNE

DE L'EUROPE.

PAR

JEAN LOUIS KLÜBER.

TOME PREMIER.

A STUTTGART,

DANS LA LIBRAIRIE DE J. G. COTTA.

1 8 1 9.

PRÉFACE.

En entreprenant le présent ouvrage, je pouvais espérer de montrer peut-être quelques parties de la science du droit des gens moderne de l'Europe sous un nouveau jour, de simplifier son système, de l'enrichir de quelques notices et remarques échappées à la sagacité de mes prédécesseurs, et d'ajouter ce qu'après eux l'expérience et les circonstances ont pu fournir; mais j'avais un motif plus recommandable encore et plus urgent. J'ai pensé qu'en fait de diplomatie je pourrais ajouter aux titres de mérite de plusieurs de mes compatriotes, en tâchant d'encourager de nouveau à l'étude du droit des gens positif surtout ceux de mes contemporains qui sont dans le cas de se vouer un jour aux affaires publiques. Du moins ne m'a-t-il pas paru superflu, dans le moment actuel, de faire sentir la nécessité de cette branche de l'enseignement aux jurisconsultes aussi bien qu'aux politiques.

Embrasser autant que possible l'ensemble de la science, développer ses principes avec clarté et précision, l'éclaircir par des notices tant historiques que littéraires, utiles surtout à ceux qui désirent se livrer à une étude plus profonde, c'est le plan de mon ouvrage.

Le droit des gens naturel y doit entrer de beaucoup. Devant servir de base à un système du droit établi entre les nations par des conventions expresses ou tacites, il y vient en considération sous un double rapport. D'abord il remplit les lacunes qui ne se présentent que trop souvent dans un système du droit des gens positif, et sous ce rapport il est d'un usage essentiel; ensuite il sert de ciment à ce même système, en classant et liant les principes.

En se vouant à l'étude du droit des gens moderne de l'Europe, on ne doit point s'attendre à voir toujours reconnue, par chacune des nations qui habitent cette partie du globe, chaque thèse, soit de droit soit de fait, que la théorie ne saurait se dispenser d'établir ou de conserver. L'auteur d'un ouvrage pareil à celui-ci, est souvent obligé de s'en tenir uniquement à des abstractions que peut lui fournir une considération attentive et impartiale du droit des gens naturel et de quelques conventions et coutumes adoptées sinon par tous, du moins par la plupart des états de l'Europe. La théorie générale qui est le résultat d'une telle comparaison, ne peut donc être appliquée dans un cas particulier qu'autant qu'elle se concilie avec les circonstances particulières. Cette théorie n'étant jamais fondée au point de déroger aux rapports spéciaux qui s'appuient sur des faits ou réglemens particuliers, en chaque cas qui se présente, l'homme d'état doit avoir égard, avant tout, aux relations particulières qui subsistent entre les puissances respectives. Mais malgré cette vérité fondamentale, les principes généraux sont de la plus grande importance, et ils ne devraient être négligés par aucun de ceux qui suivent la carrière diplomatique.

Certainement il ne peut s'agir ici que de ce qui doit s'observer entre les nations, d'après les préceptes du droit. On ne saurait se dissimuler qu'il est des cas où la prépondérance d'un ou de plusieurs états, ou des évènemens extraordinaires, ont impérieusement favorisé des mesures dont on chercherait en vain une raison suffisante dans les principes du droit des gens.

Mais il n'en est pas moins important de connaître les *droits* des nations; car ce qui est vraiment juste, sera assurément reconnu un jour pour tel, et d'ailleurs aucune puissance ne peut entièrement déroger à la dignité du droit des gens par une marche arbitraire. Rendre hommage à l'injustice, vouloir, quel qu'en soit le motif, ériger en principes les maximes subversives d'une telle puissance, comme on n'en a vu que trop souvent des exemples, surtout dans les auteurs modernes, ce serait se rendre coupable envers l'humanité.

Les agitations qu'ont éprouvées les états de l'Europe pendant vingt-cinq ans, ne manqueront pas d'apporter quelques changemens ou modifications aux principes du droit des gens positif, qu'on a en vain espéré de voir déjà sanctionnées par le congrès de Vienne; mais il y a tout lieu de croire que ces changemens ne seront ni assez nombreux ni assez prochains pour devoir retarder la publication de ce livre. Puisse-t-il contribuer à hâter l'époque de leur existence, qui ne sera jamais aussi proche que l'intérêt de l'humanité et des états le commande; je m'abuse peut-être, mais je voudrais pouvoir espérer que cet ouvrage pût servir d'introduction à cet effet. Aussi est-ce particulièrement sous ce point de vue que j'ai tâché de donner au droit maritime, surtout à celui des neutres, un développement et une attention proportionnée à son importance actuelle.

Si l'on me trouve irréprochable, comme je le désire, sous le rapport de la véracité, il en est peut-être qui me voudraient des couleurs plus fortes, un ton moins didactique. J'avoue que je désespère d'obtenir grâce devant ces derniers, à moins que la concision si nécessaire à un ouvrage élémentaire, la multitude des objets à traiter en aussi peu de mots et à développer en aussi peu d'espace que possible, ne me rendent excusable à leurs yeux.

La considération seule d'une utilité plus générale a pu m'engager à choisir une langue qui n'est ni la mienne ni celle de ma patrie, et qui ne doit jamais l'être. Je me sers de cette langue, moins comme celle des Français, que parce qu'elle est familière non seulement à mes compatriotes lettrés, mais aussi à la plupart des diplomates des autres nations de l'Europe également liées par le droit des gens. Cet aveu, cette intention m'excuseront et me donneront quelque droit à l'indulgence de ceux qui possèdent cette langue mieux que moi.

J'ai ajouté un grand nombre de notices littéraires, et indiqué beaucoup de controverses agitées entre les publicistes. Quelque peine que j'aie
éprouvée à m'y déterminer, j'ai cru ne pouvoir
m'en dispenser dans un ouvrage destiné aussi à
servir de base à l'enseignement d'une science dans
laquelle il importe essentiellement de connaître
les différentes opinions et les livres où l'on trouve
de quoi enrichir son savoir. Malgré cette intime
conviction, j'avoue que je me serais passé, du
moins de la plus grande partie de ces notes et ci-
tations, si je n'avais eu en vue que des lecteurs
français d'origine.

J'ai cru devoir ajouter en outre, comme
supplément, une bibliothèque choisie du droit
des gens, pour subvenir, de la manière la
plus prompte et la plus commode possible, aux
besoins bibliographiques tant des commençans
que des autres; la table alphabétique des auteurs,
placée à la fin de ce livre, en facilitera l'usage.

TABLE GÉNÉRALE

DES MATIÈRES

CONTENUES DANS CET OUVRAGE.

TITRE PRÉLIMINAIRE.

PREMIÈRE PARTIE.

SECONDE PARTIE.

Les droits des états de l'Europe entr'eux.

TITRE I.

Droits absolus des états de l'Europe entr'eux.

TITRE II.

Droits hypothétiques des états de l'Europe entr'eux.

SECTION I.

Droits des états dans leurs rapports pacifiques.

SECTION II.

Droits des états dans l'état de guerre.

SUPPLÉMENT.

BIBLIOTHÈQUE CHOISIE DU DROIT DES GENS.

DROIT DES GENS
MODERNE
DE L'EUROPE.

PRINCIPES
GÉNÉRAUX ET PRÉLIMINAIRES.

CHAPITRE PREMIER.
DÉFINITION, PARTIES. SOURCES DU DROIT DES GENS. SCIENCES CONNEXES ET SUBSIDIAIRES, MÉTHODE.

§. 1.

Définition et parties du droit des gens.

On appelle *gens* ou *nations* libres les états indépendans, considérés dans leurs rapports mutuels comme personnes morales *a*). L'ensemble de leurs droits réciproques et parfaits, du droit des états entr'eux, forme le *droit des gens* ou *droit des nations (jus gentium, jus civitatum inter se*). Ce droit est *naturel*, en tant qu'il dérive de la nature même des relations qui subsistent entre les états: *positif b*), lorsqu'il est fondé sur des conventions expresses ou tacites *c*). On peut traiter en science le droit des gens positif, soit d'un seul état soit de plusieurs ensemble, nommément de ceux de l'Europe *d*). Quoiqu'on ne puisse regarder ni toutes les nations comme formantes un état universel du monde (§. 15, 34 et 35), ni celles de l'Europe comme composantes une république des gens, il est néanmoins constant que ces dernières s'accordent mutuellement un certain ensemble de droits et que, sous ce rapport, il existe entre elles une communauté des droits. On ne peut donc douter ni de l'existence du droit des gens de l'Europe, ni de la nécessité et de l'utilité de le traiter en science *e*).

a) Le mot *nation* a trois différentes significations; il est considéré sous le rapport de la métapolitique, du droit public intérieur (ou droit public proprement dit), et du droit des gens ou droit public extérieur. Conférez J. Th. ROTH's Archiv für das Völkerrecht, Heft I, p. 1 — 12.

b) Quelques-uns l'appellent droit politique, d'autres droit des gens arbitraire ou volontaire, *jus gentium voluntarium, usus gentium.*

c) Les publicistes sont partagés sur les différentes branches du droit des gens. Les uns en admettent quatre, celles du droit des gens naturel (*jus gentium naturale*), de l'arbitraire ou volontaire (*voluntarium*), du conventionnel (*pactitium*), et du coutumier (*consuetudinarium*). Mais ce dernier ne peut être réputé véritable droit des gens qu'en tant qu'il est fondé sur des conventions tacites, et non pas sur un simple usage. Il manque à la seconde branche le caractère essentiel de force de loi. — D'autres distinguent le droit des gens simplement naturel, naturel modifié (fondé sur le consentement présumé des nations civilisées), coutumier, et conventionnel. Voyez D. H. L. Frhrn. von OMPTEDA's Literatur des Völkerrechtes, Th. I, S. 8 ff. C. A. v. KAMPTZ neue Literatur des Völkerrechts, S. 28 f. Enfin il y a des auteurs qui se bornent à séparer le droit des gens naturel du positif, mais en subdivisant le naturel en celui qui est de nécessité ou primitif (*necessarium s. primarium*), et celui qui est purement arbitraire (*voluntarium s. secundarium*). C. G. GÜNTHER's europäisches Völkerrecht in Friedenszeiten, Th. I, S. 4. — Il y a encore d'autres divisions. Voyez GÜNTHER, même ouvrage, I. 22.

d) Le droit des gens positif de l'Europe, est appelé par quelques-uns *jus gentium europaearum practicum*. — La Porte Otthomane ne l'admet pas toujours; mais il est reconnu, hors de l'Europe, par une déclaration expresse des Etats-Unis d'Amérique, et par le Régent du Brésil, aujourd'hui Roi du Royaume-Uni de Portugal, du Brésil et des Deux-Algarves. GÜNTHER, I. 27. 31. De MARTENS recueil des principaux traités, T. IV, p. 196. 197. — Du droit des gens de la Confédération Germanique, voyez mon Oeffentliches Recht des teutschen Bundes, §. 9. — Du droit des gens de l'Allemagne, lors de l'Empire Germanique, voyez des écrits dans v. KAMPTZ l. c. p. 56 et suiv.

e) Voyez les écrits indiqués par Mr. de KAMPTZ, dans son livre ci-dessus allégué, p. 29 et suiv. G. F. v. MARTENS von der Existenz eines positiven europäischen Völkerrechts und dem Nutzen dieser Wissenschaft. Gött. 1787. et dans J. C. KOPPE's niedersächs. Archiv für die Jurisprudenz, Bd. I (1788. 8.), S. 82—95.

§. 2.

Des rapports entre le droit des gens et le droit public proprement dit, la morale des nations, la convenance, la politique et l'usage des gens.

Toute relation obligatoire qui existe entre des états entr'eux, ou entre un état, comme tel, et ses citoyens, est qualifiée de *publique*. Le *droit public*, dans l'acception générale du mot, se compose de toutes ces relations obligatoires; il embrasse par conséquent en entier le droit des gens, y compris le droit des gens naturel *a*).   Ce dernier particulièrement, n'étant presqu'autre chose que le droit de l'homme dans l'état de la nature *b*), convenablement appliqué aux rapports réciproques des nations, appartient au droit public universel ou naturel.   Les relations obligatoires existantes entre l'état, comme tel, et ses citoyens, sont régies par le *droit public intérieur* ou droit public proprement dit; celles entre l'état et les simples particuliers qui ne sont point ses sujets, le sont par le *droit privé c*) (*jus privatum*).   Le droit des gens proprement dit, n'a pour objet que des droits parfaits, c'est-à-dire des droits que l'on peut faire valoir de force.   Il ne s'occupe que de ce qui est légal; la morale, la convenance, la prudence, les simples usages sans nécessité de droit, lui sont étrangers.   Il est évident par là, que le droit des gens diffère essentiellement, d'abord de la *morale* ou du droit interne *des nations d*), qui ne les oblige que vis-à-vis d'elles - mêmes, puis des règles de *convenance* (*decorum gentium*), de la *politique e*) et du *simple usage* des gens (*usus gentium*).

a) Le *droit public* se divise en droit des gens ou droit public extérieur, et en droit public proprement dit; ou, selon d'autres, en droit public extérieur, et en droit constitutionnel de l'état.

b) C'est ce qui a fait donner au droit des gens, la dénomination quelquefois usitée de droit des gens *privé*. Voyez le journal intitulé: Crome's und Jaups Germanien, T. II (Giesen 1809. 8.), p. 231.

c) Il y a des auteurs qui ont fait entrer dans le domaine du droit des gens jusqu'à ces relations entre l'état et des particuliers étrangers. Mais voyez, à cet égard, Literatur des Völkerrechts, par M. d'Ompteda, T. I. p. 6. note b.

d) Voyez les écrits sur les rapports entre la morale et la politique, dans v. Kamptz neuer Lit. des VR., S. 95 f.

e) Ce qu'on appelle prudence par rapport aux particuliers, fait la *politique* dans le commerce des états. Il faut se garder de confondre cette saine politique avec l'habileté frauduleuse, par laquelle on poursuit ses avantages aux dépens de la justice et de l'équité; c'est alors ce qui s'appelle *astuce* ou *finesse*, une manière de procéder non moins condamnable dans les souverains que dans les particuliers. Il n'existe qu'une seule véritable politique; c'est celle qui ne s'ecarte point des lois éternelles de la justice, qui respecte l'indépendance, la propriété et les droits d'autrui, et qui observe scrupuleusement les formes tutélaires et préservatrices. C'est elle dont l'application est consacrée par la *Sainte-Alliance* conclue à Paris le 26 septembre 1815 personnellement entre les monarques de l'Autriche, de la Russie et de la Prusse, et à laquelle presque tous les états chrétiens de l'Europe ont accédé. Voyez ci-dessous §. 146 et 329.

§. 3.

Sources du droit des gens en Europe.

1°. C o n v e n t i o n s.

Il y a différentes *sources*, dans lesquelles sont puisés les principes du droit des gens européen. D'abord les *Conventions* ou traités des nations, expresses *a*) ou tacites *b*). Ces dernières prennent leur origine dans les actions concluantes ou dans les observances des états *c*). Elles forment, ensemble avec les conventions expresses, le droit des gens *conventionnel*. Pour ce qui est des conventions expresses, il n'y en a point de communes à toutes les nations de l'Europe; mais il importe souvent d'observer tantôt l'identité, tantôt l'analogie des principes dont elles sont parties dans les stipulations de leurs traités. Encore n'est-ce que depuis peu seulement que quelques traités ont été reconnus comme obligatoires par le plus grand nombre des états européens *d*). La partie du droit des gens conventionnel qui est fondée sur des coutumes ou conventions tacites (*Rechts-gewohnheiten*), s'appelle droit des gens *coutumier* (*jus gentium consuetudinarium*). Elle diffère essentiellement du *simple usage* des gens (§. 34 et suiv.), en ce que celui-ci n'a pas par lui-même force de loi *e*), non plus que la *conjecture* ou présomption *f*), jugement fondé seulement sur des apparences. Il en est de même des *fictions* non approuvées par des conventions *g*).

a) Voyez les *Recueils* des traités conclus par les différentes puissances de l'Europe; ils sont indiqués dans le Supplément placé à la fin de cet ouvrage. Dans la plupart des états européens l'usage s'est établi d'imprimer les traités séparément et sous autorité publique, ainsi que de les publier par les feuilles officielles.

b) Huld. ab EYBEN diss. de jure inter et intra gentes scripto et non scripto. Giess. 1661, et dans ses Operibus I. 13. sqq. J. W. HOFFMANN diss. de observantia gentium. Viteb. 1736. rec. Francof. ad Viadr. 1758. 4. A. F. REINHARDT von den Wirkungen der stillschweigenden Einwilligung zwischen freien Völkern; dans sa Sammlung jurist. philosoph. u. kritischer Aufsätze (1775), St. V, p. 307 et suiv. v. KAMPTZ l. c. §. 240 et suiv. — Sur la preuve, les caractères et l'effet du droit coutumier, voyez mon Oeffentliches Recht des teutschen Bundes, §. 58 et suiv. — Dans nombre de traités des puissances de l'Eul'Europe, les stipulations s'accordent au point qu'il n'est guères douteux que l'un n'ait servi de modèle à l'autre, et que par conséquent il ne puisse quelquefois servir à l'expliquer.

c) Des caractères essentiels de .ces conventions tacites, et du droit coutumier, voyez GÜNTHER dans l'ouvrage allégué, I. 15. 28 et suiv.   Principes ou élémens du droit politique, par Mr. J. J. BURLAMAQUI (à Lausanne 1784. 8.), P. I. ch. 1. §. 11. 12. SCHMALZ l. c. p. 45.

d) L'Acte final du congrès de Vienne, et la Sainte-Alliance.

e) Il est de simple usage de faire des présents aux agens diplomatiques à la fin de leur mission, et aux négociateurs après la conclusion d'un traité.   Autrefois le défrai des ambassadeurs étrangers fut également d'usage.

f) Il est des publicistes qui donnent le nom d'usage ou de coutume à des conventions *présumées*.   De MARTENS précis du droit des gens moderne de l'Europe (2e édit.), §. 46. 66. Il est à *présumer*, disent-ils, qu'aucune nation, qui prétend être civilisée, ne refusera son consentement à certains usages.   GROTIUS de jure belli et pacis, proleg. §. 17.   WOLF jur. gent., in praef. De VATTEL droit des gens, prélimin. §. 21.   GÜNTHER, I. §. 4.   C'est de ce consentement présumé de tous les peuples civilisés, que quelques-uns construisent ce qu'ils appellent droit des gens naturel *modifié*.   Voyez v. OMPTEDA l. c. I. 9.   L'auteur de l'ouvrage anonyme intitulé: De jure generis humani vel divisi in gentes etc. (à Stuttgard 1811. 8.), p. 59, n'appuye le droit des gens que sur le consentement présumé des nations.

g) Quelques-uns imitent la *fiction* du droit romain dans les quasi-contrats, en supposant le consentement des nations là ou il serait de leur intérêt de le donner.   Mais voyez GÜNTHER, I. 17.

§. 4.

1º. *Analogie.*

La seconde source est l'*Analogie.*   On entend par-là des conséquences régulières tirées des dispositions du droit des gens positif, par une argumentation *a simili* ou *a contrario a*). Elle n'est admise que subsidiairement, c'est-à-dire à défaut d'une disposition conventionnelle claire et expresse ; mais dans ce cas elle supplée non seulement aux dispositions conventionnelles incomplètes ou imparfaites, mais elle peut même en établir des nouvelles. Aussi sert-elle de règle d'interprétation *b*).

a) Voir mon Oeffentliches Recht des teutschen Bundes, §. 61 — 64.

b) L'*induction* n'est autre chose que le résultat d'une argumentation analogique.

§. 5.

3°. *Droit des gens naturel.*

En troisième lieu vient le *Droit des gens naturel a*). On doit y avoir recours toutes les fois que le droit positif est insuffisant. D'ailleurs, le droit des gens naturel est très-important pour former la théorie du droit des gens positif, pour l'enseignement, et pour l'application.

a) Voyez les traités et manuels cités dans le Supplément, n° III.

§. 6.

De la prescription, de la possession, de l'intérêt des états, et de l'équilibre.

La *prescription*, fondée uniquement dans le droit positif privé, ne peut avoir lieu entre des états indépendans, à moins qu'elle ne soit approuvée par des traités *a*).   Il n'en est pas moins vrai cependant que la *possession* (*uti possidetis, jus et favor possessionis*) doit être respectée *b*), jusqu'à ce qu'on en soit justement venu aux armes, ou que le différend soit accommodé conformément au droit des gens.   L'*intérêt de l'état*, appellé par quelques-uns *droit de convenance*, est purement du ressort de la politique *c*).   Il en est de même de ce qu'on appelle *équilibre* politique *d*); c'est une pure idée des diplomates ou politiques, très-vague, simplement fondée dans un sentiment de convenance, à qui manque par conséquent le caractère essentiel d'une source du droit des gens.

a) GÜNTHER I. 35. note *. NEYRON principes du droit des gens européen, §. 292 et suiv.   J. R. KUGLER diss. vindiciae juris nat. et gent. contra usucapionem. Argent. 1779. 4. Leop. F. FREDERSDORFS Versuch, ob die Usucapion unter freien Völkern Statt finde? Braunschw. 1785. 8.   Voyez là-contre REAL, science du gouvernement, T. V, ch. 4, Sect. 5. — Des écrits sur cette controverse sont indiqués dans v. OMPTEDA's Lit. II. 512, et dans v. KAMPTZ neuer Lit., §. 150. — De la prescription immémoriale entre les états indépendans, voyez C. E. WÄCHTER diss. de modis tollendi pacta inter gentes (Stuttg. 1779. 4.), §. 39 — 43.

b) SCHMALZ europ. Völkerrecht, S. 208 — 210.

c) J. J MOSER's Beyträge zum europ. Völkerrecht in Friedenszeiten, I. 8.   GÜNTHER, I. 35. — Du droit *romain* et *canonique*, ibid. I. 35. —   Les systèmes d'*arrondissement* et de *frontières naturelles* et *militaires*, ne sont très-souvent que de pure convenance.   Admettant un vague, dont le fort sait profiter aux dépens du faible, ils peuvent être poussés à l'infini.

d) Voyez plus bas, §. 42.

§. 7.

Sciences connexes.

Le droit des gens, considéré comme science, fait partie de la *diplomatie a)*. C'est ainsi qu'on appelle l'ensemble des connaissances et principes nécessaires pour bien conduire les affaires publiques entre des états. On apprend la diplomatie en étudiant les *sciences politiques*, telles que l'*histoire des états b)*, sur-tout celle des trois derniers siècles, la *politique c)*, la *statistique d)*, l'*économie politique et nationale e)*, l'*art militaire f)*, et principalement le *droit public* naturel et positif, tant intérieur qu'extérieur *g)*, l'*art de négocier h)*, et la *pratique politique i)*, y comprise la *cryptographie* ou l'art de chiffrer et de déchiffrer *k)*. La base de presque toutes ces sciences est l'histoire, parce qu'elle procure la connaissance des faits, puis la science de l'état, tel qu'il existe dans la théorie.

a) Une autre définition donne Jos. Max. baron de LIECHTEN-STERN, über den Begriff der Diplomatie und die nothwend. Eigenschaften des Diplomatikers (Diplomaten); dans son Allgemein. Anzeiger des cosmographischen Büreau (2. Aufl. Wien 1814. 8.), p. 105 — 111.

b) Voyez les ouvrages allégués ci-bas dans le Supplément, n° XI, A.

c) C'est-à-dire l'ensemble des principes d'après lesquels un état devrait être constitué, organisé et gouverné; par conséquent la doctrine du but des états et des moyens d'y parvenir. Pour pénétrer jusqu'au domaine de la véritable politique, il faut passer par ceux de la morale et du droit

naturel des individus et des états.   Comparez ci-dessus §. 2,
not. d, et Theod. Schmalz europ. Völkerrecht, S. 6 ff.
u. 45. —   Voyez les manuels sur la politique d'Achenwall,
de Rössig, de Behr, de A. H. Müller, de Luden, de G.
v. Seckendorf (1817), et les ouvrages de Macchiavelli, de
Mazarini, de Jean de Müller, de L. Muratori, de J. Craig,
et d'autres.   Joh. Wilh. Placidus (Petersen) Literatur der
Staatslehre. I. Abth. Strasburg (Stuttgard) 1798. 8. —   Surtout dans les sciences politiques, il faut distinguer deux
points de vue, celui du droit et celui de pure politique.
Voir J. F. Reitemeier über das Studium der Staatswissenschaft (Berlin 1791. 8.), S. 12 ff.

d) Voyez les manuels de Meusel (1817), de Milbiller, de
Mannert, et de Sprengel, et les ouvrages de Toze, de Crome,
de Randel, d'Ockhart, de Hassel, etc.   Conférez surtout
J. G. Meusel's Literatur der Statistik. Bd. I u. II.   Leipz.
1806 et 1807. 8. et A. F. Lueder's Kritik der Statistik und
Politik.   Goett. 1812. 8.

e) Voyez les ouvrages publiés par Ad. Smith, von Heynitz,
Niemann, Playfair, Sartorius, Lauderdale, C. J. Kraus,
Say, L. H. Jacob, Simonde de Sismondi, Lueder, Ganilh,
Ch. von Schlözer, Canard, Leop. Krug, F. B. Weber, Th.
Schmalz, Dutens, Hufeland, Lotz, A. H. Müller, von
Cölln, A. W. von Leipziger, H. Storch, Harl, etc.

f) La stratégie et la tactique.   Comparez p. e. les écrits de
Feuquières, de Venturini, de Jos. Theobald, de Henri
de Bülow, d'Aster, de l'archiduc Charles d'Autriche, de
Rogniat.

g) Les principaux ouvrages sur le droit public extérieur ou
droit des gens, sont énoncés ci-après dans le Supplément;
ceux sur le droit public intérieur, ou proprement dit, des
différens pays de l'Europe, se trouvent allégués dans Pütter's Literatur des teutschen Staatsrechts, et dans ma Neue
Literatur des teutschen Staatsrechts; conférez aussi les écrits
de MM. de Martens et de la Croix allégués ci-après, §. 50.

h) Voir les ouvrages de Vera et de Cunniga, de Callières,
de la Sarraz du Franquesnay, de Pecquet, de Digges, de
Mably et d'autres, allégués ci-après dans la 2de partie, tit. II,
sect. 1, ch. 5, §. 2.

i) Voyez les écrits allégués ci-après §. 111, not. a.

k) Voyez ma Kryptographik Tübingen 1809. gr. in - 8°. avec fig.

§. 8.

Sciences subsidiaires.

Dans le droit des gens, en théorie comme en pratique, on doit considérer comme moyens subsidiaires la *géographie a*), la *diplomatique b*) (l'art de juger de l'authenticité des diplômes), y compris la chronologie diplomatique *c*), le *blason d*), la *généalogie e*), *l'art d'interpréter f*). Le diplomate doit de plus suivre avec une attention particulière les *journaux politiques g*), *observer* soigneusement ce qui se passe en fait de politique, *cultiver la connaissance* des fonctionnaires publics et d'autres personnes instruites et marquantes.

a) Voyez les ouvrages de Büsching, Normann, Fabri, Gaspari, Stein, Malte-Brun, etc.

b) Voir les ouvrages, tant élémentaires que systématiques et d'une plus grande étendue, publiés par Gatterer, Gruber, Schönemann, Mereau, von Schmidt genannt Phiseldeck, Mabillon, le Moine et Batheney, etc. F. A. Huch's Literatur der Diplomatik. Erlangen 1792. 8.

c) D. H. Hegewisch Einleitung in die Chronologie. Altona 1811. 8. F. Schoell élémens de chronologie historique. Paris 1812. 2 vol. in-18.

d) Voir les manuels de Reinhard et de Gatterer. D'une plus grande étendue sont: P. F. Speneri opus heraldicum. T. I. 1680. T. II. 1690. fol. (J. C. Siebenkees) Erläuterungen der Heraldik, nach Gatterer. Nürnb. 1789. fol. J. C. Gatterers practische Heraldik. Goett. 1791. 8.

e) Des manuels ont été publiés par Will et Gatterer; des tables généalogiques, par Hübner, Biedermann, Pütter, Koch, Gebhardi, Voigtel. Il a paru à Francfort, depuis 1742 jusqu'en 1805, chaque année en deux volumes, et la dernière année dans un volume seulement, Genealogisches Reichs- und Staatshandbuch. Voyez aussi G. Hassel's allgemeines europäisches Staats- und Adrefs-Handbuch. Weimar Th. I. 1816. Th. II. 1817. 8.

f) On peut se servir des ouvrages d'Eckhard, de Conradi, de Wittich, de Sammet, de Zachariä. Voyez Pütter's Literatur des t. Staatsrechts, Th. III, S. 304. Ma Neue Literatur des t. Staatsr., §. 287.

g) Voyez ci-après, dans le *Supplément*, n° XI, B,

§. 9.

M é t h o d e.

Pour bien exposer le droit des gens de l'Europe, il en faut développer les principes d'une manière claire et concise, en suivant un plan simple et systématique. Ces principes doivent être puisés dans les conventions expresses et tacites, dans l'analogie, et dans la nature des relations réciproques des états. Il faut les éclaircir, autant que possible, par l'histoire, les traiter sans préjugé, avec discernement et impartialité, sans donner dans les hypothèses, et sans abuser de formes rationales ou de spéculations métaphysiques. La méthode dogmatico - historique est préférable à celles purement dogmatique, historique, ou raisonnante *a*). Le publiciste doit être l'ami zèlé de la vérité, de l'impartialité, et du bon sens. La discussion des controverses *b*), ainsi que les éclaircissemens par des exemples intéressans et illustres *c*), sont réservés à l'exposition verbale.

a) v. Ompteda's Literatur des Völkerrechts, II. 379.   v. Kamptz neue Literatur etc., §. 1 ff. 26 u. 30 f.

b) v. Kamptz l. c. §. 53.

c) De l'importance des exemples, voyez Moser's Versuch des neuesten europ. Völkerrechts, I. 28.   Ueber politische Erfahrungen; dans le journal allemand intitulé Minerva, Sept. 1813, p. 487 — 498.

CHAPITRE II.

HISTOIRE ET BIBLIOGRAPHIE DE LA SCIENCE DU DROIT DES GENS.

A) *Histoire de la science.*

§. 10.

I) *Usage du droit des gens en Europe.*

Ancienne période.

Il y avait chez les *anciens* tout aussi bien que chez nous, des guerres, des alliances, des ambassades envoyées et reçues, donc aussi des élémens du droit des gens.   Cependant à mesure que l'on approfondit les causes et les liaisons des évènemens de l'histoire, on apperçoit tant d'inégalité et d'inconséquence dans la manière d'agir des gouvernemens, qu'on ne peut supposer chez eux, ni dans leurs actions justes la pleine conscience de la conformité aux principes du droit des gens, ni toujours une mauvaise foi dans les cas contraires.   Qui voudra reprocher par exemple aux *juifs* l'évidente injustice de plusieurs de leurs guerres, ou l'inimitié implacable qu'ils portèrent à tant de nations, en se rappelant les ordres et les révélations que ce peuple prétendu élu croyait avoir reçus du ciel *a*)? Les *états grecs* paraissent avoir été dirigés, dans leurs relations extérieures, par une entière conviction de ce qui était juste, jointe à une politique sage et éclairée *b*).   Cependant les *Romains* ont montré, du tems de la république, plus de connaissance encore et de profondeur dans les principes du droit des gens par l'organisation d'un département des affaires étrangères, du collège des Féciaux.   Mais ces titres de gloire ont été de beaucoup affaiblis par les procédés que le gouvernement se permit après, durant les guerres civiles, et bien plus encore lorsqu'il adopta entièrement un systême de conquête et d'assujetissement *c*).

a) J. D. Michaëlis mosaisches Recht, T. I. §. 19 et suiv. Voyez aussi les écrits indiqués dans v. Kamptz neuer Literatur, S. 54.

b) v. Ompteda, I. 141 et suiv. v. Kamptz l. c. p. 54 et suiv.

c) v. Ompteda, I. 142 et suiv. 578 et suiv. v. Kamptz l. c. p. 56. Voyez surtout l'histoire des anciens traités, par Mr. Barbeyrac, citée ci-après dans le Supplément, n° IX.

§. 11.

Période moyenne.

Les événemens politiques du tems de la *migration des peuples*, font entrevoir autant d'ignorance, par rapport aux préceptes du droit des gens, que de volonté contraire à la justice. Dans le *moyen âge* proprement dit, les nations de l'Europe montrèrent dans leur conduite plus de culture et de légalité. Il est très à croire que la religion chrétienne y contribua beaucoup par l'influence qu'elle gagna sur l'esprit des gouvernemens et sur l'opinion publique *a*), ainsi que l'autorité alors généralement reconnue des papes et le système d'hiérarchie en général. L'idée, quoique longtems régnante, d'une union universelle des puissances chrétiennes *b*), eut moins d'influence, ne se rapportant immédiatement qu'aux dissentions avec les peuples non-chrétiens, surtout pendant les croisades.

a) Tyge ROTHE's Wirkung des Christenthums auf den Zustand der Völker in Europa. Aus dem Dänischen. Copenhagen 1775 — 1782. Th. I-IV. 8. SCHMALZ europ. Völkerrecht, S. 14 ff.

b) GROTIUS de J. B. et P. lib. II. c. 15. §. 12. LEIBNITZ in praefat. ad Cod. jur. gent. diplomat. J. P. LUDEWIG de jure reges appellandi, c. II. §. 6. dans ses Opusc. miscell. I. 45.

§. 12.

Période moderne.

C'est de l'époque où l'on s'est efforcé à réprimer les usurpations des papes sur les souverains, principalement depuis le concile de Bâle, que date l'origine du droit des gens positif de l'Europe. Dès le commencement du 16e siècle, les états de l'Europe redoublèrent d'activité dans leurs relations politiques. Différens évènemens, sur-tout pendant le règne de Charles-Quint et de Henri IV, et la prudence prévoyante des politiques de cette époque, firent conclure des traités. L'attention des cabinets aux relations politiques des états fut excitée et entretenue, par le schisme survenu dans l'église chrétienne, par les intérêts commerciaux, par les armées devenues permanentes, par le congrès de paix de Westphalie, par les ambassades continuelles, enfin par la publicité des affaires politiques au moyen de l'imprimerie. Des *négociations* presque non-interrompues, des *traités* aussi fréquents qu'intéressans, des *alliances* multipliées entre les familles régnantes de l'Europe qui les ont presque toutes réunies par des liens de parenté, le droit des gens *naturel* généralement *reconnu* comme loi obligatoire, en furent la suite. Il y eut souvent des *plaintes* élevées pour cause de lésion du droit des gens; voulant conserver du moins l'apparence du droit, on se *défendit* publiquement et *reconnut* par là plus expressément encore l'existence de cette loi. La révolution française, et tout ce qui s'ensuivit, fournit de quoi observer, s'instruire, craindre, se précautionner. Les derniers résultats de cette période, si riche en évènemens, paroissent être reservés à l'avenir *a*).

a) J. G. Bïsch Grundrifs einer Geschichte der merkwürdigsten Welthändel neuerer Zeit (4. Ausg. von G. G. Bredow. Hamb. 1810. gr. 8.) p. 42 et suiv. An enquiry into the foundation and history of the law of nations in Europe, from the time of the Greeks and Romans to the age of Grotius; by Robert WARD. Lond. 1795. T. I et II. 8.   Nic. VOGTS histor. Darstellung des europ. Völkerbundes. Th. I. Frankf. 1808. 8.   ROBERTSON's Geschichte Kaiser Carls V., Th. I, S. 172.   Voyez aussi l'introduction dans A. H. L. HEEREN's Handbuch der Geschichte des europ. Staaten-Systems.— Sur l'influence de la révolution française, surtout de l'esprit de conquète et de l'usurpation de NAPOLÉON, sur la politique et le droit des gens, voyez Benjamin CONSTANT de Rebecque, de l'esprit de conquète et de l'usurpation, dans leurs rapports avec la civilisation européenne. (S. l.) 1814. 8.   Traduit en allemand sous ce titre: Ueber Eroberungsgeist und Usurpation, im Verhältnifs zur neu-europaischen Bildung; von B. CONSTANT. 1814. 8.   De la restauration politique de l'Europe et de la France, par M. de FLASSAN.   Paris 1814. 8. Ans. v. FEUERBACH, die Weltherrschaft, das Grab der Menschheit. München 1814. 8.   C. H. K. A. v. KAMPTZ Beiträge zum Staats- und Völkerrecht, Bd. I, S. 95 — 112.

§. 13.

II) *Exposition scientifique du droit des gens.*

Avant Grotius.

Ce qu'on avait essayé de faire avant Grotius, pour la *science* du droit des gens, ne produisit que des fragmens détachés, et ceux-ci même assez souvent sans base solide.   Aristote et Platon s'occupèrent, en quelque sorte, des relations légales des états.   Les historiens grecs, les philosophes, les jurisconsultes, les législateurs des Romains, n'enrichirent le droit des gens que de quelques observations éparses dans leurs écrits *a*). Dans le moyen âge son développement scientifique fut entravé par l'autorité des maximes souvent fausses ou mal appliquées des pères de l'église *b*), par la prépondérance politique des papes, par la chimère du *dominium mundi* et *imperium christianitatis* des empereurs romains, par l'autorité prédominante de la philosophie scolastique *c*), en général enfin par la barbarie et l'ignorance trop répandues encore, le droit du plus fort faisant la loi, et les progrès des sciences n'étant point encore secondés par les avantages de l'art d'imprimer. Quelques étincelles de bon sens se firent jour à travers les ténèbres et tournèrent au profit du droit des gens, surtout en le délivrant de l'influence des papes. La rivalité et les discussions continuelles entre les puissances ecclésiastiques et séculières y contribuèrent beaucoup, davantage encore dans la suite les réformations de Luther et de Zwingli *d*). Malgré cela on recourut encore trop souvent, dans des cas litigieux, aux principes du droit romain et du droit canonique-papal, aux conseils des légistes et des décretistes, c'est-à-dire aux professeurs en droit romain et canonique, et même aux avis des théologiens. Il parut, en effet, quelques livres imprimés traitant du droit des gens; mais les uns partirent de fausses prémisses et maximes, comme OLDENDORP (1539), VASQUEZ ou VASQUIUS (1572) et WINCKLER (1615), d'autres ne développèrent pas assez les idées justes qu'ils avaient conçues, tels que Albericus GENTILIS (1598) et SUAREZ (1613) *e*).

a) v. Ompteda's Lit. I. 139 — 161. v. Kamptz neue Lit. 26 et 56. Günther, I. 2. Scheidemantels allgem. Staatsrecht (Jena 1775. 8.), p. 13.

b) Jean Barbeyrac traité de la morale des pères de l'église. à Amsterd. 1728. 4. J. J. Schmauss neues Systema des Rechts der Natur (Goett. 1754. 8.), p. 75 — 97.

c) Schmauss, p. 97.

d) Mart. Hübneri orat. de immortalibus Mart. Lutheri in imperia meritis. Hafn. 1761. 4. J. W. Placidus (Petersen) Literatur der Staatslehre, I. Abth., S. 160 f.

e) v. Ompteda, I. 163 — 170.

§. 14.

Depuis Grotius jusqu'à Wolff.

Ce fut à l'esprit philosophique et à l'érudition du célèbre Hugues Grotius (de Groot), qu'était réservée la création de la véritable science du droit des gens. Dans son livre *„de jure belli et pacis"* (1625), non - seulement il exposa, d'une manière aussi profonde que claire, l'ensemble du droit des gens naturel, mais il y recueillit aussi, au profit du droit des gens positif, quantité d'exemples tirés de l'antiquité *a).* La réputation de cet ouvrage augmenta par de nombreuses traductions, extraits, abrégés, tableaux et commentaires *b).* Bientôt après, en 1650, Zouchaeus (Zouchy) publia le premier ouvrage élémentaire sur le droit des gens, dans toute son étendue *c),* à la même époque où Hobbes, son compatriote, déclara hautement qu'on pouvait se passer d'une explication particulière

de cette branche de la jurisprudence. Le baron
Samuél de PUFENDORF, avança de beaucoup, quoique d'une manière indirecte, la science du droit
des gens, par son excellente exposition du droit
naturel des particuliers, en trois différens ouvrages (1660, 1672, 1673). En adoptant une identité du droit naturel des particuliers avec le droit
des gens, il nia l'existence du moins formelle,
d'un droit des gens positif. Selon lui, les usages
des nations européennes, formant la loi de guerre, et établissant l'inviolabilité des ministres publics, sont purement arbitraires, les stipulations
contenues dans les traités des souverains, sont
bien obligatoires, mais en grande partie temporaires ou transitoires; il prétend enfin que la dénomination de droit ou loi ne convient nullement
à ces stipulations, celles-ci devant appartenir à
l'histoire plutôt qu'au droit *d*). Toutefois il remplit des chapitres entiers du droit de la guerre,
des conventions militaires entre les puissances belligérantes, des traités de paix, des alliances. Les
paradoxes de Pufendorf furent beaucoup criti-
qués *e*), mais ils ne manquèrent pas non plus de
défenseurs zèlés *f*). Un grand nombre de *manuels* et d'*ouvrages plus étendus g*), qui ont paru
dans cette période, font preuve de l'intérêt, avec
lequel le public accueillit l'étude du droit des
gens. Pour ce qui est du droit des gens *positif*
en particulier, il parut alors des *recueils* de traités

et d'autres actes publics *h*), ainsi que des expositions historiques des traités *i*).

a) J. M. Schröckh's Abbildung und Lebensbeschreibungen berühmter Gelehrten, Bd. II, S. 257 — 376. v. Ompteda, I. 172. 175 - 248. v. Kamptz l. c. p. 45 et suiv. — Les traités publics ne furent que rarement publiés alors.

b) Meister bibliotheca jur. nat. I. 199. et suiv. G. C. Gebaueri nova juris nat. historia, p. 25. et suiv. Glafeys Geschichte des Rechts der Vernunft, S. 111. C. H. L. Pölitz comm. alléguée ci-après dans le Supplément, n° I, A.

c) v. Ompteda, I. 252 — 265. — Par rapport à Hobbes voyez ibid. p. 249.

d) v. Ompteda, I. 270 —283. J. G. Meusel's hist. liter. bibliogr. Magazin (1788), I. 27 ff. II. 22 ff. III. 306.

e) Tels que Rachel — qui établit, déjà en 1676, un droit des gens positif fondé sur des conventions expresses ou tacites, en séparant d'ailleurs les droits conventionnels particuliers d'avec ce droit des gens positif de l'Europe qui résulte de conventions tacites —, Dürr, Uffelmann, Nic. Becmann, Menzer, Alberti, Pompeji, Zentgrav, Werlhof, Ludewig, Leibnitz, Strimesius et d'autres. Voir v. Ompteda, I. 276—289. Meusel II. ff. 47 f.

f) Tel que Chrétien Thomasius. v. Ompteda, I. 293.

g) On peut nommer, à cet égard, Jean-Wolfg. Textor 1680, Chrétien Thomasius 1688 et 1705, Jean-Jaques Müller 1694, Jean-Henri Mollenbeck 1695, Jean-Frédéric Hombergh à Vach 1721, Adam-Frédéric Glafey 1723, Jean-Frédéric Schneider 1729, Henri Köhler 1735, Jean-Sigismond Stapf 1735, Laurent Reinhard 1736, Jean-Adam Ickstadt 1740.

h) Des recueils furent publiés par J. C. Lünig 1694 et 1702; par Leibnitz 1695 et 1700; par Jaques Bernard ou Moetjens 1700; par Du Mont 1726—1731, avec des supplémens par Barbeyrac et Rousset 1739; par J. J. Schmauss 1730, et par d'autres. — Des tables alphabétiques sur ces recueils, et sur d'autres, ont été publiés par Pierre Georgisch 1740—1744.

i) Par St. Priest 1735, et par Barbeyrac 1739.

§. 15.

§. 15.

Depuis Wolff jusqu'à présent.

La lice ouverte, on pouvait s'attendre à une exposition claire, complète et systématique du droit des gens. Le droit des gens *naturel* la reçut par la sagacité du célèbre baron Chrétien de WOLFF *a)* (1749 et 1750). Cependant cet auteur voulant fonder des droits parfaits sur le consentement *présumé* des nations, et même sur la *fiction* d'un état universel du monde, ou d'un état composé de toutes les nations, on aurait tort de trop regretter, qu'il n'a pas également voué son activité littéraire au droit des gens *positif*. Celui-ci fut traité, séparément, par l'infatigable Jean-Jaques MOSER. Ecrivain simple et sans prétention, ce dernier tâcha, sans trop s'occuper du système et de la spéculation, à se rendre utile, par différens ouvrages qui parurent dans sa longue carrière littéraire *b)* (1732 — 1781), à cette partie du droit public positif non moins qu'aux autres qu'il a si soigneusement cultivées, tandis que d'autres auteurs, ses contemporains ou successeurs, surtout l'ingénieux KANT *c)*, démontrèrent, à n'en pouvoir plus douter, combien, à cause de l'insuffisance du droit des gens naturel, il est de l'intérêt des nations de s'en pouvoir tenir à un droit des gens positif.

a) v. OMPTEDA, I. 520 ff. SCHMAUSS, p. 556 — 554.

b) Voyez Lebensgeschichte Joh. Jac. MOSERS, von ihm selbst beschrieben. Frankf. und Leipz. Th. I—III. Dritte, stark

verm. Aufl. 1777. Th. IV. 1783. 8.   Cph. WEIDLICH's Nachrichten von jetzt lebenden Rechtsgel., Th. VI, S. 1 — 119.
v. OMPTEDA, I. 352.   J. G. MEUSEL's Lexikon von 1750 bis
1800 verstorbener Schriftsteller, Bd. IX, p. 293 ff.

c) Imman. KANT's metaphys. Anfangsgr. der Rechtslehre (Königsb.
1797. 8.), §. 53 ff.

§. 16.

Continuation.

De notre tems, Mr. George - Frédéric de
MARTENS a très - bien mérité du droit des gens
positif de l'Europe, par des ouvrages élémentaires, en langue latine, allemande et française, par
d'autres écrits relatifs à cette partie, par des recueils de traités et autres actes publics, ainsi que
de lois fondamentales des états, enfin par les
cours qu'il a faits à l'université de Göttingue *a)*.
Le droit des gens fut de plus enrichi, par beaucoup d'ouvrages tant élémentaires *b)* que systématiques d'une plus grande étendue *c)*, par des
traités, qui sont publiés aussi de suite et officiel-
lement dans la plupart des états européens, par
des recueils de traités et autres actes publics *d)*, par
des mémoires sur des négociations diplomatiques,
et par des monographies, c'est - à - dire des dissertations ou autres écrits traitant d'un objet particulier, nommément du droit maritime et de
commerce, du droit des neutres, et du celui
d'ambassade.   Aussi s'occupa - t - on de la casuisti-
que *e)*, et de la partie historique du droit des gens
positif de l'Europe, pour laquelle il y eut des

ouvrages particuliers destinés à rapporter et à éclaircir les évènemens politiques de notre tems *f*), ainsi que des journaux politiques. Quelques-uns *g*) publièrent des répertoires, où les traités publics sont rangés et indiqués en ordre. La partie littéraire du droit des gens fut enrichie, en 1785, par Dietéric-Henri-Louis baron d'OMPTEDA, d'un ouvrage qui l'embrasse toute entière, et qui fut continué, en 1817, par Mr. C. A. de KAMPTZ.

a) J. St. PÜTTER's Geschichte der Universität Göttingen, Th. II, §. 109. Cph. WEIDLICH's biographische Nachrichten, Th. III. und IV.

b) Outre les abrégés exposant ensemble le droit naturel des particuliers et celui des nations (v. OMPTEDA, II. 585 et suiv.), on peut citer les livres élémentaires de H. F. KAHREL 1750; J. J. BURLAMAQUI 1751 u. 1784; J. F. L. SCHRODT 1768 u. 1780; du vicomte de la MAILLARDIÈRE 1775; G. ACHENWALL 1775; Lauriz NÖRREGAARD 1776; C. G. GÜNTHER 1777; J. N. NEYRON 1783; G. F. de MARTENS 1785, 1789, 1796, 1801; P. T. KÖHLER 1790; C. U. D. v. EGGERS 1796; F. SAALFELD 1809; d'un anonyme (De jure gentium et cosmopolitico) 1811; de Th. SCHMALZ 1817.

c) Des ouvrages plus étendus ont été donnés, par A. F. GLAFEY 1752; G. de REAL 1754; E. de VATTEL 1758 (son ouvrage est tiré pour la plupart de celui de WOLFF, mais écrit dans un style plus coulant et plus élégant); par J. J. BURLAMAQUI et de FELICE 1766 — 1768; C. G. GÜNTHER 1787 u. 1792 (incomplet); G. de RAYNEVAL 1803; J. B. GONDON d'ASSONI 1808; C. U. D. v. EGGERS 1809 et 1810.

d) Des recueils généraux ont été publiés par F. A. WENCK 1781, 1788 et 1796, et G. F. de MARTENS 1791 — 1818. Des recueils spéciaux, pour des états particuliers, voyez le Supplément à la fin de cet ouvrage.

e) G. F. de MARTENS, 1800 et 1802.

f) Par J. J. SCHMAUSS 1741 et 1747; MABLY 1747 (1748, 1764, 1773, 1776); C. F. HEMPEL 1751 — 1755; G. ACHENWALL 1756

(1761, 1767, 1779); J. C. Adelung 1762 — 1769; J. G. Meusel 1775 (1782, 1788, 1800, 1817); L. T. Spittler 1793 (1807); J. G. Büsch 1781 (1783, 1796, continué par G. G. Bredow 1810); C. W. Koch 1796 et 1797, augm. et continué par F. Schoell 1817 et 1818; M. C. Sprengel 1797; J. G. Eichhorn 1803 — 1804 (1817); C. D. Voss 1801 ff.; F. Ancillon 1803 — 1805; G. F. de Martens 1807; A. C. Wedekind 1808; A. H. L. Heeren 1809 et 1811; Flassan 1809 (1811); L. de Dresch 1815; F. Saalfeld 1816; Paolo-Chagni 1817.

g) G. F. Hempel 1751 — 1755; G. F. de Martens 1801.

§. 17.

État actuel de la science du droit des gens.

La science du droit des gens fut portée au degré où elle est actuellement, par la civilisation des mœurs, par les liaisons compliquées entre les nations de l'Europe, par l'influence de l'art de guerre moderne, par l'activité excitée des gouvernemens, par les négociations multipliées, surtout moyennant des ambassades perpétuelles, par la culture des sciences en général, et particulièrement du droit des gens naturel, et de l'histoire des états, par l'industrie littéraire des jurisconsultes et des historiens, des hommes publics, des observateurs en fait de politique, et des compilateurs *α*), par la liberté de la presse, favorisée dans plusieurs pays, par la part que presque tout le monde prend aux évènemens politiques, enfin par des leçons académiques. Comme l'existence et la chute des états dependent entièrement des évènemens majeurs, de même les principes politiques sont puissamment influencés par l'esprit du tems ou l'opinion publique.

a) Comparez C. A. v. Kamptz neue Literatur des Völkerrechts, §. 1 — 16.

B) L i t t é r a t u r e.

§. 18.

Bibliographie et biographie.

Déjà dans ce moment-ci les moyens littéraires du droit des gens sont nombreux, et importans au point qu'on ne peut nullement s'en passer; ils le seront encore davantage à mesure que viendront de nouveaux évènemens et de nouvelles conventions politiques, et qu'augmentera la culture des sciences et l'industrie littéraire des gens de lettres. La *bibliographie* ou notice des livres traitant de cette partie de la jurisprudence *a)*, est et sera donc toujours de conséquence. Elle doit être secondée de la *biographie* ou notice de la vie des auteurs *b)*, qui sert particulièrement à juger et à apprécier les ouvrages. On y apprend les circonstances qui peuvent avoir influencé les principes et les opinions des auteurs, le degré de leurs talens, leur caractère, leur religion, leur éducation, leurs études, leur patrie, domicile, emploi, etc.

a) Voyez la littérature dans le Supplément à la fin de cet ouvrage, n° I, lit. B.

b) Voyez ibid. n° I, lit. C.

§.   19.

Bibliothèque du droit des gens.

Les ouvrages relatifs au droit des gens, peuvent être classés de la manière suivante *a*). I) Histoire du droit des gens, littérature et biographie; sciences connexes et subsidiaires. II) Sources: traités et autres actes publics. III) Ouvrages élémentaires et systématiques sur le droit des gens. IV) Ouvrages sur des matières principales détachées du droit des gens. V) Collections de traités sur diverses matières. VI) Monographies, ou dissertations et brochures. VII) Déductions et consultations des jurisconsultes. VIII) Ouvrages lexicographiques. IX) Ouvrages servans à l'histoire et à l'interprétation des traités publics. X) Mémoires historiques, particulièrement sur des négociations. XI) Ouvrages pour servir à l'histoire des évènemens politiques modernes, et journaux politiques.

a) C'est d'après cet ordre que sont énoncés les principaux écrits, ci - après dans le *Supplément* contenant une Bibliothèque choisie du droit des gens.

PREMIÈRE PARTIE.
LES ÉTATS
EN GÉNÉRAL, ET PARTICULIÈREMENT EN EUROPE.

CHAPITRE PREMIER.
DÉFINITION, RAPPORTS DE SOUVERAINETÉ, ET UNION D'ÉTATS.

§. 20.

Définition et origine de l'état.

Un certain nombre d'hommes et de familles qui, s'étant réunis dans un pays et y ayant fixé leur demeure, s'associent et se soumettent à un chef commun, dans l'intention de veiller ensemble à la sûreté de tous, forment un *état a)*. Leur réunion est considérée comme personne morale, ils portent aussi le nom de *nation* (§. 1). L'état ne prend son origine que dans cette même convention expresse ou tacite *b)*, motivée par le besoin d'une alliance de sûreté.

a) Voir mon Oeffentliches Recht des teutschen Bundes, §. 1 et 2.

b) Anti-Leviathan (Göttingen 1807. 8.), p. 49 et suiv. — D'autres représentent l'état comme un produit de la nature.

en expliquant son origine par une nécessité naturelle. Rous-
seau du contract social, liv. I. ch. 5 et 6, liv. III. ch. 16.
Principe fondamental du droit des Souverains (à Genève 1788.
gr. in-8°), T. I, p. 13 et suiv. Hugo's Naturrecht, §. 318 ff.
Fries philosophische Rechtslehre, p. 76 ff.

§. 21.

Souveraineté.

La *souveraineté a*) (*Staatshoheit*), dans
le sens étendu, consiste dans l'ensemble des droits
appartenans à un état indépendant par rapport à
son but. Elle comprend 1° l'entière indépendance de l'état vis-à-vis les nations étrangères;
2° le pouvoir légitime du gouvernement, ou l'autorité qu'exige le but de l'état. — Dans le sens
limité, qui est exclusivement reçu dans le droit
des gens, on entend par souveraineté seulement
l'indépendance d'un état, et on appelle *état souverain* celui qui, indépendamment de sa constitution intérieure, exerce par lui seul et sans influence etrangère les droits de souveraineté *b*).
C'est dans ce sens que le droit des gens exige la
souveraineté d'un état qui, en qualité de personne
morale indépendante, prétend, vis-à-vis de
l'étranger, aux droits de personnalité ou d'indépendance politique *c*). — La souveraineté appartient immédiatement à l'état, qui en délègue
l'exercice au gouvernement. Un individu qui
gouverne et représente l'état souverain, s'appelle
souverain par excellence. C'est à lui qu'appartient alors la *majesté* ou la dignité suprême, la

représentation de l'état dans ses relations extérieures, et le *gouvernement* de l'état ou l'exercice du
pouvoir nécessaire pour atteindre le but de l'état.
Un souverain s'appelle *constitutionnel*, lorsqu'une
constitution a fixé des limites positives dans l'exercice de son autorité, soit dans la représentation
soit dans le gouvernement de l'état.

> *a)* *Summa rerum, summitas imperii, summa
> potestas, summum imperium, suprematus,
> potentatus.* Algernon Sidney sur le gouvernement, T. II,
> p. 258. Pütters Beyträge, Th. I, S. 517 ff. — Dans le traité
> de Welau de 1657, art. 5, la souveraineté est designée de
> la manière suivante: „*Ducatum Prussiae Elector
> possidebit jure supremi dominii, cum summa
> atque absoluta potestate*". Schmauss corp. jur. gent.
> acad. I. 654. L'Autriche prétendait à être qualifiée, dans
> la paix de Westphalie de 1648, de „*Princeps per se
> absolutus et liber*". De la dispute qui s'éleva à cet
> égard. voyez de Meiern Acta Pacis Westph., V. 507 — 540. —
> Des différentes acceptions du mot de *souveraineté*, voyez
> mon Oeffentliches Recht des teutschen Bundes, §. 176,
> not. b.
>
> *b)* „Un souverain n'est tenu de rendre compte de sa conduite
> qu'à *Dieu* et à son *épée*". Du sens de ce mot, voyez Real,
> science du gouvernement, T. IV. ch. 2. Sect. 2. §. 11. Dé
> claration de l'Autriche, au congrès de la paix de Westphalie
> . en 1648. De Meiern l. c. V. 513. sq.
>
> *c)* Grotius de J. B. et P. lib. I. c. 3. §. 6. sq. Pufendorf de
> J. N. et G. lib. VII. c. 6. — Des écrits sur l'indépendance
> des nations, voyez v. Ompteda, II. 484 f. — Abhandlung
> von der Souverainetät überhaupt, und der rheinischen Bun
> desfürsten insbesondere, dans Winkopp's rhein. Bund, XXXI. 1.
> XLIX. 73. 79. LIII. 184. 289. Abhandlung von der Souverai
> netät des Staates und der Souverainetät des Fürsten, ebendas.
> III. 385. Fr. Ancillon über Souverainetät und Staatsverfas
> sungen. Berlin 1815. 8. Institutions politiques, par le baron
> de Bielfeld, T. I. (à la Haye 1740. 4.); p. 29.

§. 22.

Son indépendance sous différens rapports.

La souveraineté de l'état, dans le sens du droit des gens, consistant essentiellement dans l'indépendance de toute volonté étrangère par rapport à l'exercice des droits de souveraineté, elle doit par sa nature même être exercée indépendamment de l'ancienneté de l'état, de la forme de sa constitution ou du gouvernement, de l'ordre établi pour la succession au trône, du rang et titre de l'état ou de son souverain, de l'étendue de son territoire, de sa population, et de son importance politique *a*), des mœurs et de la religion, de l'état de culture en général, du commerce de ses habitans, etc. C'est par cette même raison, que de simples relations de pouvoir ecclésiastique, l'influence d'un médiateur *b*), d'un garant *c*), d'une puissance protectrice ou alliée *d*), des fiefs relevant d'un gouvernement étranger *e*), l'obligation de payer un tribut ou des subsides, même la circonstance qu'un état ait été fondé *f*) ou que sa constitution lui ait été donnée par un autre, ne préjudicient point à sa souveraineté *g*). Pas non plus les relations dans lesquelles un souverain se trouve engagé avec une puissance étrangère, à lui personnellement ou par rapport à sa famille, p. e. pour un emploi personnel *h*), ou pour quelque propriété.

a) Le célèbre LEIBNITZ fonda sur les différens degrés de la puissance politique, l'hypothèse d'une différence entre ce qu'il appelle *suprémat* et *potentat*.   Voyez son ouvrage sous le titre de CAESARINUS FÜRSTENERIUS de jure suprematus ac legationis principum imperii (1677. 8.), c. 10 — 12. p. 40 — 57.

b) Acte de médiation emis par la France et concernant les constitutions des 19 cantons de la Suisse et pour leur système fédéral, du 19 février 1803; dans le Code politique (à Paris 1809. 8.), p. 417 — 515.

c) Voyez le §. suiv.

d) Déclarations de l'Empereur Napoléon, en qualité de Protecteur de la Confédération rhénane, dans l'Acte de confédération, art. 1, 2, 3, 4, 7, 17 — 26; dans une déclaration remise à la diète de l'Empire germanique, en date du 1er août 1806; et dans une lettre adressée au Prince Primat le 11 sept. 1806.   Voyez mon Staatsrecht des Rheinbundes, §. 79. —   Danzick fut mis, sans porter préjudice à son indépendance, sous la protection des rois de Prusse et de Saxe, dans les traités de paix conclus à Tilsit en 1807, art. 6, et art. 19. —   La ville de Cracovie, avec son territoire, fut déclarée cité libre, independante et strictement neutre, sous la protection de la Russie, de l'Autriche et de la Prusse, dans l'Acte final du congrès de Vienne, art. 6.   Voyez mes Acten des wiener Congresses, T. VI. p. 22. et T. V. p. 138.

e) H. G. SCHEIDEMANTEL diss. de nexu feudali inter gentes. Jen. 1767. 4.   J. A. H. THALWITZER diss. de obligatione utriusque Siciliae Regis tributum annuum ex nexu clientelari Pontifici Romano ulterius praestandi.   Vitemb. 1790. 4.

f) Fondation du royaume de Westphalie, par l'Empereur Napoléon, en conformité des traités de paix de Tilsit et par la constitution du 15 nov. 1807.   Code politique, p. 589. — Quant à l'ancien duché de Varsovie et à la ville de Danzick, voyez les traités de paix de Tilsit; art. 5 et 6, et art. 15. et 19.

g) De REAL, science du gouvernement, T. IV. ch. 2. Sect. 3. §. 17.

h) Acte de la confédération du Rhin, du 12 juillet 1806, art. 7. Voyez le journal, intitulé Der rheinische Bund, IV. 147. IX. 445. VI. 408.

§. 23.

Acquisition, reconnaissance, garantie, extinction de la souveraineté.

La souveraineté est *acquise* par un état, ou lors de sa fondation, ou bien lorsqu'il se dégage légitimement de la dépendance dans laquelle il se trouvait *a*).   Pour être valide, elle n'a pas besoin d'être *reconnue* ou *garantie* par une puissance étrangère quelconque, pourvu que la possession ne soit point vicieuse.   Cependant il peut être prudent de la faire reconnaître *b*) expressément *c*) ou tacitement *d*), et de s'en procurer la garantie d'une ou de plusieurs autres puissances *e*).   Au contraire, la reconnaissance pas seulement de la possession *par intérim*, mais de l'indépendance définitive d'un peuple en insurrection illégitime, ou de celle d'un usurpateur, serait un outrage fait au souverain légitime, tant qu'il n'a pas renoncé ou qu'il ne doit être censé avoir renoncé à ses droits de souveraineté *f*).   La souveraineté est *éteinte*, dès que l'état cesse d'exister, soit par la déstruction totale de son territoire, soit par la dissolution du lien social, soit enfin par l'incorporation, la réunion ou soumission, en tout ou en partie, à un autre état *g*).

a) Moser's Versuch des neuesten europ. Völkerrechts, Th. VI, S. 126 ff.   Günther's Völkerrecht, I. 76 f.

b) L. G. Magen diss. de eo quod circa imperantem agnoscendum est juris gentium etc. Giess. 1748. 4.   J. C. W. v. Steck von Erkennung der Unabhängigkeit einer Nation und eines

Staats; dans ses Versuchen über verschiedene Materien politischer und rechtl. Kenntnisse (Berlin 1785. 8.), S. 49 ff.

c) On en trouve des exemples, dans la paix de Munster, conclue en 1648 entre l'Espagne et les Provinces-Unies des Pays-bas, art. 1, dans la paix de Kainardgi du 1/7 juillet 1774, art. 3, et dans celle de Paris de 1783, art. 1. Reconnaissance du royaume de Westphalie, par la Russie, dans la paix de Tilsit 1807, art. 18 — 20, et par la Prusse dans la paix de Tilsit 1807, art. 6 — 9. Reconnaissance de la confédération du Rhin, par la Prusse, ibid. art. 4. Reconnaissance des nouveaux rois de Naples et de Hollande, par la Russie et la Prusse, ibid. art. 14 et art. 3. Reconnaissance de la royauté et de la souveraineté de la Bavière et du Wirtemberg, ainsi que de l'Empereur Napoléon comme Roi d'Italie, par l'Autriche, dans la paix de Presbourg 1805, art. 5, 7, 14. L'Autriche et la France reconnurent l'indépendance des républiques helvétique et batave, ibid. art. 18. Dans la paix de Vienne de 1809, art. 15, l'Autriche reconnut tous les changemens qui avaient eu ou pourraient avoir lieu en Espagne, en Portugal, et en Italie. L'acte final du congrès de Vienne contient plusieurs exemples d'une reconnaissance expresse, par rapport aux royaumes d'Hanovre, des Pays-Bas et des Deux-Siciles, et à la Suisse, dans les art. 26, 65, 74 et 104.

d) Paix de Munster de 1648, art. 53. Voyez aussi l'Acte final du congrès de Vienne, art. 1, 6, 17, 53, 65 et suiv., 98, 99, 101 et 103.

e) Traité d'alliance entre la France et la Suisse de 1777, art. 4. Traité conclu en 1778 entre la France et les Etats-Unis d'Amérique, art. 11. Garantie de l'intégrité des états de la Confédération du Rhin, promise par la Russie, dans le traité de paix de Tilsit de 1807, art. 25. Garantie réciproque de leurs états respectifs, dans les traités conclus par la France avec la Bavière, le Wirtemberg, et l'électeur de Bade, en 1805. Voyez mon Staatsrecht des Rheinbundes, §. 135. La France garantit l'intégrité des possessions de la maison d'Autriche, dans le traité de paix de Presbourg 1805, art. 17, et dans celui de Vienne 1809, art. 14. Voyez aussi plusieurs exemples dans mes Acten des wiener Congresses, Bd. I, Heft 1, p. 96; Heft 2, p. 90, 93 et 95, et Bd. VI, p. 545 et suiv. Bd. IV, p. 429 et 456. Bd. II, p. 281.

f) Les Etats - Unis des Pays - Bas, le Portugal, et les Etats - Unis d'Amérique en fournissent des exemples. Günther's Völkerrecht, I. 78 — 86. Conférez aussi de Steck observationes subsecivae, c. 14. et Schmalz europ. Völkerrecht, S. 36 f.

g) De Vattel droit des gens, L. I. ch. 16. §. 194.

§. 24.

Etats dépendans ou mi - souverains.

Lorsqu'un état dépend d'un autre état, dans l'exercice d'un ou de plusieurs droits essentiellement inhérens à la souveraineté, mais qu'au reste il est libre, on l'appelle *dépendant* ou *mi-souverain a*).   Le plus ou moins de sa dépendance se détermine, dans le cas échéant, par la teneur des obligations conventionnelles qu'il a contractées. Elle touche ordinairement les droits de souveraineté extérieurs, dont l'exercice appartient, en tout ou en partie, à un autre état.

a) Hertius appelle de pareils états *quasi - regna*; Neyron, états du second ordre. Ceux qui les gouvernent, sont qualifiés, par Real, de princes - sujets.

§. 25.

Leurs rapports politiques. Souveraineté contredite.

La question de savoir, à quel point un état mi - souverain peut prétendre aux prérogatives du droit des gens, particulièrement au droit d'ambassade, non - seulement dans ses relations avec l'état dont il reconnait sous certains rapports l'autorité souveraine, mais aussi dans celles avec d'autres états, dépend tant de ce qui a été convenu à cet égard, que du degré d'indépendance qui lui est resté. De pareils états ne viennent d'abord en considération dans le droit des gens positif de l'Europe qu'autant qu'ils ont, vis-à-vis d'autres puissances, une personnalité politique et par conséquent le droit de négocier immédiatement avec des états souverains ou mi-souverains *a*).   S'il y a doutes et discussions sur la souveraineté *b*), c'est ordinairement l'état de possession qui règle la conduite des tiers états.

a) Pour les exemples anciens, voyez GÜNTHER, I, 120 ff.   Par le traité conclu en 1793 avec la Russie, art. 6—8 et 11, la république de Pologne était devenue un état mi-souverain. De MARTENS recueil, V. 222.   Il en était de même des Carthaginois, lorsque, après la seconde guerre punique, ils avaient promis aux Romains de ne point faire la guerre sans leur consentement.   Des exemples modernes, voyez plus bas §. 33.

b) Sur les états dont la souveraineté est *contredite*, voyez GÜNTHER, I. 110 et suiv. — Sur les *prétentions* des différens états de l'Europe, voyez C. H. SCHWEDER's theatrum praetensionum illustrium. Leipz. 1712. Zweite Ausg. vermehrt von A. F. GLAFEY, Leipz. 1727. Fol.   Les intérêts présens et les prétentions des puissances de l'Europe, fondés sur les traités depuis la paix d'Utrecht inclusivement, et sur les preuves de leurs droits particuliers; par Jean ROUSSET. à la Haye 1740. T. I—III. 4.   Mon Oeffentliches Recht des teutschen Bundes, §. 82 u. f.

§. 26.

Des provinces et villes privilégiées.

Les *provinces* ou *villes* simplement *privilégiées*, faisant d'ailleurs partie d'un état sous la souveraineté duquel *a*) il ne leur appartient que l'exercice de quelques prérogatives et droits de souveraineté, n'ont point de personnalité politique, ni sont-elles indépendantes par rapport aux états souverains; pas même, si l'ensemble de leurs droits privilégiés méritait ou portait le nom de souveraineté subordonnée ou conventionnelle *b*) (*superioritas territorialis subalterna sive pactitia, jus territorii subordinati seu subalterni*).   Ces provinces ou villes ne peuvent donc point se prévaloir immédiatement du droit des gens *c*).

a) Mon Oeffentliches Recht des teutschen Bundes, §. 101.

b) Nettelbladt's Erörterungen einiger Lehren des teutschen Staatsr., S. 571 ff.   Du même, Sammlung kleiner jurist. Abhandl. (1792. 8.), S. 159.   Moser von der Landeshoheit überhaupt, Cap. XI.   Pütter's hist. Entwickel. der Staatsverfass. des t. Reichs, III. 290.   de Ludolf, T. I. obs. 33. Strube's rechtl. Bedenken, II. 195 ff.   Mon Staatsrecht des Rheinbundes, §. 102 ff. 188 ff.   Les écrits indiqués dans Pütter's Literatur des teutschen Staatsrechtes, T. III. §. 1625, et dans ma Neue Literatur des teutschen Staatsr., S. 695.

c) Voyez les déclarations expresses du roi de Bavière et des grand-ducs de Bade et de Hesse, à l'égard des princes et comtes soumis à leur domination (*Standesherren*).   Mon Staatsrecht des Rheinbundes, §. 198. — Par rapport à la ville de Podgorze, voyez l'Acte final du congrès de Vienne, art. 8.

§. 27.

E t a t s   u n i s,

1) *sous le même souverain.*

Plusieurs états peuvent être *reunis a*) (*unio civitatum*), de deux manières différentes: ou

sous

sous un gouvernement commun, ou par droit de société dans un systême de confédération *b*).   Le titre fondamental et les dispositions particulières résultent du *contrat d'union*.

La réunion sous un souverain commun, si elle n'est que *personnelle c*), c'est-à-dire si elle n'a absolument lieu que dans la personne régnante, soit pour un tems déterminé soit pour toujours, de même si elle est *réelle* de manière à ce que les états, sans être confondus, se trouvent réunis entr'eux avec égalité parfaite de droits (états coordonnés), ne préjudicie point à la souveraineté individuelle de chacun des états réunis *d*).   Il en est autrement, si, étant réelle, elle établit une telle inégalité de droits *e*) qu'en effet l'un ou l'autre des états réunis est *soumis* à la souveraineté d'un autre. ou qu'il lui est même *incorporé* comme partie intégrante, sans avoir conservé aucune existence ni individualité politique (*unio inaequalis incorporativa*).   Néanmoins l'inégalité des droits admettant des degrés, il se peut que l'un des états ainsi réunis ne soit pas dépouillé de tous ses droits de souveraineté, et qu'il puisse p. e. être encore compté parmi les états mi-souverains (§. 24).

La réunion *réelle*, dans le sens que nous venons de lui attribuer, donne lieu à la distinction entre les états *simples* et les états *composés*.   Elle diffère essentiellement de cette parfaite réunion, par laquelle plusieurs états sont changés en un seul *f*).

a) Voyez des écrits sur la réunion des états, dans Pütter's Literatur des teutsch. Staatsrechts, T. III. p. 134, et dans ma Neue Literatur des teutsch. Staatsr. §. 928. — Comparez aussi Pufendorf de J. N. et G. lib. VII. c. 5. §. 16. sq. Martini positiones de jure civitatis, c. XII. §. 407. Schrodt jur. publ. univ. P. III. c. 4. §. 8. Pütteri instit. jur. publ. germ. §. 76. Du même, Beyträge etc., Th. I, Abh. 2. (Pet. Ant. Frhrn. v. Franks) Beweis, dafs dem erzstiftischen Domkapitel von Trier die landesherrliche Zwischenregierung in dem mit dem Erzstift auf ewig vereinigten Fürstenthum Prüm, bei gehindertem oder erledigtem erzbischöflichem Stuhl, ausschliefslich zustehe (1781. fol.), §. 5 — 13, et §. 20 — 27, où cette matière est expliquée par un grand nombre d'exemples tirés de l'histoire politique de l'Europe. — Sur le royaume de Saxe en particulier, voyez v. Römer's kursächs. Staatsrecht, Th. I, p. 106 — 176.

b) L'exposition suivante me semble donner un apperçu rapide sur les différentes espèces de réunion. *Unio civitatum,* sive *perpetua* sit sive *temporaria,* fit jure I) vel *societatis* (systema civitatum foederatarum), II) vel *imperii,* h. e. sub eodem imperante. Haec est: 1) vel *personalis;* 2) vel *realis,* jure a) sive *aequali,* b) sive *inaequali,* ita ut haec sit α) vel inaequalis *proprie* sic dicta, β) vel *incorporativa.*

c) Telle est la réunion du grand-duché de *Luxembourg* avec le royaume des Pays-Bas, stipulé par les art. 67 et 71 de l'Acte final du congrès de Vienne, du 9 juin 1815. Traité du roi des Pays-Bas avec l'Autriche, la Russie, la Grande-Bretagne et la Prusse, du 31 mai 1815, art. 3 et 6; dans mes Acten des wiener Congresses, Bd. VI, p. 171 et 173. Voyez aussi mon Uebersicht der diplomat. Verhandlungen des wiener Congresses, p. 161.

d) Comme 1° la réunion de la *Pologne* avec la *Russie,* à la suite de l'Acte final cité, art. 1er, et d'après les traités de la Russie avec l'Autriche et la Prusse, du 3 mai 1815, dans mes Acten des wiener Congresses, Bd. V, p. 124. et Bd. VI, p. 100. Politisches Journal de 1815, p. 483 et suiv., de 1816, p. 99 et 114 et suiv.; 2° celle de la *Norwège* avec la *Suède,* depuis 1814. Politisch. Journal de 1815, p. 62, 138, 226, 419, 516 et suiv.; 3° celle entre les royaumes de *Naples* et des *Deux-Siciles,* en vertu de la loi de suc-

cession du roi Charles III du 6 oct. 1759, et de la procla-
mation de Ferdinand IV du 12 déc. 1816, insérée dans le
Journal de Francfort de 1817, n° 5—10, et dans C. D.
Voss Zeiten, 1817, St. XI, S. 273 ff.; 4° celle entre le
Portugal, le *Brésil* et les *Deux-Algarves*, d'après la patente du Prince-régent de Portugal, en date de Rio-Janéiro le 16 déc. 1815, insérée dans le Journal des débats
du 22 février 1816. 5° Différens états réunis sous le sceptre
de l'Empereur d'*Autriche*, appartiennent aussi à cette classe.
6° De l'union des Etats-Unis des *îles Joniennes*, voyez ci-
après §. 55, note f.

e) De la réunion réelle avec *inégalité* de droits, voyez Mevius consil. posthum., cons. V. n. 67. sqq. OLENSCHLAGERS
Erläuterung der goldenen Bulle K. Carls IV., p. 66 et 357. —
Au congrès de Vienne furent réunis avec *égalité* de droits,
à perpétuité, aux états du roi de Sardaigne, les états qui
avaient composé la ci-devant république de *Gênes*, et les
pays nommés *Feudi imperiali* qui avaient été réunis à
la ci-devant république ligurienne (*unio realis aequalis
perpetua*). Voyez l'Acte final du congrès de Vienne, art.
85—89. Acten des wiener Congresses, Bd. VI, S. 77. 182,
194 et 202.

f) P. e. les *Pays-Bas* (la Hollande) et les ci-devant *Provinces
Belgiques*, forment depuis 1815 le royaume des Pays-Bas,
Acte final du congrès de Vienne, art. 65 et 73. Traité du
roi des Pays-Bas avec l'Autriche, la Russie, la Grande-
Bretagne et la Prusse, du 31 mai 1815, art. 1er, avec l'an-
nexe de l'art. 8 de ce traité, dans mes Acten des wiener
Congresses, Bd. VI. p. 168 et 175. — Sur la réunion per-
pétuelle réelle de la *Finlande* suédoise à l'Empire de la
Russie, voyez le manifeste du 20 mars 1808; dans le re-
cueil de Mr. de MARTENS, Supplém. V. g. 23.

§. 28.

2) *par confédération.*

Des états souverains unis entre eux ou *as-
sociés* pour un certain but et pour un tems indé-
terminé, sans qu'ils reconnaissent une autorité su-

prême et commune à tous, forment une *confédération a)*, un *système d'états confédérés
(systema civitatum foederatarum s.
achaicarum)*. Quoique leur réunion représente, vis-à-vis des états non-associés, une *seule*
personne morale, chacun d'eux n'en conserve pas
moins ses droits de souveraineté indépendamment
des autres, et ils ne peuvent jamais être considérés
comme formant un seul et même état compliqué,
associé, ou confédéré *b)*.

a) Polybius historiar. lib. II. c. 4.   Praschius de rep. Achaica.
C. G. Heyne progr. de eod. arg. Gött. 1783.   Bynkershoek
quaest. jur. publ. lib. 2. c. 24.   Burlamaqui principes du
droit politique, P. II. ch. 1. §. 43. sqq.   Pütter's Beyträge,
I. 24.   Sam. de Pufendorf diss. de systematibus civitatum;
dans ses Dissert. acad. select. (Upsal. 1677 et Francof. 1678.
12.), p. 210; aussi dans sa Politica inculp., p. 226.   Joach.
Erdm. Schmidt diss. de civitatis origine civitatumque systemate. Jen. 1745.   J. C. Wieland diss. de systemate civitatum. Lips. 1777, et dans ses Opusc. acad. Fasc. I. (1790. 8.)
n. 2.   Sainte - Croix des anciens gouvernemens fédératifs.
Comparaison de la ligue des Achéens, des Suisses et des
Provinces - unies, par M. J. Meermann. à la Haye 1784. 8.
É. A. Zinserling le système fédératif des Anciens, mis en
parallèle avec celui des Modernes. à Heidelb., Strasb. et
Paris 1809. 8.   F. W. Tittmann über den Bund der Am-
phictyonen. Berlin 1812. 8.

b) Günther's Völkerrecht, I. 140.   G. H. v. Berg's Abhandlungen zur Erläuterung der rhein. BundesActe, Th. I, S. 6 f.

CHAPITRE II.

LES ÉTATS DE L'EUROPE.

§. 29.

Etats souverains actuellement existans en Europe.

Le nombre des états souverains de l'Europe, leur territoire, leur population, leur puissance politique, ont été, à tous les époques, sujets à de grands changemens ; les plus récens sont ceux qui ont eu lieu de nos jours, à la fin du 18° et au commencement du 19° siècle. Dans ce moment-ci, toute la surface de l'Europe, en tant qu'elle est capable d'être dominée, est partagée entre les états souverains suivans, tant monarchiques que républicains. I) ETATS MONARCHIQUES, par ordre alphabétique : 1° *Empires :* l'Autriche *a*), la Russie, la Turquie ou Porte Ottomane ; 2° *Royaumes :* la Bavière, le Danemarck, l'Espagne, la France, le royaume-uni de la Grande-Bretagne et de l'Irlande, le royaume d'Hanovre, le royaume des Pays-Bas, le royaume-uni de Portugal, (du Brésil) et des Deux-Algarves *b*), la Pologne, la Prusse, la Saxe, la Sardaigne, la Suède avec la Norwège, le royaume des Deux-Siciles, le Wirtemberg ; 3° *Grand-Duchés :* de Bade, de Hesse, de Luxembourg, de Mecklenbourg-Schwerin, de Mecklenbourg-Strelitz, de Saxe-Weimar-Eisenach, de Toscane ; 4° *Electoral :* de Hesse :

5° *Duchés :* d'Anhalt-Bernbourg, d'Anhalt-Cöthen, d'Anhalt-Dessau, de Bronswic, de Holstein (-Glückstadt) et Lauenbourg, de Holstein-Oldenbourg *c*), de Lucques, de Modène avec Reggio et Mirandole, de Massa avec la principauté de Carrara, de Nassau, de Parme avec Plaisance et Guastalla, de Saxe-Cobourg, de Saxe-Gotha, de Saxe-Hildbourghausen, de Saxe-Meiningen ; 6° *Principautés :* de Hohenzollern-Hechingen, Hohenzollern-Sigmaringen, Lichtenstein, Lippe (-Detmold), Schaumbourg (-Lippe), Reuſs-Greitz, Reuſs-Schleitz, Reuſs-Lobenstein, Reuſs-Ebersdorf, Schwarzbourg-Roudolstadt, Schwarzbourg-Sondershausen, de Waldeck, et de Hesse-Hombourg ; 7° Les états du *Saint-Siège*, dits le patrimoine de St. Pierre *d*). II) ETATS REPUBLICAINS : les cantons suisses, les villes libres et anséatiques Hambourg, Brème et Lubeck, la ville libre de Francfort, la ville libre de Cracovie avec son territoire *e*), la petite et très-ancienne république de San Marino *f*).

a) L'empire d'*Autriche* comprend, outre l'archiduché d'Autriche, les royaumes de Bohème, de Galice, de Hongrie, d'Illyric (formé par une patente du 3 août 1816), d'Esclavonie, de Croatie, de Dalmatie, le royaume Lombardo-vénitien (formé par une patente du 7 avril 1815, dans mes Acten des wiener Congresses, T. VI. p. 303), etc.

b) Par une patente, datée de Rio-Janéiro le 16 déc. 1815, le roi de Portugal éleva l'état du Brésil à la dignité d'un royaume du Brésil; il ordonna en même tems que les royaumes de Portugal, les Deux-Algarves et le Brésil formassent à l'avenir un seul royaume sous le titre de Royaume -uni de *Portugal*, du *Brésil* et des *Deux-Algarves*.

c) Par l'Acte final du congrès de Vienne, art. 34, la dignité *grand-ducale* fut accordée au Duc d'*Oldenbourg*; mais jusqu'ici l'administrateur du duché a refusé de s'en prévaloir. Voyez mon Uebersicht der diplomat. Verhandlungen des wiener Congresses, p. 162.— Sur les titres des souverains d'*Allemagne* en général. voyez mon Oeffentliches Recht des teutschen Bundes, §. 107 et suiv.

d) La souveraineté de la seigneurie (*Herrlichkeit*) de *Kniphausen*, appartenant au comte de Bentinck, est actuellement administrée par le duc d'Oldenburg. Voyez mes Acten des wiener Congresses, T. III. p. 555.

e) De Cracovie voyez plus haut, §. 22, note d.

f) En 1817, le Pape a, par un bref de nouveau reconnu l'indépendance de la république *San Marino*, entourée des états du St. Siège. —   Les *Etats-Unis* des *îles Joniennes* appartiennent à présent aux états mi - souverains.   Voyez plus bas, §. 55. — Par une décision de la diète helvétique, *Gérisau* ou Gersau en Suisse fut déciaré partie intégrante du canton Schwytz   Cette réunion fut effectuée en 1817.

§. 30.

Leur forme d'état.

Ces états sont différemment organisés *a*). D'abord toutes les *monarchies*, excepté l'Etat ecclésiastique ou le patrimoine de St. Pierre, sont *héréditaires* ou successives (*regna hereditaria*); de sorte que la succession au trône des membres d'une même famille, fait une loi fondamentale de l'état *b*).   A l'exception des états du Saint-Siège, il n'y a plus d'états souverains *électifs* en Europe, tels que l'étaient autrefois l'Empire germanique, la Pologne, et l'île de Malte, jusqu'en 1798 siège du grand-maître de l'Ordre de St. Jean de Jérusalem, et dans l'Empire germanique les états (mi souverains) électifs ecclésiastiques *c*), c'est-à-dire dont le souverain devait être choisi dans l'état ecclésiastique. Il n'existe plus d'état monarchique *nominatif*, comme le fut de l'an 1806 jusqu'en 1810 celui du Prince-Primat, depuis 1810 jusqu'en 1815 grand-duché de Francfort *d*). L'empire ottoman est un état *héréditaire-électif e*). Quelques monarchies ont une *représentation nationale*, d'autres n'en ont pas. Les *républiques*, qui subsistent encore aujourd'hui (§. 29), sont des *démocraties*, ou pures ou représentatives. Un certain nombre des états susdits est réuni dans *deux confédérations*, celle d'Allemagne *f*), composée d'états monarchiques et de villes libres, et celle de la Suisse *g*), dont les membres sont des états républicains, à la seule exception de la principauté de Neufchatel *h*).

a) G. F. v. Martens Sammlung der wichtigsten Reichsgrundgesetze, Erbvereinigungen, Capitulationen, Familienverträge u. s. f., welche zur Erläuterung des Staatsrechts und der pragmatischen Geschichte der vornehmsten europäischen Staaten dienen. Th. I. Dänemark, Schweden, Grofsbritannien. Goett. 1794. gr. in-8°. Le même auteur a publié Abrifs des Staatsrechts der vornehmsten europäischen Staaten. Th. I, Abth. 1, Dänemark, Schweden, Grofsbritannien. Goett. 1794. gr. in-8°. De la Croix, constitutions des principaux états de l'Europe et des Etats-Unis de l'Amérique. à Paris 1791. vol. I—IV. gr. in-8°. Traduit en allemand, avec des corrections, sous le titre suivant: Verfassung der vornehmsten europäischen und der vereinigten amerikanischen Staaten. Aus dem Französischen, mit Berichtigungen. Leipzig 1792 — 1797. Th. I—V. gr. 8. Die Constitutionen der europäischen Staaten, seit den letzten 25 Jahren. Altenb. u. Leipz. 1817. 2 Bände. 8. Constitutions des différens peuples

ou textes de tous les Actes constitutionnels en vigueur. avec
des discours historiques et politiques sur les principes qui
en font la base: par MM. Benj. de Constant. Esmenard,
Jay. le comte Lanjuinais, Letellier, Grégoire. Thérémin. etc.
(Ce livre devait paraître en 1818 à Paris, en 7 volumes.) —
L. v. Dresch Betrachtungen über die Hauptstaaten des eu-
rop. Staaten-Systems.   Tübingen. I. Betrachtung. der teutsche
Bund. 1817. 8.

b) La *Russie* est aujourd'hui aussi une monarchie héréditaire.
suivant la loi de primogéniture.   Voyez Beweis, dals Peter's I.
Thronfolgeordnung unter Peter II. (1727) confiscirt worden;
dans Schlözer's Briefwechsel. Heft XIII. (1797). S. 61 — 67.
Curtius über das russische Successions-Gesetz; dans Dohm's
Materialien zur Statistik. III. Lieferung. S. 248.   Hupel's
Versuch über die Staatsverfassung des russ. Reichs. S. 248.
Acte de succession de Paul 1er et de son épouse, fait le
4 janvier 1788. et confirmé le jour de son couronnement.
le 16 avril 1797; dans les Verordnungen S. K. M. Paul's I.
(St. Petersb. 1797. 4.). S. 245 — 249.

c) Ces états, excepté l'état du Prince archichancelier de l'Empire (appelé depuis 1806 état du Prince-Primat). furent
sécularisés, en vertu de la paix de Lunéville de 1801. art. 7,
et du récez de la députation de l'Empire germanique, daté
de Ratisbonne le 25 février 1803.

d) Acte de la Confédération du Rhin. art. 12.   L'état électif
du Prince-Primat fut transformé en état héréditaire, par
une convention entre Napoléon et le Prince-Primat, faite à
Paris le 19 février 1810 (Rheinischer Bund. Heft XLVIII.
S. 406), et par un décret de nomination, rendu par Napoléon
en faveur du vice-roi d'Italie Eugène Napoléon et de ses
descendans mâles. à Paris le 1 mars 1810.   Politisches Journal 1810. mars. p. 504.   Par l'Acte final du congrès de
Vienne, le grand-duché de Francfort fut dissous.

e) J. G. Meusel's Lehrbuch der Statistik (5. Ausg. 1804),
S. 517.   L'empire turc est représenté comme patrimoine du
Mufti, par Neyron dans ses Principes du droit des gens,
§. 94. —   D'ailleurs comparez G. Achenwall diss. de regnis
mixtae successionis. Goetting. 1762. 4.

f) Acte de la Confédération Germanique, signé à Vienne le

8 juin 1815. Schlufs-Acte des wiener Congresses etc.   Mit vielen Anmerkungen etc. von J. L. KLÜBER. Zweite Aufl. Erlangen 1818. 8.

g) Voyez la Convention des cantons formant la Confédération Helvétique, signée à Zurich le 29 déc. 1815, dans le Recueil de Mr. de MARTENS, Supplément, T. V, p. 659. Cette convention est reconnue comme base du système Helvétique, dans l'Acte final du congrès de Vienne, art. 74 et suiv., et dans la Déclaration des puissances signataires du traité de paix de Paris du 30 mai 1814, sur les affaires de la Suisse, en date de Vienne le 20 mars 1815, dans mes Acten des wiener Congresses, T. V. p. 310 — 318. —   Acte d'alliance conclu le 16 août 1814 entre les cantons de la confédération Suisse, et acte d'acceptation de la diète en date du 8 sept. 1814, dans de MARTENS recueil, Supplém. T. VI, **p.** 68.

h) Les *Etats-Unis* de l'*Amérique*, qui ont déclaré vouloir admettre les principes du droit des gens de l'Europe (§. 1, note d), forment aussi une confédération. — Des *Etats-Unis* des *îles Joniennes*, voyez ci-après §. 33.

§.   31.

Et autres rapports publics.

De tous les états souverains ci-dessus énoncés, il n'y en a plus aucun aujourd'hui qui soit *fief.* Mais plusieurs d'entr'eux sont attachés à d'autres par alliance, protection, droit de conquête, fondation, ou pour avoir reçu d'eux une constitution. Pas tous les états souverains de l'Europe jouissent de ce qu'on appelle *honneurs royaux a).* Mais dans tous les états monarchiques, à l'exception de l'Etat du Pape, le *titre* et la *dignité* de l'état *(dignitas realis)* sont les mêmes que ceux attribués à la personne du souverain. Les territoires sont pour la plupart *ar-*

rondis (territoria clausa).   Le *caractère
de religion* de l'état, c'est-à-dire l'ensemble et
les rapports des différentes confessions religieuses
qui y sont reçues *b*), vient rarement en considération dans les relations publiques, si ce n'est
dans les concordats conclus entre le Pape et plusieurs états de l'Europe *c*), ou dans les stipulations contenues dans divers traités publics *d*), relatives à l'exercice du culte.   Nul état européen
n'est encore déclaré *patrimonial* par sa constitution, c'est-à-dire propriété du souverain, et par
conséquent sujet à sa disposition arbitraire *e*).

a) Voyez plus bas, §. 91.

b) H. Stäudlin's kirchliche Geographie u. Statistik. Täb. 1804.
Bd. I u. II. 8.   L. Meiners allgemeine Geschichte der Re-
ligionen. Hannover 1806 u. 1807. Bd. I u. II. 8.   A new uni-
versal history of the religions Rites, Ceremonies and Customs
of the whole World; by William Hurd. London (sans indication de l'année, mais avant 1799) gr. in-fol.   Origine
de tous les cultes, ou Religion universelle, par Dupuis. à
Paris 1795. T. I — XI. 4.   Histoire générale et particulière
des Religions et du Culte de tous les peuples du monde,
par Fr. H. St. Delaulnaye; ouvrage orné de 500 figures
gravées. à Paris 1796. gr. in-4°.   Histoire des sectes religieuses, depuis le commencement du siècle dernier; par
Grégoire. Paris 1809. 8.

c) Voyez des *concordats*, dans C. Gärtneri Corp. juris eccle-
siastici Catholicorum, I. 89. II. 355. Les concordats du Pape
avec l'Espagne, de 1753, avec le duché de Milan, de 1757,
et avec la Sardaigne, de 1770, dans le Supplément au recueil de M. de Martens, II. 18. 82. et dans le Recueil même, VI. 126.   Les concordats avec la France de 1516, de
1801 (dans le Supplément allégué, II. 519), et de 1813, 25
janvier, dans la Gazette de Francfort, 1813, n. 52. et dans
de Martens recueil, Supplém. T. V, p. 552.   Concordat avec

la République italienne, de 1803. Journal politique de Mann-
heim, 1804, n° 21 et suiv. Concordats, avec le Grand-Duc
de Toscane de 1815, avec la France du 11 juin 1817, avec
la Bavière du 5 juin 1817, et avec le roi de Naples du 16
févr. 1818. Spécification des concordats, dans LE BRET's Vor-
lesungen über die Statistik, II. 352.

d) Voyez des exemples dans GÜNTHER's Völkerrecht, II. 331 ff.
De MARTENS recueil, I. 398. IV. 623. 625, dans la paix de
Bucharest de 1812, art. 7, et dans celle de Westphalie de
1648, Instrum. Pac. Osnabrug., surtout art. 5.

e) Quelques jurisconsultes traitent l'idée d'un état patrimonial
de chimère, d'après le droit public naturel. L. J. F. HÖPF-
NER's Naturrecht, §. 201. — D'autres soutiennent le contraire. GROTIUS, l'auteur de la division des états en patrimoniaux et usufructuaires, dans son livre de jure belli et
pacis, lib. I. c. 3. §. 11. sqq. Casp. Achat. BECK diss. de
jure regni patrimonialis (Jen. 1712), §. 11. sqq. Theod.
SCHMALZ de jure alienandi territoria (Rint. 1786), §. 4. sqq. —
Il en est d'autres, qui admettent des états patrimoniaux, mais
avec de fortes restrictions. SCHEIDEMANTEL's allgemeines Staatsrecht und nach der Regierungsform, §. 63 f. — En tout
cas il faut séparer ce qui est de droit, d'avec ce qui n'est
que de fait. J. St. PÜTTER's Beyträge zu dem teutschen Staats-
u. Fürstenrecht, I. 140. — On appelle, dans un sens plus
limité, états patrimoniaux ceux dans lesquels il appartient
à un individu de disposer, pour la prochaine fois, de la
succession au trône, comme autrefois en Russie suivant la
loi de succession de Pierre 1er de 1722. SCHEIDEMANTEL l. c.
NEYRON l. c. §. 92.

§. 32.

Particulièrement certaines classifications des états.

Le droit des gens ne fait point de différence
entre les *grands* états et les *petits a)*, ou les *puissans* et les *moins puissans*. Malgré cela il est de
fait que, sous le rapport politique, le degré de
puissance ou de force d'un état, surtout militaire,

est de la dernière importance.   Mais sous ce point
de vue même on manque absolument de base propre à établir une distinction juste et tranchante,
celle en états du *prémier,* du *second,* du *troisième,*
et du *quatrième ordre,* adoptée par quelques-uns *b)*,
étant tout-à-fait arbitraire, et ne signifiant rien.
Les forces militaires du plus grand nombre des
états souverains de l'Europe, ne sont organisées
que pour des guerres continentales; il n'y a que
quelques grandes puissances, qui entretiennent
des armées navales.   C'est de-là que les premiers
de ces états portent le nom de *puissances continentales,* les derniers celui de *puissances continentales
et maritimes.*   Celles-ci s'appellent aussi puissances *maritimes,* par excellence si leurs forces principales sont destinées à la guerre maritime *c)*.
Etats continentaux et maritimes s'appellent ceux
des états souverains qui, quoique voisins de la
mer, n'ont pas de flotte militaire, mais seulement
quelques vaisseaux de guerre, frégates ou galères,
pour protéger leurs côtes et leurs navires de commerce.   La division enfin des puissances de l'Europe en celles de l'est, du midi, de l'ouest, du
nord, est purement géographique.

a) Moser's Versuch des neuesten europ. V. R. I. 3 f.

b) Institutions politiques, par le baron de Bielfeld, T. II.
ch. 4. §. 14. p. 85. Schmalz europ. Völkerrecht, p. 58.
Au congrès de Vienne, dans une séance qui eut lieu le
9 février 1815 entre les plénipotentiaires des huit puissances
signataires du traité de paix de Paris, on ne pouvait point
s'accorder sur la question si l'on devait admettre le principe

d'une classification des puissances, et, en l'admettant, si
elles devaient être partagées en deux ou en trois classes,
et particulièrement dans quelle classe il faudrait ranger les
grandes républiques. Voyez mon Uebersicht der diplomatischen Verhandlungen des wiener Congresses, p. 167 et suiv.,
ainsi que p. 13, 15, 22 et suiv.; de même p. 20, 45, 59
et 131. Mes Acten des wiener Congresses, Bd. I, Heft 1,
p. 97, Heft 2, p. 63, Bd. IV, p. 45. — Sur le *rang* des
états souverains voyez ci-bas, dans la seconde Partie, tit.
1ᵉʳ, ch. 3.

c) Günther's Völkerrecht, II. 75

§. 33.

Etats mi-souverains.

Les états *dépendans* ou *mi-souverains*, qui
existaient ci-devant en *Allemagne* et en *Italie a*),
ont en partie acquis la souveraineté, en partie ils
ont été incorporés ou entièrement soumis à des
états souverains. De même, les duchés de *Courlande* et de *Semigalle* sont venus sous la domination de la Russie *b*). Pour ce qui est des hospodars dans les principautés de la *Moldavie* et de la
Valachie c), il paraît que leurs relations politiques, sous le rapport du droit des gens de l'Europe, ne sont pas encore complètement fixées. Il
en était de même, jusqu'en 1814, des principautés de *Lucques* et *Piombino*, de *Neufchâtel*, de
Bénévent, de *Ponte-corvo*, nouvellement constituées par l'Empereur Napoléon en 1806. Lucques et Piombino avaient été donnés, comme fiefs
masculins de l'Empire français, mais en toute propriété, et tellement que chaque prince qui les pos-

sédait devait faire serment de rendre à l'Empereur des Français les devoirs „d'un bon et fidèle sujet" *c*). C'était la même chose pour les principautés de Neufchâtel, de Bénévent, et de Pontecorvo. Celles-ci, à la verité, avaient été conférées „en toute propriété et *souveraineté*", et les deux dernières avaient été, en outre, données „comme fiefs immédiats de la couronne" de France, mais leurs princes n'en étaient pas moins obligés de s'engager par serment, à servir l'Empereur des Français „en bon et loyal sujet" *e*). Les *Etats-Unis des îles Joniennes* forment, depuis 1815, un véritable état mi-souverain, à cause des droits de protection et de souveraineté que la Grande-Bretagne est autorisée à exercer sur eux *f*).

a) Moser's Versuch des europ. Völkerrechts, I. 26 ff.

b) Acte de soumission des Etats des duchés de Courlande et de Semigaile, du 20 mars 1795, dans le Politisches Journal 1795, April, S. 413, Mai, S. 525. Acte de soumission du Duc, daté du 28 mars 1795, ibid., Julius, S. 698. De Martens recueil, VI. 476 ff. Büsch Geschichte der merkw. Welthandel, S. 642. — Sur le droit d'ambassade auquel prétendirent autrefois ces duchés, voyez les écrits indiqués dans v. Kamptz neuer Lit., S. 244.

c) Les droits de ces principautés, vis-à-vis de la Porte ottomane, sont déterminés dans les traités de paix de Koutschouc Kainardgi de 1774, art. 16, de Yassy du 9 janvier 1792, art. 4, de Bucharest de 1812, art. 5, par la convention explicative entre la Russie et la Porte formée à Constantinople le 10 mars 1779, art. 7, et par l'acte donné par le grand-visir le 28 décembre 1783. De Martens recueil, III. 355. IV. 623. V. 70. Gazette de Francfort, 1812 n° 312. Entre autre, les deux parties sont convenues, que chaque principauté entretiendra à Constantinople un Chargé d'affaires, chrétien de la communion grecque, lequel la Porte accueillera avec bonté et considérera comme jouissant du droit des gens.   Comparez aussi Büsching's Magazin, III. 5.

d) Décret de Napoléon du 27 ventôse an XIII (10 mars 1805), par lequel la principauté de Piombino fut conférée à la princesse Elise, sœur de l'Empereur, et à ses descendans mâles, „en toute propriété“, comme fief de l'Empire français.   Moniteur du 19 mars 1805, n° 178; · le rapport de la commission du sénat-conservateur, dans la séance du 23 mars 1805.   Décret impérial du 30 mars 1806, par lequel le pays de Massa et Carrara et la Garfagnana furent réunis à la principauté de Lucques, pour être conférés avec elle comme fief masculin de l'Empire français.   Bulletin des Lois, n° 84.   Cette disposition de Lucques et Piombino avait été reconnue par l'Autriche, dans la paix de Presbourg de 1805, art. 3.

e) Pour ce qui est de *Neufchâtel*, voyez le décret de Napoléon du 30 mars 1806, dans le Bulletin des Lois, n° 84, et dans le Politisches Journal, 1806, April, S. 591 ff.   A l'égard de *Bénévent* et de *Ponte-corvo*, voyez les lettres d'investiture, du 5 juin 1806, dans le Bulletin des Lois, n° 100, et dans le Politisches Journal, 1806, Junius, S. 597 ff.   Institution des majorats et de la légion d'honneur; par L. Rondonneau (à Paris 1811. gr. in-8.), p. 248 et suiv.

f) Ces Etats-Unis doivent former „un seul état libre et indépendant, placé sous la protection immédiate et exclusive de la Grande-Bretagne“.   Voyez le traité conclu entre la Grande-Bretagne, la Russie, l'Autriche, et la Prusse, en date de Paris le 5 nov. 1815, dans le Journal de Francfort de 1815, n° 347, dans le Politisch. Journal de 1816, p. 171, et dans de Martens recueil, Supplém. T. VI, p. 663.   Les autres puissances signataires du traité de paix de Paris de 1814, ainsi que le roi des Deux-Siciles et la Porte ottomane, furent invitées à accéder à ce traité.   Voir Politisch. Journal de 1815, p. 851, et de 1816, p. 879 et suiv.   Constitution des Etats-Unis des îles Joniennes du 29 déc. 1817, mise en vigueur le 1er janvier 1818.   Journal de Francfort, 1818, n° 69 et suiv

§. 34.

§. 34.

Relations politiques des états de l'Europe.

Usage des nations.

Les rapports *politiques* des états souverains
de l'Europe entr'eux, ne sont fondés ni sur une
confédération, ni sur une république des gens ou
association républicaine des états *a*), ni sur un
état universel du monde composé de toutes les nations *b*), ni enfin sur des conventions expresses,
communes à tous les états de l'Europe.   Entre
les *états chrétiens* se formèrent cependant dans le
moyen-âge des liaisons politiques plus étroites,
amenées et facilitées par la conformité des dogmes
de religion et du rit ecclésiastique, par la réunion
sous un même chef de l'église et par le systême
hierarchique en général, par les guerres continuelles avec les nations non-chrétiennes, par
l'autorité séculière accordée à cet égard à l'empereur romain, surtout durant les croisades, ainsi
que par la parenté et les alliances qui unirent les
familles régnantes.

a) On pourrait comparer une telle association à une démo-
cratie.   Conférez Nic. Vogt über die europäische Republik.
Th. I—V. Frankf. 1788—1792. 8.   Du même, Historische
Darstellung des europäischen Völkerbundes. Th. I. Frankf.
1808. 8.

b) Cette hypothèse, indiquée déjà par Sénèque (de otio sa-
pientis, c. 31.), a été développée par plusieurs auteurs
modernes, tels-que Grotius de J. B. et P., proleg. §. 18, et
Real science du gouvernement, T. V. p. 2; mais davantage

encore, et avec enthousiasme, par Wolff dans son jus gentium, proleg. §. 7. sqq. et 21. Elle a été désapprouvée par Günther, I. 151. et L. C. Schröder dans ses elementa juris naturalis, socialis et gentium, §. 1049.

§. 35.

Continuation.

Ces liaisons politiques se sont conservées, malgré le schisme survenu dans l'église, et ont même été augmentées par les progrès de la culture et les lumières répandues chez toutes les nations, par l'état florissant du commerce et le soin qu'on mît à le protéger, par les intérêts particuliers des familles régnantes, par les armemens continuels qui remuaient sans cesse les peuples, par les vues ambitieuses et les projets d'agrandissement de plusieurs gouvernans, par le systême presque généralement adopté de jalousie et de méfiance qui en résulta, joint au sentiment du besoin de respecter et de faire respecter, dans les relations politiques, les formes reçues de politesse et de bienséance. C'est de là que non - seulement certaines *théories politiques* ont pris naissance et ont influé sur les évènemens *a*), mais que souvent il s'est établi une *puissance d'opinion b*), et qu'il s'est introduit insensiblement et comme par convention tacite, une *conformité assez générale*, parmi les états chrétiens de l'Europe, non - seulement dans la manière d'agir en fait de politique, mais aussi relativement à certaines stipulations reçues dans les traités publics. Cette conformité est aujourd'hui presque généralement considérée, sinon comme droit parfait *c*), du moins comme *usage des nations de l'Europe*, et quelquefois il lui est même attribué force de nécessité morale. Il y a de plus des états, où elle a été sanctionnée par des conventions expresses ou tacites. Liées ainsi d'opinion et d'intérêts, les nations chrétiennes de l'Europe se regardent mutuellement comme membres d'une *association éthique* et *politique d*), de laquelle paraît même vouloir s'approcher maintenant, en quelque sorte, le seul état non-chrétien de l'Europe, la Porte ottomane *e*). Aussi quelques états *non-européens*, tels que les Etats-Unis d'Amérique, ont déclaré, soit de fait soit expressément, vouloir accéder à cette association *f*). Malgré tout cela il ne faut jamais perdre de vue la *différence* qui existe toujours entre ce simple usage des nations, et celles de leurs relations individuelles qui sont fondées sur le droit des gens positif ou naturel (§. 2. 3. 31.).

a) Conférez A. H. L. HEEREN's kleine historische Schriften, Th. II (Goett. 1805. 8.), p. 147 — 250.

b) De la *puissance d'opinion*, relativement au Pape, voyez BIELFELD institutions politiques, T. II. p. 603 et suiv. — Quelques-uns des petits états semblent jouir d'une *puissance d'envie*, qui les met à l'abri de la convoitise de leurs puissans voisins.

c) Comme droit parfait fut-elle considérée par WOLFF: l. c.

§. 9. Il croyait pouvoir la fonder sur un consentement *présumé* des nations, en faveur de son hypothèse favorite d'un état universel, composé de toutes les nations.

d) Il semble que Günther (I. 152 — 187), parlant d'une société volontaire des peuples, particulièrement de ceux de l'Europe, n'a pas envisagé autre chose.

e) Real, science du gouvernement, T. V. ch. 3. Sect. 9.

f) De Martens, recueil, T. IV. p. 196. 197.

SECONDE PARTIE.
LES DROITS DES ÉTATS
DE L'EUROPE ENTR'EUX.

—————

TITRE PREMIER.
DROITS ABSOLUS DES ÉTATS
DE L'EUROPE ENTR'EUX.

—————

CHAPITRE PREMIER.
DROIT DE CONSERVATION DE SOI-MÊME.

§. 36.

Deux classes principales des droits des états. Nature et durée de ces droits.

Il est des droits qui appartiennent à chaque état, vis-à-vis les autres, pour la raison seule qu'il est état, c'est-à-dire en vertu de sa personnalité morale et libre. L'ensemble de ces droits primitifs, s'appelle *droit des gens absolu* ou *thétique* (Titre I). Il y a d'autres droits auxquels les états ne peuvent prétendre que dans des circonstances particulières (Titre II), dans leurs rapports *pacifiques* (Sect. 1ʳᵉ), ou dans l'état de *guerre* (Sect. 2), dont l'existence suppose par conséquent une cause d'origine spéciale; ils font l'objet du droit des gens *conditionnel* ou *hypothétique*. Les deux genres sont les conditions de la personnalité de l'état, et il peut employer la force pour les défendre. Ils ne cessent d'exister avec le changement des membres de l'état *a*), car c'est à la totalité des citoyens qu'ils appartiennent, et non pas aux individus.

a) C'est ainsi qu'il faut expliquer ce qu'on appelle éternité, ou plutôt perpétuité, des états. *Civitas (universitas) non moritur.*

§. 37.

Rapports absolus des états entr'eux.

L'état est une société, *libre* et *indépendante*, puisqu'elle est composée d'individus et de familles qui, sans cette association, vivraient en liberté naturelle, et qui se sont proposés eux-mêmes le but qui fait l'objet de leur union. Il représente par conséquent, vis-à-vis d'autres états, une personne morale jouissant de la liberté naturelle. Ce même raisonnement étant applicable à tous les états, il s'ensuit que leurs droits réciproques ne sont autres que ceux des hommes isolés dans l'état de la liberté naturelle. Donc, les mêmes droits, que la nature ou la raison humaine accordent au particulier, envers le particulier, doivent être attribués aux états, dans leurs relations réciproques.

Il reste cependant une différence naturelle entre la personne morale et physique, et c'est cette dif-férence, jointe au caractère distinctif de l'état, qui lui donne en sus des droits des particuliers certaines prérogatives ou droits spéciaux.

§. 38.

Droit à la conservation de soi-même.

D'après cela chaque état, comme chaque par-ticulier, a un droit parfait à la *conservation de soi-même a).* Ce droit lui assure 1° son *existen-ce*, c'est-à-dire l'intégrité de sa constitution, de son administration, et de tous ses membres, tant réunis qu'individuels ; 2° la faculté *d'acquérir* toute sorte d'objets ; 3° l'*exercice* de tous les droits, naturels ou acquis, appartenant à lui ou à ses membres ; 4° une certaine *estime publique.*

a) Schrodt systema juris gentium, P. I. c. 1. §. 8.

§. 39.

Et par conséquent d'employer des moyens de sûrete légitimes.

En vertu du droit énoncé, l'état peut pré-parer et employer toute sorte de *moyens de sûreté* légitimes, qu'il juge à propos non-seulement à sa défense, mais aussi pour prévenir des lésions à craindre, et obtenir réparation pour celles qu'il a déjà éprouvées. Du nombre de ces moyens sont 1° celui de prévenir le *dépeuplement* du territoire de l'état, surtout en *empêchant l'émigration* des citoyens *a*), et leur *entrée* au *service d'un autre état b*). La faculté d'user de ce droit peut toutefois être limitée, à l'égard des propres sujets, par le droit public intérieur *c*), et par rapport à d'autres états par des conventions *d*).

a) Voyez les écrits dans Pütter's Literatur des teutschen Staatsrechts, III. 715, et dans ma Neue Literatur des t. Staatsr., S. 595 f. Günther's Völkerrecht, II. 306 ff. Moser's Versuch des europ. Völkerrechts, VI. 25 ff. Décret wirtembergeois, portant défense de toute émigration, à l'exception des femmes, du 29 mai 1807. Décret bavarois du 12 août 1812, qui ordonne retorsion de cette défense contre le Wirtemberg.

b) Voyez plus bas, §. 81.

c) Du ci-devant Empire germanique, voyez Pütteri instit. jur. publ. imperii germ. §. 368. et 451.

d) Souvent la libre émigration est stipulée, ordinairement pour un tems déterminé seulement, dans des traités de paix, de limite, d'échange etc., à l'occasion de l'évacuation des pays occupés par l'ennemi, ou de la cession d'un pays ou district. Paix de Bucharest de 1812, art. 7. Paix de Vienne 1809, art. 10. Paix de Paris 1783, art. 7. 18. Moser's Versuch, V. 595, et son traité intitulé: Nordamerika nach den Friedensschlüssen von 1783, III. 335.

§. 40.

C o n t i n u a t i e n.

Un des principaux moyens tendans à la conservation de l'état, est 2° l'exercice du *droit* de *défense* et *d'armes*, en tant qu'il n'est pas limité par des traités *a*). En vertu de ce droit, l'état peut faire toute sorte d'armemens, rassembler et

organiser des armées, des flottes, des troupes de
toute espèce, préparer de l'artillerie et d'autres
armes, faire des fortifications dans l'intérieur et
aux frontières, former des camps, appeler le ban
et l'arrière-ban, conclure des traités de subside
et d'alliance, etc. Quoiqu'il ne soit obligé en
effet de rendre compte de ces mesures à qui que
ce soit *b*), son propre intérêt peut néanmoins l'engager à s'expliquer à cet égard. Le refus d'une
telle explication, une réponse équivoque ou hau-
taine sur une demande mesurée, donne lieu à
une juste méfiance, à des contre-armemens, souvent même à des violences et des guerres.

a) Voyez des exemples dans le traité de Lunéville de 1801,
art. 6. L'engagement que la France avait pris, dans les
traités de paix de 1713, 1748 et 1763, de ne point fortifier
Dunkerque du côté de la mer, fut supprimé dans le traité
de paix de Paris de 1783. art. 17. De Martens recueil,
II. 469. Dans son traité conclu avec la France en 1685,
art. 3 et 4, la république de Gènes promit de diminuer le
nombre de ses vaisseaux de guerre; en même tems elle
renonça à toutes les alliances qu'elle avait faites depuis le
1er janvier 1685. Du Mont, corps diplomatique, T. VII.
P. 2. p. 88.

b) F. C. v. Moser von dem Recht eines Souverains den an-
dern zur Rede zu stellen: dans ses kleinen Schriften, Th.
VI. S. 287 ff. J. J. Moser's Versuch des europ. Völkerrechts, VI. 397—420. Günther's Völkerrecht, I. 293—320.

§. 41.

Mais non contre l'accroissement de la puissance d'un autre état.

En général (*in thesi*) il n'est point du
pouvoir de l'état de *s'opposer à l'accroissement*

de puissance non injuste d'un autre état a). Il ne le peut que lorsque, dans des circonstances toutes particulières, il se trouve menacé d'une lésion de ses droits *(in hypothesi)*, et ce n'est que dans ce cas d'exception *b)* qu'il y a raison justificative de guerre *(justa belli causa)*. L'application de ce principe réduit, en effet, les causes d'origine de la plupart des guerres qui ont jamais été faites pour raison d'augmentation de puissance prétendue démesurée de l'ennemi, tout au plus à de simples motifs *c) (causae belli suasoriae).*

a) Hugo GROTIUS de J. B. et P. I. 16. 17. et II. 1. 17. PUFENDORF de O. H. et C. II. 16. 4. VATTEL, III. 5. 42. BÖHMER jur. publ. univ., Part. spec. lib. II. c. 1. §. 9. Cph. Fridr. SCHOTT diss. de justis bellum gerendi et inferendi limitibus, §. 22.; dans ses Dissertat. jur. nat. T. I. p. 278. Gottl. Aug. TITTEL diss. opes gentis quantumvis crescentes in causis belli non esse numerandas. Carolsr. 1771 ; dans ses Erläuterungen der Philosophie, St. VI. SCHRÖDER elem. jur. nat., soc. et gent. §. 1121. sq. KLÜBER's kl. jurist. Bibliothek X. 142. — Sont de l'opinion contraire, HOBBES de cive, c. 13. GUNDLING jur. nat. c. 9. §. 12. DARIES obss. juris naturalis, socialis et gentium, Vol. II. p. 519. sqq. CANZ disciplina moral. §. 1387. sqq. §. 3528. sqq., et même la Sorbonne sous Louis XIII.

b) Franc. HUTCHESON philosophiae moralis institutio compendiaria, lib. III. c. 9. §. 2.

c) Voyez des exemples dans BYNKERSHOEK quaest. jur. publ. lib. I. c. 25. n. 10.

§. 42.

Ni sous l'hypothèse d'un équilibre politique.

Par cette même et seule raison, le systême *d'équilibre politique a)* (balance du pouvoir, systême de contre-poids, *bilanx s. trutina gentium*) n'est point fondé dans le droit des gens *b*), à moins qu'il ne soit établi par des conventions publiques (§. 6). Essentiellement différent de ce qu'on pourrait nommer équilibre *de droit*, du *suum cuique*, ce prétendu systême d'équilibre *politique* n'est fondé que sur l'idée de la puissance et de la prépondérance. Sous ce rapport, soit politique soit juridique, il n'offre jamais qu'un calcul vague et mal assuré, puisqu'il ne s'agit de rien de moins que de déterminer nonseulement les forces militaires et la population des états, mais aussi les ressources qu'ils peuvent prendre dans le caractère national, dans la culture, la richesse, la situation et l'étendue de leur territoire, dans le nombre et la puissance de leurs alliés, dans leur constitution, dans les qualités personnelles des souverains, en général dans tous les moyens physiques et moraux qui sont à leur disposition *c*). Une distribution égale des pays, à proportion de leur importance politique (*lex agraria gentium*), ne s'est fait ni se fera jamais. Néanmoins la jalousie, la méfiance, la simple convenance, ont suggéré quelquefois à des souverains la prétention d'un équilibre à conserver ou à établir, tantôt en Europe en général, tantôt particulièrement au nord, à l'est ou à l'ouest, en Allemagne, en Italie, sur le continent ou sur mer, dans la navigation, ou dans le commerce; il y a même eu des théoriciens, qui ont regardé un changement survenu dans ce prétendu équilibre comme raison justificative de guerre *d*). D'ailleurs il est incontestable, que chaque puissance est fondée en droit de s'opposer à toute démarche injuste d'une autre puissance, dont le but est de s'arroger de la domination, de l'aggrandissement, de la prépondérance, ou la monarchie universelle *e*).

a) Voyez des écrits dans v. OMPTEDA's Literatur des Völkerrechts, II. 484 ff., dans v. KAMPTZ neue Lit. S. 97 et 99, dans ma Neue Literatur des teutschen Staatsrechts, S. 144, et dans J. Th. ROTH's Archiv für das Völkerrecht, Heft I, S. 98 ff. — E. C. de HERTZBERG sur la véritable richesse des états, la balance de commerce et celle du pouvoir. à Berlin 1786. (GASPARI's) Versuch über das politische Gleichgewicht der europäischen Staaten; mit Tabellen. Hamb. 1790. gr. 8. (F. J. v. HENDRICH's) Historischer Versuch über das Gleichgewicht der Macht, bei den alten und neuen Staaten. Leipz. 1796. 8. Plan d'un nouvel équilibre politique. à Londres 1798. 8. (Nic. VOGT's) System des Gleichgewichtes und der Gerechtigkeit. Frankf. 1802. Th. I. II. gr. 8. Essai sur le nouvel équilibre de l'Europe; par Alphonse GARY. à Paris 1806. 8. Fr. v. GENZ Fragmente aus der neuesten Geschichte des polit. Gleichgewichts. Petersb. 1806. 8. Ideen über das politische Gleichgewicht von Europa. Leipzig 1814. 8. Betrachtungen über die Wiederherstellung des polit. Gleichgewichts in Europa. Hannov. 1814. 8. (Friedr. BUCHHOLZ) Rom und London, oder über die Beschaffenheit der nächsten UniversalMonarchie. Tüb. 1807. gr. 8. GÜNTHER's Völkerrecht, I. 321 — 389. ROBERTSON's Geschichte Kaiser Carls V., Th. I. S. 159 ff. (Joh. MÜLLER's) Darstellung des Fürstenbundes, 21—89. POSSELT's europ. Annalen, 1805, XI. 120. XII. 223; 1806, VIII. 101. 124. X. 3. XI. 145, XII. 270; 1807, I. 3. De SALLES Ideen über das Gleichgewicht in Europa; dans v. ARCHENHOLZ Minerva, 1801, März, S. 386 ff. REUSS teutsche Staatskanzley,

XIV. 100. Schlettwein's StaatsCabinet, I. 75—134. A. C. Gaspari's DeputationsRecefs, Th. I. (Hamb. 1803. 8.) S. 70 ff. Einleitung zur Geschichte des europ. Gleichgewichts; dans Georgius (Otto's) Finanz- und HandelsAnsichten, II. Bändchen (Nürnb. 1811. 8.); et plutôt dans Woltmann's Geschichte und Politik, 1801, St. II u. III. Minerva, April 1814, S. 88 ff. A. G. L. Heeren's Handb. der Geschichte des europ. StaatenSystems (2. Aufl. 1811), S. 13. Bredow's Chronik des 19. Jahrhunderts, Bd. III, S. 19.

b) L'opinion contraire est soutenue dans v. Martens Einleit. in das europ. Völkerrecht, §. 118 ff., et Schmalz europ. Völkerrecht, S. 206 ff.

c) Il serait à désirer que ce mot équivoque d'équilibre politique fût banni du langage tant de la politique que du droit des gens.

d) Jo. Jac. Lehmann tr. trutina, vulgo bilanx Europae (Jen. 1716. 8.), p. 187 sq. L. M. Kahlii diss. de trutina Europae, praecipua belli et pacis norma. Goett. 1744, et dans ses Opusc. minor. T. I. (Francof. 1751. 4.), n. 3. — Contre ceux-ci voyez Vattel, III. 3. 47. Glafey's Völkerrecht, S. 66. J. G. Neureuter diss. de justis aequilibrii finibus (Mogunt. 1746), §. 8. sqq. — Comparez ce que le prince Talleyrand, plénipotentiaire français, a déclaré au congrès de Vienne (dans une lettre du 19 déc. 1814) relativement à la signification et à l'étendue de l'équilibre politique; dans mes Acten des wiener Congresses, Bd. VII, S. 50 f. Il y provoque „aux principes de l'équilibre politique, ou, ce qui est la même chose, aux principes conservateurs des droits de chacun et du repos de tous".

e) A. v. Feuerbach, die Weltherrschaft, das Grab der Menschheit. München 1814. 8. Benj. Constant de Rebecque, de l'esprit de conquête et de l'usurpation. (S. 1.) 1814. 8. v. Kamptz neue Lit. des VR., S. 102. — Sans doute c'est dans ce sens que l'Autriche, la Grande-Bretagne, la Prusse, la Russie, et le roi de Naples ont manifesté, dans leurs traités d'alliance faits à Tœplitz le 9 sept. 1813, le désir d'assurer à l'Europe „son repos futur par le rétablissement d'un *juste équilibre des puissances*". De Martens recueil, Supplém. V. 596. 600. 607. 660. 661. Comparez mes Acten des wiener Congr. Bd. II, S. 95.

§. 43.

*Conduite par rapport à la conservation de l'état et
de ses droits.*

Chaque état est en droit non-seulement de prévenir toute lésion immédiate ou médiate des droits qui lui assurent sa conservation et durée, l'acquisition de certains objets, sa réputation etc. mais aussi de se faire raison soi-même de tout préjudice porté à l'exercice de ces mêmes droits. En vertu de ce principe, on a souvent vu des gouvernemens, tantôt de leur chef, tantôt sur la demande qui leur en avait été faite, désapprouver publiquement des bruits répandus, des pamphlets, des déclarations écrites ou imprimées, des faits injurieux commis contre un autre état ou la personne de son souverain, en poursuivre les auteurs et leurs complices *a*), comme si l'injure leur avait été portée à eux-mêmes *b*), enfin faire excuse et déclaration désapprouvante à l'état offensé.

a) Moser's Versuch des europ. Völkerr., I. 292 ff. VIII. 38 ff. Adelung's pragmat. Staatsgeschichte Europens, von dem Ableben K. Carls VI. an, Bd. III, Th. I, S. 236.

b) Voilà tout ce qu'on peut demander. Moser's Versuch, VI. 80. I. 292. et ses Beyträge zu dem europ. Völkerrecht, I. 292 f.

§. 44.

Droit de nécessité.

L'obligation de se conserver soi-même l'emportant sur toutes les autres, la lésion de quelque droit que ce soit doit être excusée, si dans un cas de nécessité évidente et absolue, un état, placé entre quelque obligation envers un autre état et celle qui lui impose sa propre conservation (*status gentis extraordinarius, casus extremae necessitatis*), donne la préférence à la dernière, et se dispense en *faveur de la nécessité (favor necessitatis, ratio status scil. extraordinarii*, raison d'état), appelée même par quelques-uns *droit de nécessité (jus necessitatis*), de la stricte observation de la justice *a*). Ce n'est point du tout ici ce qu'on a appelé, assez improprement, *droit de convenance b*), un prétendu droit fondé sur de simples avantages ou agrémens à recueillir. L'état qui se prévaut de la faveur de la nécessité, doit non-seulement y mettre tous les ménagemens possibles, mais aussi dédommager, en tant que cela peut se faire, celui qui en souffre *c*).

a) Comparez W. G. Tafinger's Lehrsätze des Naturrechts, §. 37—63. Fichte's Grundlage des Naturrechts, Th. II, S. 85 ff. Kant's metaphys. Anfangsgründe der Rechtslehre, Einleitung, S. XLVIII. Mon Oeffentliches Recht des teutschen Bundes etc., §. 456.

b) Moser's Beyträge zum europ. Völkerrecht in Friedenszeiten, Th. I, S. 5.

c) Voyez Bynckershoek quaestiones jur. publ., lib. II. c. 15. Mon Oeffentliches Recht etc. §. 457.

CHAPITRE II.

DROIT D'INDÉPENDANCE.

§. 45.

Indépendance.

En qualité de personne morale et libre (§. 37), chaque état n'a d'autre but que soi-même, et ne doit jamais servir de moyen aux vues des autres états. Il a par conséquent un droit d'*indépendance* de toute volonté étrangère, le droit de personnalité politique, ou le droit de subsister par et pour soi-même. Il peut exiger, et même par force, que nul ne s'oppose à ses volontés et actions non injustes. Cette indépendance absolue ne peut lui être refusée, que faute d'une existence politique légitime *a*). Toutefois il faut se garder de confondre le refus de reconnaître l'indépendance d'un état, avec celui de reconnaître un individu en qualité de souverain légitime d'un état dont l'indépendance n'est pas contestée, ce qui peut avoir lieu pour des raisons particulières.

a) Sur la conduite de plusieurs états en pareil cas, voyez GÜNTHER, I. 76—87.

§. 46.

§. 46.

Par rapport
I) *au droit d'agir librement.*

En vertu de son indépendance, chaque état a droit à toutes les *actions* conformes à un principe avec la validité générale duquel peut subsister l'indépendance de tous les autres états *a*). Il peut en conséquence *fonder*, *conserver* et *étendre* ses propres droits, ainsi que ceux d'autres états, et particulièrement rendre sa condition meilleure, en augmentant la culture intellectuelle, morale et économique de ses sujets, en agrandissant d'une manière legitime son territoire *b*), en augmentant sa population.

a) Vattel droit des gens, L. I. ch. 4. §. 54. 55. L. C. Schröder elem. juris nat., socialis et gentium, §. 1061. sq. 1066. Günther's europ. Völkerrecht, I. 280 ff. 293 f.

b) Comparez ci-dessus §. 42. Günther, I. 321. v. Martens Einleit. in das europ. Völkerrecht, §. 117 f.

§. 47.

II) *au droit de jouir des choses, de les conserver et de se les approprier.*

Du droit d'indépendance s'ensuit, pour chaque état, celui non-seulement de faire usage des *choses appartenant à personne*, tant pour son besoin et sa commodité que pour cause d'agrément, mais encore de les *conserver*, et de se les *approprier* exclusivement, en tant qu'elles sont susceptibles d'une possession exclusive *a*).   Si cela n'est pas, ou qu'en effet elles ne sont point possédées, les états de l'Europe reconnaissent encore aujourd'hui généralement ce droit primitif du premier venu, que quelques jurisconsultes ont voulu, sans nécessité *b*), dériver d'une communion primitive des choses (*communio primaeva*), représentée tantôt comme réelle ou positive *c*), tantôt comme négative *d*), tantôt comme privative *e*).

> *a*) Pour ce qui est de l'usage commun de l'océan, voyez ci-dessous §. 152.
>
> *b*) Sont du même avis, KULPIS in collegio Grotiano, p. 26. STRAUCH diss. de imperio maris, c. 1. §. 5. et 8. Cph. Frid. SCHOTT diss. de origine dominiorum, §. 9. sq. dans ses Dissertatt. jur. nat. T. I. p. 384. sqq. ACHENWALL jur. nat. §. 116. SCHRÖDER l. c. §. 238. GÜNTHER II. 3. f. Comparez aussi Jo. Chr. MUHRBECK diss. theses communionem primaevam et primordia dominii inprimis spectantes. Gryph. 1782. 4.
>
> *c*) GROTIUS de J. B. et P. lib. II. c. 2. §. 2. sqq.
>
> *d*) PUFENDORF de J. N. et G. lib. IV. c. 4. §. 4. HEINECCIUS elem. jur. nat. et gent. lib. I. §. 233.
>
> *e*) Jo. Bapt. Aloys. SAMHABER diss. de eo quod circa rei vindicationem instituendam juris naturalis est (Wirceb. 1788), cap. I.   Ma kl. juristische Biblioth. XV. 339.

§. 48.

III) *au souverain.*

Le *souverain*, c'est-à-dire la personne régnante qui représente l'état, prend part à l'indépendance de celui-ci.   C'est pour cette raison que la légitimité de cette dignité, quant aux relations extérieures, ne dépend point de l'*inauguration*, du *couronnement a)*, ou de la *reconnaissance* des états étrangers (§. 23), et qu'il ne leur appartient pas non plus, à moins d'un titre spécial, ni de *décider* des différends qui pourraient s'élever sur la succession au trône dans des empires héréditaires *b)*, ni de *conférer* le *trône* dans des états électifs *c)*. Il n'en est pas moins vrai cependant, que la détermination de la succession au trône, dans des états héréditaires, a été souvent l'objet de traités, conclus tantôt entre l'état qui y était immédiatement intéressé et d'autres états, tantôt entre des états étrangers seulement *d)*. Aussi s'en faut-il beaucoup que, dans des états électifs, des puissances étrangères ne se soient mêlées, plus ou moins, des élections des souverains *e)*.

a) Histoire des inaugurations des rois, empereurs et autres souverains; avec beaucoup de figures. Paris 1776. Dan. Nettelbladt diss. de coronatione ejusque effectu inter gentes. Halae 1747. 4.

b) v. Martens Einleit. in das europ. Völkerrecht, §. 68. Gottfr. Achenwall diss. de jure in aemulum regni, vulgo Praetendentem. Marb. 1747. 4. H. G. Scheidemantel de judice in causis litigiosae successionis in regna, commentationes duae. Jen. 1768. 4.

c) v. Martens §. 69. v. Justi's historische u. jurist. Schriften, Th. I, S. 185.

d) Exemples: la succession en Espagne, en 1713 et 1714; en Sicile, 1713 et 1720; en Naples et Sicile, 1735; en Toscane, 1735; en Autriche, 1748; en Bavière, 1779; en Etrurie, 1801; en Espagne, 1808. Sur la succession dans le Brisgau et le Palatinat, faisant parties du G. D. de Bade, voyez mes Act. n des wiener Congresses, Bd. VIII. S. 141 ff.

e) On n'a qu'à se rappeler l'histoire de Pologne, de l'état du Pape, de l'Empire d'Allemagne. Dans l'élection du Pape, les rois de France et d'Espagne, comme autrefois aussi l'Empereur d'Allemagne, exercent encore aujourd'hui le droit de donner l'exclusion à un individu. Eob. Toze kleine Schriften (Leipz. 1791. 8.), n° XVIII.

§. 49.

Continuation.

Il est d'usage en Europe, quoique ce ne soit pas de rigueur, de *notifier* aux états étrangers l'avènement du souverain au trône, et de les *féliciter* en pareil cas *a*). L'un et l'autre se fait ou par des lettres seulement, ou en même tems par l'envoi d'un ou de plusieurs ministres publics. Un autre usage a accordé au souverain actuel d'un état indépendant, durant son séjour pacifique dans un territoire étranger *b*), l'*exterritorialité*, pour sa personne *c*), sa suite, son hôtel et son mobilier. En vertu de cette exterritorialité, lui et les personnes de sa suite sont exempts de la juridiction civile de l'état où ils séjournent *d*), et ils jouissent de l'immunité des droits, de péage, de pontonage, et de douane, à l'égard des marchandises destinées à leur usage *e*). Les possessions d'un souverain situées en pays étranger, y sont ordinairement sujettes à la domination du souverain du pays *f*).

a) Les usages des cours, à cet égard, ne sont pas uniformes. Moser's Versuch des europ. Völkerrechts, III. 71. 101. et ses Beyträge zu dem europ. Gesandtschaftsrecht, S. 36 f.

v. Martens Einleit. etc. §. 70. Même les souverains en guerre, continuent quelquefois à se témoigner cette espèce de politesse. Le Pape prétendait autrefois des souverains catholiques, lors de leur avènement au trône, l'envoi d'une ambassade d'obédience (*legatio obedientiae*) que ces souverains, dans les tems modernes, aimaient mieux appeler ambassade de révérence. Buderi Opuscula, p. 331. Rossmann in den Erlanger gelehrten Anzeigen von 1746; Num. VII. Ma Neue Literatur des teutsch. Staatsr. S. 722.

b) Il est des publicistes, selon l'opinion desquels cette exterritorialité est même fondée dans le droit des gens naturel; p. e. Pufendorf, Barbeyrac, Bynkershoek, Cassius, Pfeffinger, Ludolf, Strube, et d'autres. D'autres s'y opposent à bonne raison; p. e. Stryk, Cocceji, Fleischer, Helmershausen, Caesarinus Fürstenerius (Leibnitz) de jure suprematus ac legationis principum Germaniae (1677. 8.) c. VII. p. 21. Comparez Strube's rechtl. Bedenken, Th. III, Num. 3, §. 1, S. 48.

c) Voici quelques cas particuliers.   1° Le souverain étranger est au service de celui, dans le territoire duquel il séjourne.   2° Il se trouve incognito en pays étranger.   3° Un souverain, qui n'est que titulaire, p. e. après son abdication, ou comme prétendant à la couronne, se trouve en pays étranger.   4° Un souverain actuel trouble en pays étranger la sûreté publique, ou s'y permet des actions hostiles contre le souverain du pays, ou contre d'autres puissances.

d) Contredit par Caesarinus Fürstenerius l. c.

e) Voyez Moser's Staatsrecht, Th. XXXVI, S. 317 ff. Pfeffinger in Vitriar. illustr. T. III. p. 1043. J. G. Neureuter diss. de eo q. j. e. circa exemtionem rerum principum a vectigalibus. Mogunt. 1748, et dans Hartleben's Thesaur. Dissert. Mogunt., Vol. I. P. 1. n. 6. Telle immunité fut stipulée dans la paix de Dresde en 1745, art. 10. Wenck cod. jur. gent. II. 214.

f) Nommément à la jurisdiction civile, par conséquent aussi, où cela est de droit, au sequestre, à la saisie, etc. Quelquefois les procédés des tribunaux sont entravés par la politique.

§. 5o.

F   i   n.

Pour ce qui est des *différends* des souverains *entr'eux*, relatifs à leurs *propriétés particulières a*), les tribunaux ordinaires sont compétents (p. e. le *forum rei sitae, hereditatis, arresti*), tant que les deux parties ne sont à considérer que comme particuliers; mais malgré cela ces affaires sont assez souvent regardées comme appartenant au droit des gens *b*). Il en est de même des *différends particuliers des parens d'un souverain*, qui se trouvent en relation avec un état étranger, soit comme souverains, soit pour cause de mariage *c*), de domicile, de possession de bien-fonds, ou de quelque prétention; quoiqu'en effet l'état n'a point de parens, et que hors le droit incontestable d'intercéder, il n'est en droit de se mêler de pareilles affaires que lorsqu'il est menacé d'une véritable lésion du droit des gens, ou que cette lésion à déjà eu lieu. Au reste, il est certain, que des rapports personnels de parenté, ou des égards de politesse d'un souverain, vis-a-vis d'autres états ou leurs souverains, ne peuvent, d'après leur nature, ni diminuer ni supprimer l'indépendance politique de l'état ou du souverain.

a) P. e. des différends relatifs à leurs possessions ou prétentions privées, à l'hérédité privée d'un souverain défunt, ou d'un membre de sa maison.

b) L'histoire nous fait connaître des guerres privées des sou-

verains, aux dépens de leurs états. — Différend entre les
cours française et palatine (1685 — 1702), à l'égard des
prétentions de la duchesse d'Orléans à la succession de
l'électeur palatin Charles, du dernier de la branche de Sim-
mern. Büsch Welthändel, S. 232. 240. Paix de Ryswik de
1697, Art. 8; dans Schmauss corp. jur. publici acad. n. CI.
La sentence du Pape, en qualité d'arbitre supérieur (*su-
perarbiter*), datée du 17 février 1702, se trouve dans
Faber's europ. StaatsCanzley, VI. 767. Voyez d'autres exemples dans Moser's Beyträgen zu dem europ. Völkerr.,
I. 449—457. Des guerres, à cause de mariage, voyez
Günther's Völkerrecht, II. 485 f. Note f, g, h. — L'opinion contraire est défendue par Mr. de Martens, dans son
Einleitung in das Völkerrecht, §. 169.

e) Des exemples sont fournis par l'histoire du Danemarck en
1772, par celle de la Hollande en 1787, et par celle de la
France en 1792 et suiv. Büsch Welthändel, S. 489 ff. 569 ff.
Günther's Völkerrecht, II. 489. 491. — La *renonciation*
de Gustave IV au trône de Suède en 1809 (voy. le recueil
de Mr. de Martens, Supplém. V. 170) s'efféctua sans intervention étrangère.

§. 51.

IV) *à la constitution de l'état.*

L'état est libre de se donner telle *constitution*, par rapport à sa forme et celle du gouvernement, qu'il juge à propos, ainsi que de la mo-
difier ou changer.   Hors les offres de bons offices
ou de médiation, aucun autre état n'a droit de se
mêler de pareilles affaires intérieures *a*), si ce
n'est en vertu d'un droit qu'il aurait acquis à juste
titre, ou bien que la nécessité l'excuse (§. 44).
Appelé même par un parti, s'il y a des dissensions
dans l'intérieur sur la constitution, il ne doit pas
le secourir, à moins de raisons suffisantes *b*), du

nombre desquelles est particulièrement le cas où il aurait *garanti* la constitution c).

a) Günther's europ. Völkerrecht, I. 284 ff. Schmalz europ. Völkerrecht, S. 142 ff.

b) Moser's Abhandlung verschiedener Rechtsmaterien, St. II, S. 146 ff.

c) Garantie, 1° de la paix de Westphalie de 1648, conséquemment de l'Empire germanique, par la France et la Suède ; 2° de la constitution de la Pologne de 1775, par la Russie, l'Autriche et la Prusse ; 3° de la constitution de la république de Genève de 1738, ainsi que de l'édit de pacification de 1782, par la France, la Sardaigne, et le canton de Berne ; 4° de la constitution de la république du Valais de 1802, par les républiques française, italienne, et helvétique. Posselt's europ. Annalen, 1808, VI. 285 ff. ; 5° de la constitution du duché de Wirtemberg, par la Prusse, le Danemarck et l'électeur d'Hanovre en 1771. Mes Acten des wiener Congresses, Bd. VI. p. 614, note *. ; 6°. de la constitution de la ville libre de Cracovie, ibid. Bd. VI, p. 24. ; 7° de la constitution du grand-duché de Saxe-Weimar-Eisenach, par la confédération germanique, en 1817. Protocole de la Diète germanique du 17 mars 1817. — Conférez aussi mon Oeffentliches Recht des teutschen Bundes, §. 74, 150 et 164.

§. 52.

Continuation.

Un état étranger ne serait pas plus fondé non plus à se mêler de ces affaires, pour simple cause de voisinage, de convenance, d'amitie ou de parenté entre les souverains des deux états. Ce serait un outrage de sa part, que d'exciter ou de favoriser des dissensions entre le souverain et ses sujets, ou des insurrections illégitimes *a*). Ce ne serait pas cela, si lors de discordes civiles, d'une rébellion, ou du détrônement d'un prince, un état étranger n'aurait que provisoirement reconnu un des partis; cela ne porterait jamais préjudice aux droits d'un autre parti *b*). Aussitôt que les partis sont reconciliés, de quelle manière que ce soit, ou que l'objet de la dissension cesse d'exister, par exemple si le prétendant vient à mourir *c*), les états étrangers doivent reconnaître et respecter le résultat.

a) J. C. G. de Steck observ. subsec. obs. 16.   v. Kamptz neue Lit. des VR., §. 104.

b) Conférez v. Martens Einleit. in das europ. Völkerrecht, §. 72.

c) Godofr. Achenwall diss. de jure in aemulum regni, vulgo Praetendentem. Marb. 1747. 4.

§. 53.

V) au gouvernement de l'état.

1) Inspection suprême.

La même indépendance appartient à chaque état, dans le *gouvernement* ou exercice de son pouvoir, c'est-à-dire des droits de souveraineté intérieurs, dans toute l'étendue de son territoire, et sur tous ses sujets. Il appartient par conséquent à tout état le droit d'*inspection suprême*, qui veille sur tout ce qui peut influer sur son but général. Cette attention doit précéder chaque disposition ou réglement, et veiller à leur exécution. L'inspection suprême s'étend encore sur tout ce que des états étrangers ou leurs sujets pourraient entreprendre, par rapport à l'état ou à ceux qui lui appartiennent; toutefois sans passer les bornes préscrites par le but de ce droit *a*).

a) Mon Oeffentliches Recht des teutschen Bundes etc. §. 278 — 280.

§. 54.
2) *Lois et privilèges.*

Les *lois* d'un état sont aussi obligatoires pour les sujets étrangers, en tant que ceux-ci séjournent dans son territoire, qu'ils y font quelques affaires, surtout actes publics *a*), ou qu'ils y possèdent du bien; toujours s'il ne leur est pas accordé à cet égard, par des traités particuliers, l'immunité de la sujétion personnelle ou réelle *b*). De simples différences du droit privé des deux états, ne suffisent point pour prétendre à une exemption de cette espèce. Mais lorsque les étrangers sont traités d'une manière inégale et onéreuse, en comparaison des propres sujets, p. e. en fait de discussion des biens, de successions, etc., leur gouvernement peut rendre à ces derniers la pareille, par le moyen de la *rétorsion c*). Les *privilèges*, accordés à des sujets propres ou étrangers, doivent aussi être respectés par les étrangers, dans le territoire de l'état qui les a conférés *d*).

a) De ce nombre sont aussi les poursuites devant les tribunaux, et la procédure civile, en général les procédés d'un étranger, lorsqu'il veut contraindre quelqu'un, dans le pays, de s'acquitter de son devoir. — La succession ab intestat doit être réglée d'après les lois du pays, même lorsqu'un étranger y hérite des biens d'un étranger. Hofacker princ.

juris civ. T. I. §. 140. Leyser medit. ad Pandect., Spec. 529. m. 5. L'opinion contraire est adoptée dans les Rechtsgutachten des SpruchCollegii zu Heidelberg (1808. 8.), S. 1-5 ff. Il en est d'autres, qui distinguent entre les biens meubles et immeubles. K. S. Zachariae Handbuch des franz. Civilrechts, Bd. I. (1811. 8.), Einl. S. XLIII f.

b) Ce qui fait rappeler l'*exterritorialité* accordée aux souverains et aux ambassadeurs étrangers. Cette exception était expressément établie dans un article du Projet du Code civil français. Mais cet article a été suprimé dans le Code, comme appartenant au droit des gens.

c) Vinc. Oldenburg diss. de retorsione jurium, praecipue in causis cambialibus. Gött. 1780. 4. Jo. Godofr. Bauer diss. de vero fundamento, quo inter civitates nititur retorsio juris. Lips. 1740. 4. Hofacker l. c. T. I. §. 146. — Dans un pays où le droit de change n'est point en usage, l'action résultant de ce droit ne peut pas être intentée par un étranger en vertu d'une lettre de change faite en pays étranger. ·

d) Surtout les privilèges d'impression fournissent des exemples. On en trouve d'autres dans Moser's Versuch des europ. Völkerrechts, VII. 244 ff.

§. 55.

Quelquefois avec effet en pays étranger.

Dans certaines circonstances, les lois peuvent même étendre leur domaine au delà du pays pour lequel elles sont données. Ceci a lieu, à moins que des lois contraires ou prohibitives d'un autre état ne s'y opposent, 1° par rapport à celles réglant la forme de certains actes, tels que les testamens et la procédure par devant les tribunaux, en tant que de cette forme dépend la validité du fond, et que l'acte produit des effets en pays étranger *a)*; 2° à l'égard des lois sur l'état civil et la capacité de contracter ou d'agir, p. e. sur la minorité, la capacité de disposer de ses biens à cause de mort, celle de prêter serment, sur la noblesse, etc., lesquelles lois régissent les qualités du citoyen même en pays étranger *b*); 3° lorsqu'il est accordé aux étrangers, par des traités, lois ou privilèges, le droit d'être jugés selon les lois de leur pays ou d'après celles d'un autre pays étranger *c*); 4° lorsque les personnes y intéressées se sont soumises, par des conventions expresses ou tacites, sans toutefois outrepasser les bornes de leur autonomie, à des lois d'un état étranger, qui font alors un droit conventionnel *d*); 5° dans les vaisseaux de guerre se trouvant dans des parages ou ports étrangers, où ils conservent, d'après un usage généralement reçu, la jurisdiction sur leur équipage *e*); 6° lorsqu'un état punit ses sujets pour des délits commis dans un état étranger, par pouvoir délégué par cet état (§. 63 et suiv.).

a) Locus regit actum. Jo. Theoph. Seger diss. de vi legum et decretorum in territorio alieno (Lips. 1777. 4.), §. 5. Car. Cph. Hofacker diss. de efficacia statutorum in res extra territorium sitas (Tub. 1778. 4.), §. 22. Cours de droit français, par M. Proudhon, T. I. p. 53. sq. Conférez le Code civil français, art. 47. 170. 999. Voyez là contre, Schmalz europ. Völkerrecht, S. 151.

b) Hofacker princ. jur. civ. T. I. §. 139. Code civil français, art. 3. §. 3. — Le même droit sera donc accordé aux étrangers en France. Proudhon, T. I. ch. 5. Sect. 1. p. 48.

c) Par exemple, lorsque dans un pays sont établis des *tri-*

bunaux d'un état étranger, pour les sujets de sa nation, tels que les tribunaux militaires dans les armées. Il est souvent accordé aux consuls, par des traités, d'appliquer les lois de leur pays dans les procès et actes des sujets de leur état. Voyez les traités de la Porte ottomane avec la Prusse 1761, art. 5, avec l'Espagne 1782, art. 5, avec la Russie 1783, art. 63. De MARTENS recueil, III. 203. II. 223. 598. De STECK essai sur les consuls. à Berlin 1790. 8. Du même, Versuch über Handels- und SchiffahrtsVerträge. Halle 1782. 8. La ville de Hambourg accorda, en 1661, aux négocians anglais y établis, que leurs procès seraient jugés d'après les lois anglaises. MARQUARD de jure mercatorum, in Append. p. 194.

d) De SELCHOW. elem. juris germ. priv. §. 55. GEISLER sciagraphia juris germ. priv. §. 65. Mon Oeffentliches Recht des teutschen Bundes, §. 282.

e) VATTEL, droit des gens, L. I. ch. 19. §. 216.

§. 56.

3) *Pouvoir exécutif suprême.*

Il faut que la souveraineté renferme le droit de faire des institutions qui sont nécessaires à l'exécution et à l'application des réglemens donnés conformément au but de l'état *a*). C'est ce qu'on comprend sous la dénomination du *pouvoir exécutif suprême*. Même les états étrangers et leurs sujets sont tenus de se soumettre à l'exercice de ce pouvoir, en tant que leur situation laisse influer sur eux les lois étrangères, et qu'ils n'en sont exemptés par des traités.

a) I. C. SCHRÖDER elem. juris nat. et gent. §. 829. Mon Oeffentliches Recht des teutschen Bundes, §. 284 et suiv.

§. 57.

4) *Pouvoir judiciaire.*

A) *Juridiction volontaire.*

Un état souverain est de plus indépendant de tout autre état, dans l'exercice du *pouvoir judiciaire a)*. D'abord le droit de procéder conformément aux lois, dans toutes les affaires de *juridiction volontaire*, c'est-à-dire dans les affaires non - contentieuses, lui appartient dans toute l'étendue de son territoire, tant sur biens que sur personnes; cependant sur des personnes *étrangères*, seulement pour ce qui concerne la foi publique des actes qu'ils font dans le pays *b)*. Quoique ce droit ne s'étend point au delà des limites du territoire *c)*, les actes passés légitimement et suivant les formes par devant les autorités constituées d'un état, conservent presque généralement leur validité chez l'étranger, pourvu qu'il n'y ait point de vice dans le fond, et que les lois d'un état étranger n'exigent point expressément l'intervention d'une autorité du pays *d)*.

a) Voyez les écrits indiqués dans v. Kamptz neue Lit. des VR., §. 110 et suiv. — Projet d'un traité public sur les rapports judiciaires entre deux états, dans J. P. A. Feuerbach's Themis oder Beiträgen zur Gesetzgebung (Landshut 1812. 8.), N° VIII.

b) Reinharth (ad Christinaeum, vol. IV. obs. 15, casu I.) pense le contraire relativement aux testamens par acte public, et à leur dépôt entre les mains d'une autorité constituée.

c) A. D. Glafey diss. de jurisdictione voluntaria extra territorium non exercenda. Lips. 1719. rec. Jen. 1754. 4. Tob. Jac. Reinharth diss. de judice jurisdictionem voluntariam extra territorium perperam exercente. Erford. 1735. 4.

d) Une pareille disposition se trouve dans le Code civil français, art. 2123 et 2128, tandis que des principes contraires sont établis dans les art. 47. 170. 999.

§. 58.

B) *Juridiction contentieuse.*

Quant à la *juridiction contentieuse*, elle ne peut être exercée sur des sujets d'un état étranger, lorsque celui-ci, comme état, est immédiatement intéressé à la cause, et que conséquemment elle ne peut être décidée d'après les principes du droit privé ou public de l'un des deux états seulement *a*). Il en est de même des procès de ceux des étrangers qui jouissent de l'exterritorialité, tels que les souverains et les ambassadeurs, avec leur suite, et les troupes étrangères, puis de ceux qui ont la prérogative de faire décider leurs causes entr'eux par des juges de leur nation, comme les consuls établis par plusieurs traités de commerce *b*). De l'autre côté, la juridiction contentieuse est *fondée* pour les causes, où des étrangers sont demandeurs ou reconvenus, vis-à-vis des personnes du pays *c*). Ils ne peuvent prétendre alors à aucune prérogative dans la procédure *d*), si ce n'est en vertu de traités publics *e*) ou de privilèges, mais bien à ce qu'il leur soit fait justice prompte et impartiale : un déni de justice autoriserait leur gouvernement à intercéder ou à user de retorsion, et même de violences *f*).

a) Différend à cet égard entre la Grande - Bretagne et la Prusse, en 1753 et suiv. MOSER's Versuch, VI. 441 ff. v. MARTENS Erzählungen merkwürdiger Fälle des Völkerrechts, T. I. p. 236 ff. Il fut terminé par le traité de 1756, dans WENCK Cod. jur. gent. recentiss. III. 87.

b) v. STECK's Versuche über verschied. Materien (Berlin 1783. 8.) S. 88 — 96.

c) *Actor sequitur forum rei.* — Plus loin s'étend la disposition du Code civil français, art. 14. 15.

d) VATTEL, L. II. ch. 7. §. 84.

e) Traité entre la France et la ville de Hambourg de 1769 (renouvelé en 1789), art. 9. De MARTENS recueil, I. 251. — Autrefois il y avait, en Allemagne, des tribunaux particuliers pour les causes des étrangers (*Gastgerichte*). RUNDE's teutsches Privatrecht, §. 315. DANZ Handbuch des teutschen Privatrechts, Th. III, §. 315.

f) v. MARTENS Einleit. in d. europ. Völkerr. §. 96.

§. 59.

Effets de la litispendance et des jugemens en pays étranger.

Le pouvoir judiciaire d'un état, et par conséquent la validité des décrets et jugemens rendus par ses tribunaux, sont ordinairement bornés aux limites de son territoire. Mais on devrait respecter en pays étranger, non-seulement la *litispendance* d'une cause, si elle est fondée par l'action d'un sujet de l'état étranger portée par devant un tribunal du pays, ou par la défense qu'il aurait légitimement fait signifier à la partie adverse sur une action intentée contre lui, mais aussi les *ju-*

gemens

gemens prononcés dans une pareille cause par le juge compétent, tout aussi bien qu'on respecte et reconnaît valables partout les contrats formés à l'étranger, et, ce qui est un bien plus grand préjudice encore, les jugemens arbitraux. Dans ces cas, les exceptions de litispendance et de chose jugée devraient généralement être reçues, et de pareils jugemens être tenus exécutoires *b*). En effet ces principes sont adoptés par plusieurs états *c*), en parti même en vertu de traités publics *d*); mais il y en a d'autres, où l'on suit le contraire, soit conformément à des lois particulières *e*), soit sans loi expresse *f*).

a) Jos. Aloys. Haas diss. de effectu exceptionis rei judicatae in territorio alieno. Goett. 1791. 4.

b) De Martens précis du droit des gens (Goett. 1801), §. 94. v. Kamptz, dans Crome's und Jaup's Germanien, Bd. III, Num. 10. Du même, Beyträge zum Staats- u. Völkerrecht, Bd. I (Berlin 1815. 8.), p. 113. J. P. A. Feuerbach's Themis oder Beyträge zur Gesetzgebung (Landsh. 1812. 8.), Num. 2. Schmalz europ. Völkerrecht, S. 153 f. — Cette opinion est reprouvée par K. S. Zachariae, dans Crome's und Jaup's Germanien, Bd. II, Num. 10, S. 229 ff. Comparez Haas l. c. §. 12. sq.

c) Par les cantons Helvétiques entr'eux; autrefois aussi par la plupart des territoires de l'Empire germanique, et par un traité de 1780, entre la France et l'évêché de Basle, dans de Martens recueil, II. 93. Ordonnance bavaroise du 2 juin 1812. Ordonnance wirzbourgeoise du 6 juillet 1811. Avis du conseil d'état du royaume de Westphalie, dans le journal intitulé der Rheinische Bund, Heft LVII, n. 40. Ordonnance badoise du 5 mai 1813. §. 11, dans le Badisch. Regierungsblatt de 1815, n° XVII.

a) Traité d'alliance conclu, à Soleure le 28 mai 1777, entre la France et les cantons Helvétiques, ainsi que le traité passé à Arau entre les mêmes parties le 1er juin 1658. MERLIN recueil alphabétique des questions de droit, T. III (2e édit. 1810), p. 200.

e) Code français de procédure civile, art. 546. Code civil français, art. 2123, conformément aux anciens principes de la France, suivant l'Ordonnance de 1629, art. 121. MERLIN recueil alphabétique des questions de droit, T. III, *voc.* Jugement, §. 14—19. Du même, Répertoire universel et raisonné de jurisprudence, T. VI, *voc.* Jugement, §. 8. EMÉRIGON traité des assurances, T. I. p. 123. Ordonnance bavaroise du 9 octobre 1807, dans le Rhein. Bund, XIII. 151. retractée par l'ordonnance susmentionnée de 1812.

f) En France en 1756 v. HOLZSCHUHER's Deduct. Biblioth. II. 997 f. REUSS StaatsCanzley, XIV. 50. En Allemagne par le conseil suprême aulique, en 1778. v. HOLZSCHUHER l. c., II. 922 f. MOSER's Zusätze zu s. neuen Staatsr. II. 543 ff. PÜTTER's Rechtsfälle, Bd. III, Th. 1, Resp. CCXLVII—CCXLIX, et les jugemens p. 43 et suiv.

§. 60.

C) *Pouvoir criminel.*

Seulement en propre pays.

Le *pouvoir criminel*, une branche du pouvoir judiciaire, n'est autre chose que le droit de donner des lois pénales, et d'établir et exercer la juridiction criminelle. Chaque état a ce droit; mais il ne s'étend point au-delà de ses frontières. Il ne peut point particulièrement, à moins d'une permission spéciale ou d'un traité, poursuivre, de quelle manière que ce soit, en pays étranger les prévenus de crime *a)*, les y faire saisir, arrêter *b)* et escorter *c)*; en général, il ne peut y exercer au-

cun acte de juridiction criminelle, recherche *d*),
perquisition ou autre *e*).

a) Voyez les écrits allégués dans Pütter's Literatur des teutschen Staatsrechts, III. §. 1609. et dans ma Neue Literatur
des t. Staatsr. S. 687. Feuerbach's Lehrbuch des peinl.
Rechts, §. 557. — Quelques-uns soutiennent, que cette
poursuite (*Nacheile*) soit approuvée en Allemagne par
un usage général, en supposant qu'elle s'exerce sans violences, que ceux qu'on a saisi, soient aussitôt livrés entre
les mains des autorités locales, et qu'on y sollicite la permission de les enlever. Quistorp's Grundsätze des peinl.
Rechts, Th. II, §. 824. Moser's Versuch des europ. Völkerrechts, VI. 465. — Il en est d'autres, qui distinguent entre
la poursuite par la force armée, et par celle non armée.
v. Martens Einleit. in das europ. Völkerrecht, §. 102, Note c.

b) Voyez des exemples dans Moser's Versuch, VI. 385. 464.
et dans v. Martens Einleitung, §. 102, Note a.

c) Moser's Versuch. VI. 462. et son Nachbarliches Staatsrecht,
S. 555. Clairoth's summarische Processe; peinlicher Procefs,
S. 64.

d) Moser's nachbarl. Staatsrecht. S. 597 f. 552 f.

e) Voyez les écrits indiqués dans v. Kamptz neuer Lit. des
VR.; §. 111.

§. 61.

*Et d'ordinaire seulement pour des crimes commis en
propre pays.*

Pour l'ordinaire, aucun état n'est en droit de
punir des crimes commis *hors de son territoire a*),
ni d'exiger qu'ils soient punis par d'autres états.
A cet égard il faut distinguer les cas suivans.
I) Supposons qu'une lésion de droit soit commise
hors de territoire d'un état quelconque, c'est-à-dire
dans un endroit soumis à aucune souveraineté,

comme par exemple par un pirate en pleine mer.
Cette lésion ne peut alors être punie, comme crime, par aucun état, puisqu'il ne subsiste aucun
rapport entre l'action injuste et les lois pénales
d'un état quelconque. Malgré cela un état qui
se trouverait offensé, soit immédiatement soit
dans la personne d'un ou de plusieurs de ses citoyens, serait en droit de *s'en faire raison b)*, s'il
en trouvait l'occasion dans un lieu soumis, ou à
aucune domination ou à la sienne. Une telle satisfaction ne pourrait être exigée, par un état qui
lui-même ne serait aucunement lésé.

a) Sur cette question, difficile à résoudre, les opinions sont
fort partagées. Malgré cela, la matière n'est guères appro-
fondie. Conférez G. L. Böhmer diss. de delictis extra territorium admissis. Goett. 1748, et dans ses Electis jur. civ.
T. III. exerc. 20. p. 201. Jo. Achat. Rudolph diss. de poena
delictorum extra territorium admissorum. Erlang. 1790. 4.
Ma kleine juristische Bibliothek, XXIII. 321 ff. Feuerbach's Lehrbuch des peinl. Rechts, §. 40. Cours du droit
françois, par M. Proudhon, T. I. p. 51. sq. Schmalz europ.
Völkerrecht, S. 155—161.

b) Même le droit de *punir*, de la part du gouvernement français, est étendu à ce cas-ci, dans le Code d'instruction criminelle, art. 5 et 6.

§. 62.

Continuation.

II) Les lésions de droits commises *dans les
confins d'un état*, ou par des habitans du pays ou
par des étrangers, le sont d'abord 1° en préjudice
des *sujets d'un autre état*. Le premier sera alors
en droit, et même obligé, de les *punir* suivant

ses lois pénales; car l'offensé était placé sous sa protection, et l'offensant, ne soit-ce qu'en qualité de sujet temporaire, est son justiciable. Sans blesser l'indépendance de celui-ci, l'autre état ne saurait exiger l'extradition de l'offensant, indépendamment de ce qu'il soit son sujet ou non. Si 2° la lésion a eu lieu sur notre territoire, et contre un *autre état*, comme tel, p. e. en battant des monnaies marquées au coin de cet état, s'il y a eu une conspiration, ou bien des libelles, des pamphlets ou autres écrits, ou même peintures, séditieux ou injurieux de répandus, notre état sera obligé, de procurer *satisfaction* à l'état offensé, sur sa demande, autant que cela est possible : mais ce dernier n'étant point placé sous sa protection, il ne pourra *infliger une peine* qu'autant que ses lois pénales s'étendent expressément sur cette espèce de délits ou de crimes, et qu'une telle lésion de la sûreté, garantie par le droit des gens, y est considérée comme un délit envers notre état *a*).

a) Des exemples de plaintes et déclarations réciproques sur des *imprimés*, par lesquels un gouvernement s'est cru offensé, voyez dans Moser's Versuch, I. 292. VI. 80. VIII. 38 ff. et dans ses Beyträge, IV. 292 ff. entr'autres les grièfs contre le chevalier d'Eon, en 1764; et ceux de l'Angleterre à Copenhague, dans les Nouvelles extraord. 1794, n° 27. 51. 47. 52. 53. L'ordonnance du roi des Pays-Bas sur la liberté de la presse, en date du 22 sept. 1814, fut modifiée, quant aux écrits et expressions relatifs à des puissances étrangères, par une déclaration du roi datée du 25 sept. 1816, dans le Journal de Francfort de 1816, n° 277.

§. 63.

Conclusion.

III) Des lésions de droits sont commises *en pays étranger*, soit par des étrangers, soit par des sujets de notre état. Si alors 1° elles le sont contre des *étrangers*, ou contre des *sujets de notre état*, notre gouvernement doit, sur la demande de l'offensé, lui procurer *indemnité*, autant que cela est en son pouvoir légitime : mais il n'a point le droit de décerner une *punition*, puisque l'offensé, là où la lésion a été commise, n'était pas placé sous sa protection, ni l'offensant sous ses lois pénales *a*). Il n'y a à cela que cette seule exception, si l'offensant est *sujet de notre état*. Commettant alors le crime en pays étranger, il n'a été, à la vérité, soumis qu'au pouvoir pénal du gouvernement étranger, mais malgré cela notre état peut être en droit de le punir, pour deux raisons ; d'abord, par commission du gouvernement étranger, cas où il doit être jugé d'après les lois pénales de l'état étranger ; ou bien, en vertu des lois pénales de notre état *b*), en supposant qu'il en existe qui soient expressément dirigées contre des lésions de droits de ce genre, commises hors de notre territoire *c*). 2° Si des lésions de droits sont commises en pays étranger *contre notre état*, comme tel, ce dernier peut exiger *satisfaction* de l'offensant, non-seulement dans son propre territoire, mais aussi en tout pays étranger: cependant il ne peut lui infliger une *peine*, à moins qu'il ne soit son sujet, et qu'il n'existe une loi pénale qui le condamne. Il ne peut pas même demander sa punition dans le pays étranger, sans qu'il y existe une pareille loi, lui-même n'étant point sous la protection du gouvernement de ce pays; toutefois cela ne l'empêche pas de se prévaloir des droits naturels de l'offensé contre l'offensant, tant en son territoire, qu'en tous lieux non soumis à une domination. IV) Enfin, si des lésions sont commises sur la *limite de deux états*, la juridiction de tous les deux est également fondée, et il y a lieu à la prévention *d*).

a) Une autre opinion est adoptée dans v. Martens Einleit. in d. europ. Völkerrecht, §. 100. — L'offensant, lorsqu'il est étranger, est souvent livré à des tribunaux de son pays, sur leur réquisition. Voyez ci-après §. 66.

b) Sur la détermination de la peine, pour des délits commis en pays étranger, voyez Meister's Einleit. zur peinl. Rechtsgelehrsamkeit, Th. III, Abschn. I, Cap. 10. §. 14. Rudolph l. c. §. 13 — 19. Boehmer l. c. §. 13. sqq.

c) Il en est d'autres, qui exigent, que l'action soit aussi punissable suivant les lois du pays où elle a eu lieu. Rudolph l. c. §. 10.

d) C. C. Stuebel diss. de foro delicti in confinio civitatum commissi. Viteb. 1793. 4.

§. 64.

Indépendance des états, par rapport
a) *aux délits commis en pays étranger;*
b) *à l'abolition, au pardon, et à la punition en pays étranger.*

I) A moins d'un traité public, aucun état ne peut exiger du gouvernement d'un autre état la *punition des délits* commis hors du *territoire de ce dernier.* Si par conséquent le fait a eu lieu dans son propre pays, et que le criminel a été saisi dans un état étranger, il ne peut demander, en refusant d'accepter l'offre de son extradition, que l'état étranger le punisse *a*). II) Si un délit est punissable *en plusieurs* pays, et que le coupable a obtenu *abolition* ou *pardon* dans l'un de ces pays, ou qu'il y a subi la *peine* à laquelle il y avait été condamné *b*), les autres gouvernemens ne perdent pas pour cela le droit de prendre des informations et d'infliger les peines conformes à leurs lois.

a) RUDOLPH diss. cit. §. 20.

b) L'opinion contraire est soutenue par RUDOLPH l. c. §. 18.

§. 65.

c) *à la procédure criminelle, et* d) *aux jugemens en matière criminelle prononcés en d'autres pays.*

III) L'état n'est autorisé à *intercéder* auprès d'un autre état, et bien moins encore à user de *contrainte* en faveur de prévenus de crimes qui peuvent prétendre à sa protection, que lorsqu'il y a innocence évidente, incompétence manifeste des tribunaux, excès de dureté ou nullité de procédure. IV) Les *jugemens* en *matière criminelle* rendus par ses tribunaux, restent sans effet en pays étranger, soit par rapport à la personne, soit relativement aux biens ou à l'honneur civil du condamné. Ce principe s'applique nommément à la confiscation des biens et au bannissement, de même qu'à la déchéance de titres, de décorations, et d'autres prérogatives, qui ne peut être prononcée que sur ceux de ces derniers conférés par l'état même dont provient le jugement.

§. 66.

e) et à l'extradition des criminels.

D'un autre côté un état, à moins de s'y être engagé par des traités, n'est point tenu à *livrer ceux de ses sujets* qui seraient prévenus ou convaincus de délit ou de crime commis en pays étranger *a)*, pour être jugés par un tribunal étranger; pas même lorsque l'information serait déjà entamée, ou que le jugement serait prononcé. Dans plusieurs pays, l'extradition est même prohibée par des lois expresses *b)*.   Sans convention, l'état n'est point obligé, non plus à livrer des *étrangers* aux autorités d'une puissance étrangère, pour des délits ou crimes commis où que ce soit *c)*. Cependant différens états se sont réunis à cet égard par des traités *d)*, surtout par rapport aux déserteurs et conscrits réfractaires, et quelquefois aux contrebandiers *e)*.   D'autres états, particulièrement des moins puissans, sont très faciles à cet égard, même sans convention préalable *f)*.

a) C. T. Gutjahr diss. de exhibitione delinquentium secundum principia juris publici universalis, gentium, romani atque saxonici. Lips. 1795. 4.

b) Comme en Prusse et en Bavière.

c) Il y a plusieurs états, surtout des plus-puissans, qui n'accordent jamais l'extradition. Comparez E. Buschleb comm. de principiis juris civilis circa comprehensionem, punitionem vel remissionem peregrinorum, qui in alieno territorio deliquerunt, praesertim ad requisitionem exterae gentis. Goett. 1800. 4. G. F. v. Martens Erzählungen merkw. Rechtsfälle, Th. I, Num. II; Th. II, Num. XIII.

d) J. A. Reuss, s. resp. B. F. Mohl, diss. de juribus et obligationibus specialium rerumpublicarum Germaniae inter se, in exercenda jurisdictione criminali obviis. Stuttg. 1787. 4.

e) Voir un exemple de l'an 1748, dans Wench cod. jur. gent., T. II. p. 281. Moser's Versuch des europ. Völkerr. VI. 461.

f) Vattel, liv. II. ch. 6. §. 76. Moser l. c. VI. 428.

§. 67.

5) *Pouvoir de police.*

Hormis encore les traités, aucun état ne peut demander pour ses sujets l'immunité du *pouvoir de police* d'un autre état, lorsqu'ils y séjournent, ou qu'ils y ont un commerce ou des biens quelconques. Donc les étrangers sont soumis, dans le pays où ils se trouvent, aux réglemens généraux de police *a)*, et l'exterritorialité même des personnes qui jouissent de cette prérogative, telles que les ambassadeurs, quoiqu'elle ne laisse régulièrement mettre ces personnes en jugement par les autorités du pays, n'empêche pas cependant le gouvernement de se plaindre auprès de leur souverain et de déclarer même le droit d'exterritorialité éteint, s'ils portent des troubles continuels à la sureté, à la tranquillité et à l'ordre public.

a) P. e. la défense de certains costumes, de la circulation des voitures en certaines rues, places ou portes de la ville, des flambeaux, des réjouissances publiques, le précepte de se servir des lanternes dans les rues de la ville pendant la nuit, de quitter les cabarets à l'heure fixée du soir, etc. Ceci s'applique de même aux ordonnances relatives aux passe-ports, à la quarantaine, aux cartes de sûreté et de séjour, etc. Comparez ci-après §. 78 et suiv.

§.   68.

6) *Pouvoir financier.*

Particulièrement* a) *droit d'impôt.

Il n'est point d'état souverain qui ne soit également indépendant par rapport au *pouvoir financier.* De là il suit que les étrangers sont soumis à ses réglemens de finance, quant à leur séjour, le commerce ou le bien qu'ils ont dans son territoire. La protection qu'il leur accorde, les oblige à leur tour à participer aux impôts ordinaires et extraordinaires, directes et indirectes, personnels et réels. Cependant il y a des états où les étrangers sont affranchis, en vertu de traités ou de lois, pour un tems déterminé de quelques impôts; et ordinairement il est aussi stipulé dans les traités de commerce, pour les sujets de l'état, égalité dans les impôts ou avec les sujets de l'autre état, ou du moins avec ceux de la nation la plus favorisée. Autrement une inégalité à cet égard, ne serait point contraire au droit des gens naturel; elle pourrait tout au plus donner lieu à des mesures de retorsion. Quant aux propriétaires forains (*forenses*), ils devraient jouir de l'immunité des impôts personnels partout où ils ne font que posséder des bien-fonds, et des impôts réels sur leurs possessions en pays étranger là où ils sont domiciliés *a*).

a) Voyez les écrits dans Pütter's Literatur des teutschen Staatsrechts, III. 373. et dans v. Kamptz neuer Literatur des VR., §. 113. — Mynsinger cent. 2. obs. 22. Mevius P. II. dec. 72. 372. v. Cramer's wezlar Nebenst. XVII. 78. Moser von der Landeshoheit in Steuersachen, S. 485.

§. 69.

Droits b) de voirie, c) d'escorte, et d) de commerce.

Sur l'indépendance de l'état est fondé le libre exercice des *droits* de *voirie*, d'*escorte* et de *commerce a*). Ce dernier particulièrement, consiste dans le droit de diriger et d'utiliser toute sorte de commerce conformément au but de l'état. Il lui est pleinement loisible, en vertu de ce droit, de prendre telles mesures qu'il juge convenables pour diriger et favoriser le commerce, et particulièrement celui avec l'étranger, de manière à faire pencher la balance à son avantage.

A cette fin, doivent servir, entr'autres, l'exercice de la police, de la législation et de la juridiction commerciales, des traités de commerce et de navigation conclus avec d'autres états *b*), des dispositions sur l'importation, l'exportation, et le passage des marchandises, la douane continentale et maritime, des foires et marchés, des privilèges commerciaux (*jus emporii*) accordés à des communes, à des sociétés ou à des individus, le droit de préférence au marché (*jus pro-polii*), les droits d'entrepôt, d'étape, de grue, de balance publique, de relâche et d'échelle *c*), le passage forcé sur une route prescrite (*Strassenzwang*), les monopoles, l'institution de corps ou sociétes de marchands tant de ceux qui font le commerce en gros, que de ceux qui vendent en détail, des banques tant à virement qu'à billets, des caisses de crédit, et des lombards, la surveillance et les lois ou réglemens sur les affaires d'assurance et de bomérie, et sur les contrats à la grosse aventure, des dispositions sur les droits des étrangers par rapport au commerce du pays *d*), des faveurs accordées aux marchands de certaines nations *e*), l'acquisition de servitudes publiques avantageuses au commerce *f*), etc.

a) Moser's Versuch des europ. Völkerrechts, VII. 283 ff. Mon Oeffentliches Recht des teutschen Bundes, §. 528 ff. 332 f. — Sur l'utilité de la liberté du commerce, voyez Schmalz europ. Völkerrecht, S. 170, 193 ff., 208 et 243. et les écrits dans v. Kamptz neuer Lit., §. 254.

b) Voyez §. 150 — 152.

c) Mon Oeffentliches Recht des teutschen Bundes, §. 333, 471, 481. ConversationsLexicon (4. Ausg. Leipz. 1818 u. ff. 8.), v. Stationsrecht.

d) Voyez les écrits indiqués dans v. Ompteda's Lit., §. 277, et dans v. Kamptz neuer Lit., §. 252 ff. — G. L. Boehmer diss. de jure principis libertatem commerciorum restringendi in utilitatem subditorum, §. 24. sq. (dans ses Electis jur. civ. III. 194.) H. Hanker's Rechte und Freiheiten des Handels der Völker unter einander (Hamb. 1782. 8.), §. 10—16. Moser's Versuch, VII. 444 ff. Le Commerce, par J. A. H. Reimarus. à Amsterd. et Paris 1808. 8. Cet auteur désire

„le rétablissement d'un droit des gens, d'un droit fondé sur ce principe éternel et impérissable: „ne fais à autrui que ce que tu voudrais que te fût fait". A. H. L. HEEREN's Ideen über die Politik, den Verkehr und den Handel der vornehmsten Völker der alten Welt. Th. I u. II. 3. Aufl. Goett. 1815. 8. — Défense espagnole du commerce avec Gibraltar, sous peine capitale, en 1752. MOSER's Beyträge, V. 326. *Acte* de *navigation* de la Grande-Bretagne, de 1660; par lequel tous les bâtimens étrangers, qui ne sont pas chargés des produits de leur pays, sont exclus des ports anglais, etc., dans v. MARTENS Sammlung der wichtigsten Reichsgrundgesetze, Th. I, S. 794 ff. Voyez son histoire dans BÜSCH et EBELING's HandlungsBibliothek, Th. II, S. 630 ff. BÜSCH Welthändel, S. 204 ff. *Acte* de *navigation* (pareille à celle de la Grande-Bretagne) des Etats-Unis d'Amérique du 1 mars 1817. Placard suédois relatif aux produits, de 1724. En Suède le commerce avec l'étranger n'est permis qu'aux 24 villes d'étape. v. MARTENS Staatsrecht der vornehmsten europ. Staaten, I. 120. Dans le traité de concert et de subside, conclu le 3 mai 1813 entre la Grande-Bretagne et la Suède, art. 6, la Suède accorde à la Grande-Bretagne, pour 20 ans, le droit d'entrepôt dans les ports de Gothenbourg, de Carlsham et de Stralsund. Gazette de Francfort, 1813, n° 189. Ce même droit avait déjà été accordé, au port de Gothenbourg, par une ordonnance suédoise de 1794. De MARTENS recueil, VII. 505. Voyez aussi les ordonnances de la plupart des états confédérés du Rhin, émanées en octobre et novembre 1810, par lesquelles, sur la demande du Protecteur, l'importation et la consommation des denrées coloniales ont été défendues ou limitées et la combustion des marchandises de fabrique anglaise prescrite; dans le Politisch. Journal, November 1810, S. 1075 ff. et Rheinisch. Bund, XLIX. 34. 99. 136. L. 161. 310. — Conférez les écrits sur la contrebande, dans von OMPTEDA's Literatur, II. 601 f.

e) MOSER's Versuch, VII. 709 ff.

f) F. Guil. PESTEL diss. selecta capita doctrinae de servitutibus commerciorum. Rintel. 1760. 4. — Servitudes publiques, en faveur de la France et de la Saxe royale, relativement au commerce de transit dans la Silésie prussienne, et en faveur de la Prusse dans le royaume de Saxe, en vertu du traité d'Elbing du 13 octobre 1807, dans le Rheinisch. Bund, XVI. 37.

§. 70.

*Par rapport aux différentes branches du commerce, par-
ticulièrement à celui avec les colonies.*

Le droit énoncé s'étend sur *toutes sortes de commerce;* sur le commerce public et privé; sur le commerce continental et maritime *a*); sur celui en gros et en détail; sur celui d'achat et d'échan-ge; sur le trafic des produits de la terre, des fa-briques et des manufactures, d'argent et de let-tres de change, sur les contrats d'assurance, de bomérie et de grosse aventure; sur le commerce pour propre compte et pour le compte d'un autre, tel que le commerce de commission, d'expédition et de transport; sur le commerce intérieur et ex-térieur et celui de transit; enfin sur le commerce avec les *pays accessoires* et les *colonies* d'un état européen situées en d'autres parties du globe, en tant que ces colonies font partie de son territoire continental ou maritime *b*). La plupart des co-lonies ne peuvent commercer qu'avec l'état au-quel elles appartiennent *c*), quelquefois seulement avec une grande compagnie de commerce privilé-giée par cet état *d*). On a accordé à quelques-unes de faire le commerce avec des nations hors de l'Europe, mais il en est fort peu qui aient pu obtenir la permission de trafiquer avec tous ou quelques-uns des états européens autres que leur mère - patrie *e*).   Le commerce de transit par le territoire colonial, peut également être refusé à tout état qui n'y est point autorisé par convention *f*).

a) Ouvrages d'Azuni, Arnould, Jouffroy et autres allégués ci-après §. 291. —   Voyez les écrits sur le droit et le commerce maritimes, dans v. Ompteda's Lit. des VR., §. 217 ff., et dans v. Kamptz neuer Literatur, §. 152 ff.

b) F. Saalfeld's allgemeine ColonialGeschichte des neuern Europa; Th. I, allgemeine Einleitung in das ColonialWesen der neuern Welt. (Cette partie n'a pas encore paru.) Th. II. Geschichte des portugiesischen ColonialWesens in Ostindien. Goettingen 1810. Th. III u. IV. Geschichte des holländischen ColonialWesens in Ostindien. Ebend. 1812 u. 1813. 8.

c) Du moins en tems de *paix*. Voyez des exemples dans Moser's Versuch, VII. 678 — 699. 701. —   Ces mesures ont reçu, de notre tems, par les français, la dénomination de *droits municipaux*. —   Durant une *guerre* de l'état principal, ces droits ont été quelquefois déclarés suspendus, pour conserver aux colonies le commerce sous pavillon neutre, et même pour s'assurer par ce moyen, en cas de besoin, son propre commerce avec ses colonies. L'Angleterre même a accordé, dans quelques traités, qu'en tems de guerre des navires marchands neutres seraient admis dans ses colonies; p. e. dans un traité avec les Etats-Unis d'Amérique, de 1794. Voyez ConversationsLexicon (2. Ausg. Leipz. 1812. u. ff. 8.) voc. Freibriefe, Th. III, S. 128 ff. et dans l'Anhang, S. CIII ff. Schmalz europ. Völkerrecht, S. 292 f. Comparez plus bas, dans la seconde Partie, Tit. II, Sect. 2, ch. 2. — De l'autre côté, la Grande-Bretagne voulut établir, pendant la guerre de sept ans, la règle, que les neutres n'eussent pas le droit de faire le commerce des colonies d'un état belligérant, à moins qu'ils n'aient pu le faire également en tems de paix. Mémoire sur les principes et les lois de la neutralité maritime (à Paris 1812. 8.), p. 7 et suiv. — S'il y a du péril, on refuse rarement aux navires marchands étrangers d'aborder à la côte des colonies. Moser's Versuch, VII. 701.

d) Jo.

d) Jo. Frid. L. B. Bachov ab Echt diss. de eo quod justum est circa commercia inter gentes, ac praecipue de origine ac justitia societatum mercatoriarum majorum. Jen. 1750. 4. J. G. Büsch über die öffentl. HandlungsCompagnieen; dans Büsch et Ebeling's HandlungsBibliothek, Bd. I, St. 1, S. 9 — 116. Du mème, Darstellung der Handlung, Th. I, Buch 3, Cap. 5. et dans les Zusätzen zu diesem Werk, Bd. II, S. 51. 63. 69. Bd. III, S. 82. C. G. Gründler's allgemeine Beyträge zur Handlung, Th. II (Berlin 1788. 8.). v. Kamptz neue Lit. S. 508 ff. — Des exemples de pareils octrois, pour un nombre défini d'années, dans Moser's Versuch des europ. Völkerrechts, VII. 313 ff. et dans v. Martens Gesetze und Verordnungen der einzelnen europ. Mächte über Handel, Schiffahrt und Assecuranzen, seit der Mitte des 17. Jahrhunderts, mit erläuternden Anmerkungen. Gött. Th. I. 1802. Th. II. 1805. 8.

e) On en trouve des exemples dans v. Martens Einleitung in das europ. Völkerrecht §. 158, Note c. Par une ordonnance du 17 juin 1814 la Grande-Bretagne permit aux Hollandais de commercer avec leurs ci-devant colonies américaines, actuellement sous la domination britannique.

f) Voyez Hanker's Rechte u. Freiheiten des Handels etc., §. 17, S. 49 f.

§. 71.

Liberté de commerce naturelle, surtout pour les autres parties du globe.

Outre le droit de disposer du commerce dans son territoire continental et maritime, chaque état peut prétendre à participer à la *liberté naturelle du commerce*, c'est-à-dire au droit de faire le commerce, soit lui-même immédiatement soit par ses sujets, avec d'autres états et leurs sujets, de gré à gré. A ce droit répond l'obligation de tout autre état, de ne point troubler dans son exercice les états commerçans entr'eux, en tant que le commerce ne se fait pas au préjudice de ses droits de souveraineté ou conventionnels. Ceci a lieu nommément à l'égard du commerce et de la navigation commerciale aux *autres parties du globe*, particulièrement aux Indes *a*). Aussi les prétentions du Portugal et de l'Espagne à un commerce exclusif, du premier aux Indes-orientales, du second aux Indes-occidentales *b*), ont-elles été abandonnées, du moins tacitement. Chaque état a avec cela le droit de restreindre, par des traités, sa liberté de commerce naturelle. En conséquence, des puissances européennes ont quelquefois renoncé, en tout ou en partie, au commerce avec les Indes, en faveur d'autres puissances *c*); et il y a des exemples, qu'un état hors de l'Europe, s'est engagé envers quelque état européen, à commercer exclusivement avec lui *d*). — Pour ce qui regarde le commerce *en tems de guerre*, particulièrement le commerce maritime des neutres, il en sera traité ci-bas dans la seconde Partie, Tit. 2. Sect. 2. ch. 1 et 2, et des *traités de commerce ibid.* Tit. 2. Sect. 1. ch. 2.

a) v. Ompteda's Lit. §. 281. v. Kamptz neue Lit. S. 307 f. Eob. Tozè von dem Handel der europäischen Völker nach Ostindien und China; dans ses kleinen Schriften (Leipz. 1791. 8.), S. 124—150. Joh. Jul. Surland's erläutertes Recht der Deutschen nach Indien zu handeln (Cassel 1752. 4.), §. 48 ff. Karsten's Europens Handel mit beiden Indien. Rostock u. Leipz. 1780. 8. The history of the European

commerce with the Indies; by David Macpherson. London
1812. 8. Moser's Versuch, VII. 675. 702 — 708. — Sur la
suppression de la compagnie de commerce établie à Ostende,
voyez v. Steck's Ausführungen, Num. I. Mémoires de l'abbé
de Montgon, I. 316. — Des déclarations expresses et tacites,
de plusieurs états européens, p. e. de la France en 1665,
du Danemarck relativement à la compagnie pour le commerce aux Indes-orientales, établie à Altona en 1728, de
la Suède par rapport à celle fondée en 1731, de la Prusse
à l'égard de celle établie en 1750 à Emden, de l'Autriche
pour l'établissement de la compagnie de commerce à Trieste,
de l'Espagne contre la Grande-Bretagne en 1790, par rapport au commerce au Nutka-Sund, et d'autres, voyez Moser's Versuch VII. 313 ff.   v. Martens Einleit. in das europ.
Völkerrecht, §. 130, Note g.   Des traités conclus à cet
égard, voyez Surland, dans le livre allégué, §. 24 et suiv.

b) Hanker l. c. §. 17.

c) Voyez des exemples dans Moser's Versuch, VII. 677. Bouchaud
théorie des traités de commerce, p. 202. sqq. v. Ompteda's
Lit. II. 600 f.

d) Moser's Versuch, VII. 708 f. Kluit historiae federum Belgii
federati primae lineae, P. II. p. 559.

§. 72.

Abolition de la traite des nègres.

En conformité du traité de paix de Paris de
1814 *a)*, les huit puissances signataires de ce
traité s'occupèrent avec zèle, au congrès de Vienne,
des mesures à prendre pour l'abolition complète
et universelle de la *traite des nègres* d'Afrique *b)*.
Dans le traité de Paris du 20 novembre 1815 *c)*,
l'Autriche, la Russie, la Grande-Bretagne, la
Prusse et la France, après avoir déjà, chacune
dans ses états, défendu sans restriction à leurs
colonies et sujets toute part quelconque à ce trafic,

s'engagèrent à réunir de nouveau leurs efforts, pour assurer le succès final des principes qu'elles avaient proclamés au congrès de Vienne, et à concerter sans délai, par leurs ministres aux cours de Londres et de Paris, les mesures les plus efficaces pour obtenir l'abolition entière et définitive d'un commerce aussi odieux et aussi hautement reprouvé par les lois de la religion et de la nature. En conséquence, des traités ont été conclus pour l'abolition entière et définitive de la traite *d*).

a) Traité de paix de Paris du 3o mai 1814, art. 1er additionnel au traité avec la Grande-Bretagne; dans mes Acten des wiener Congresses, Bd. I, Heft 1, S. 29. — Une série de lettres et dépêches relatives à cet objet, écrites en 1813, 1814 et 1815, se trouve dans le Recueil des pièces officielles, publié par F. SCHOELL, T. VII (Paris 1815. 8.), p. 67—273. Voyez aussi le traité de la Grande-Bretagne avec le Portugal du 19 févr. 1810, art. 10; dans le recueil de Mr. de MARTENS, Supplément V. 249.

b) Déclaration des plénipotentiaires des huit puissances signataires du traité de paix de Paris, datée de Vienne le 8 février 1815; dans mes Acten des wiener Congresses, Bd. IV, S. 531. — Voyez les transactions qui eurent lieu au congrès de Vienne, *ibid.* Bd. IV, S. 509 ff. et Bd. VII, S. 3—52. — Comparez aussi mon Uebersicht der diplomatischen Verhandlungen des wiener Congresses, S. 17. 48 f. 54 ff. 572.

c) Article additionnel. — Actes, en date de Paris le 27 et le 3o juillet 1815, dans de MARTENS recueil, Supplém. T. VI, p. 602.

d) Traité de l'Angleterre avec l'Espagne, conclu à Madrid le 23 sept. 1817; dans le Journal de Francfort, 1818, n° 39—42. Ordonnance du roi d'Espagne, du déc. 1817, portant abolition de la traite dans les possessions espagnoles, à compter du 3o mai 1820. — Traité de l'Angleterre avec le Portugal, du 22 janvier 1815 (dans de Martens recueil, Supplém. T. VI, p. 96), annoncé au parlement anglais par le Prince-Régent dans la séance du 27 janvier 1818.

§. 73.

e) *Droit de monnayage.*

La même indépendance a lieu pour le *droit de monnayage.* A moins que des traités ne fassent des exceptions à l'égard des étrangers *a*), ou qu'en les traitant d'une manière inégale et onéreuse, on ne craigne de s'exposer à des mesures de rétorsion, un état n'a que ses propres intérêts à consulter *b*), lorsqu'il veut déterminer le titre des monnaies du pays, et la valeur de celles des états étrangers, ou bien défendre la circulation des monnaies étrangères, ou l'exportation des monnaies du pays, ou celle de l'or et de l'argent en lingots. Mais il devrait s'attendre au talion, à des représailles et à d'autres mesures de violence, s'il se permettait de léser les droits des autres états ou de leurs sujets, en frappant des monnaies marquées au coin de ces états *c*), en forçant, contre les traités qui pourraient être conclus à cet égard, ces états ou leurs sujets, à accepter des monnaies de bas aloi, du papier-monnaie, ou d'autres monnaies symboliques, d'après leur valeur nominale (*al pari*), au lieu de monnaies métalliques de bon aloi *d*), en pratiquant enfin d'autres opérations de finances injustes *e*). Il y a des traités publics, dans lesquels il est stipulé expressément qu'on s'abstiendra de pareilles lésions des sujets étrangers *f*).

a) De MARTENS recueil, I. 144. art. 5.

b) MOSER's Versuch des europ. Völkerrechts, VIII. 15 ff. 45 ff. (F. CLEYNMANN's) Aphorismen aus dem Fache der Münzgesetzgebung u. des Münzwesens (Frankf. 1817. 8.), S. 160 ff. J. G. BÜSCH Grundsätze der MünzPolitik. Hamb. 1789. 8. et dans ses Sämmtliche Schriften über Banken und Münzwesen. Hamb. 1801. 8.

c) Monnaies de nécessité, marquées au coin de plusieurs états étrangers, lesquelles on avait battues dans le courant de la guerre de sept ans. v. PRAUNS Nachricht von dem Münzwesen (Leipz. 1784. 8.), S. 165 ff. v. STRUENSEE's Abhandlungen über wichtige Gegenstände der Staatswirthschaft, Bd. III, S. 565 u. 572 f. (KLOTZSCH) Kursächs. Münzgesch., S. 840 — 914. GRELLMANN's Staatskunde von Teutschland, I. 91. 105. Allgem. deutsche Bibliothek, Bd. 105, S. 137. 139.

d) MOSER's Versuch, VIII. 19 ff. Mon traité intitulé: Ueber den staatswirthschaftlichen Werth des Papiergeldes. Tüb. 1805. 8. Mon Oeffentl. Recht des teutschen Bundes, §. 342 f.

e) MYNTTECKEN (monnaies symboliques, appellées aussi *les Dieux de Görtz*) faits en Suède sous Charles XII, en 1715 jusqu'en 1718. — Les actions de LAW en France, en 1719 et suiv. — Le papier-monnaie du gouvernement français pendant la révolution, ayant cours forcé, et le Maximum de ROBESPIERRE. — Sont, en général, du nombre de ces mesures injustes, le décri du papier-monnaie, ou la diminution de sa valeur, ou des réglemens qui lui donnent cours forcé, la diminution ou suspension arbitraires des intérêts des capitaux dûs par l'état, des changemens de monnaie en faveur des débiteurs, des emprunts forcés, etc. Comparez SCHMALZ europ. Völkerrecht, S. 176 f.

f) Paix de Hubertsbourg de 1763, art. 7, et art. séparé 2, dans de MARTENS recueil, I. 75. 77. Paix de Lunéville de 1801, art. 9. Paix de Vienne de 1809, art. 9.

§. 74.

f) Droit de poste.

L'établissement des *postes* est un moyen inappréciable d'entretenir toute sorte de relations entre les nations civilisées. Quoique par lui-même absolument indépendant des états étrangers, il est souvent mis en rapport avec eux par des traités de combinaison et autres *a*). Le but de cet institut exigeant une unité et conformité sur un grand espace de pays, les états de moindre grandeur en abandonnent assez souvent, par convention, l'exercice ou à un état plus grand et voisin, ou à un particulier entrepreneur de la poste en plusieurs territoires, voisins l'un de l'autre, à la réserve toutefois de l'inspection, de la législation, de la police et de la jurisdiction sur l'établissement et les personnes y employées *b*). Aujourd'hui il est rare, qu'un état ait la poste, en pays étranger, par droit de servitude publique *c*). En acceptant les lettres, paquets et effets, nommément ceux pour et de l'étranger, qui lui sont confiés par le public, la poste, et avec elle l'état, sous l'autorité duquel elle est administrée, s'engage au maintien du secret des lettres, c'est-à-dire à assurer l'inviolabilité des choses du transport desquelles elle s'est chargée *d*). La contravention à cet engagement, connue sous la dénomination du secret de la poste, ne peut être excusée qu'en cas de nécessité absolue *e*). Endommagés, soit par des vols commis contre la poste, soit par des fautes des employés, les états étrangers ou leurs sujets peuvent prétendre à la même satisfaction et indemnité qui seraient dues, en pareil cas, aux sujets du pays *f*).

a) MOSER's Versuch des europ. Völkerrechts, VIII. 47 f. Mon Oeffentl. Recht des teutschen Bundes, §. 350. Traités entre le grand-duché de Bade et le canton d'Argovie, du 17 sept. 1808, entre le royaume de Westphalie et le duché d'Oldenburg, en février 1809, entre les royaumes de Bavière et de Saxe, en février 1811, entre la Bavière et le grand-duché de Bade, du 22 février 1810. Traité de paix entre le Danemarck et la Suède, du 10 déc. 1809, art. 6; dans le recueil de Mr. de MARTENS, Supplém. V. 225.

b) On en trouve des exemples dans mon Oeffentl. Recht des teutschen Bundes, §. 552 et suiv. Mon traité: Das Postwesen in Teutschland, wie es war, ist, und seyn könnte. Erlangen 1811. 8. Traités conclus, en 1808, par le roi de Westphalie avec les ducs d'Anhalt et les princes de Waldeck et de la Lippe; de même, entre le roi de Wirtemberg et le prince de Hohenzollern-Sigmaringen. Rheinischer Bund, XX. 307. XXIV. 425.

c) De cette espèce était le passage de la poste saxonne par la Silésie dans le duché de Varsovie, et de là en Saxe, stipulé dans la convention conclue par la Prusse avec la France et le royaume de Saxe, à Elbing le 13 octobre 1807, art. 11 et 12. Rheinischer Bund XVI. 40.

d) Le maintien du secret des lettres est ordinairement ordonné dans les réglemens de poste, p. e. dans celui du royaume de Westphalie du 31 octobre 1808, art. 3. 13. 18. 101. 146., dans la formule de serment pour les employés dans la poste, dans le Regierungsblatt für das Königreich Baiern de 1806, Num. 54, et dans une ordonnance du roi de Wirtemberg du 18 nov. 1816. — Comparez aussi J. B. FRIESEN diss. de eo q. j. e. circa litteras resignatas (Jen. 1752), c. 2. Jo. Jod. BECK diss de resignatione, revulsione et turbatione figillorum (Altorf. 1742); §. 25. DANZ Handbuch des t. Privatr. §. 155. n. IV.   v. Kamptz neue Lit. des VR., S. 96.

e) On peut voir des exemples de plaintes portées à cet égard, dans Schlözer's Staatsanzeigen, Heft 42, S. 229.   Moser's Lebensbeschreibung, Th. IV, S. 105, et son Versuch des europ. Völkerrechts, IV. 144 f.   Hönn's BetrugsLexicon, voc. Postmeister, S. 288.   Die Postgeheimnisse. Leipz. 1803. 8. Ueber das Geheimnifs der Posten. Frankf. u. Leipz. 1788. 8. — Moyens de précaution, pour empécher que les lettres ne puissent être décachetées imperceptiblement; dans ma Kryptographik, §. 17—29.   Pour cacher la teneur des lettres on se sert des chiffres.   Voyez le même livre.

f) Des écrits y relatifs sont cités dans mon Oeffentl. Recht des teutschen Bundes §. 556, note h.

§. 75.

g) *Droits de mines,* h) *des forêts et de chasse.*

Le *droit* d'exploiter les *mines*, indépendant par lui - même de toute influence d'un gouvernement étranger, ne peut s'étendre, même sous terre, hors des frontières de l'état, telles qu'elles sont marquées sur la surface.   Il peut appartenir, dans quelque district déterminé, à plusieurs états en commun *a)*, et aussi en qualité de servitude publique, à tel état dans un territoire étranger *b)*. Il en est de même du *droit des forêts* et de *chasse c)*.   Dans plusieurs pays, la vente du bois tant de chauffage que de construction, nommément pour la marine, est entièrement défendue, ou assujettie à des restrictions et réglemens particuliers.   La poursuite des bêtes blessées à la chasse, dans la varenne ou dans le territoire d'un état étranger, ne peut être justifiée qu'en vertu de conventions *d*).

a) Du territoire des mines de sel de Wieliczka, voyez le traité de paix de Vienne de 1809, art. 4. n° 4.

b) Le droit de mines dans la partie bohémienne de la seigneurie de Schwarzenberg, appartient au royaume de Saxe. v. RÖMER's kursächs. Staatsrecht, II. 675. Aussi le droit de mines saxon dans le comté de Mannsfeld, s'étendait-il autrefois au-delà des frontières territoriales de la Saxe, dans la partie magdebourgeoise de ce comté. v. RÖMER l. c. II. 46. Il a été cédé au royaume de Westphalie, par la convention de Leipsig du 19 mars 1808. Rheinischer Bund, XL. 151.

c) J. C. BONHÖFER diss. de jure venandi per modum servitutis juris publici in territorio alieno. Alt. 1748.

d) J. A. NIEPER diss. de sequela venatoria. Goett. 1789. Reichs-anzeiger 1794, Num. 76 u. 78. v. RÖMER, II. 758. STRUBE's rechtl. Bedenken, Th. II, Bed. 140. PÜTTER's Literatur des teutschen Staatsrechts, III. §. 1610.

§. 76.

i) *Droit des eaux.*

L'indépendance des états se fait particulièrement remarquer dans l'usage libre et exclusif du *droit des eaux*, dans toute son étendue *a*), tant dans le territoire maritime de l'état (§. 129 et suiv.), que dans ses fleuves, rivières, canaux, lacs et étangs. Cet usage n'est restreint que lorsque l'état y a renoncé par convention, en tout ou en partie *b*), ou qu'il s'est engagé à y laisser concourir quelque autre état *c*). On ne pourrait même l'accuser d'injustice, s'il défendait tout passage de bâteaux étrangers sur les fleuves, rivières, canaux ou lacs de son territoire, le passage des vaisseaux sur mer sous le canon de ses côtes, leur entrée et séjour dans les ports ou à la rade. Mais, à l'exception des ports fermés, ceci est rarement refusé aujourd'hui aux vaisseaux et bâteaux des puissances amies, en percevant toutefois la douane *d*), les droits de port pour le séjour dans le port, ceux pour les vaisseaux échoués (*groundage*), le tonnage *e*) ou impôt pour couvrir les frais des tonneaux flottants servants à indiquer les basses, et les autres droits d'usage, et pourvu qu'ils se conforment au droit d'étape, et à celui de relâche et d'échelle, là où ils sont introduits. Cependant les vaisseaux de guerre ont presque partout besoin, pour leur entrée dans les ports ou leur séjour à la rade, d'une permission spéciale, si ce n'est dans un cas de nécessité ou qu'il n'existe une convention générale à cet égard. Dans le moyen-âge il était souvent défendu, sous peines sévères, de construire des vaisseaux ou des bateaux pour des étrangers, ou de leur en vendre. Aujourd'hui ces défenses sont, pour la plupart, ou modifiées ou abolies *f*).

a) Mon Oeffentliches Recht des teutschen Bundes, §. 370 et suiv. v. Kamptz neue Lit. des VR., §. 183 ff. u. 194 ff.

b) Voyez p. e. sur l'Escaut les dispositions de la paix de Munster, conclue en 1648 entre l'Espagne et les Provinces-unies des Pays-Bas, art. 14, dans Schmauss corp. jur. gent. p. 619, et le traité fait en 1765 entre l'Autriche et les Provinces-unies des Pays-Bas, art. 2 et 7, dans de Martens recueil II. 603. Sur la Vistule, voyez les traités de paix de Tilsit, conclus par la France en 1807, celui avec la Russie, art. 8, celui avec la Prusse, art. 20. — Comparez surtout les Articles arrêtés au congrès de Vienne, sur la navigation des rivières qui, dans leur cours navigable, *séparent* ou *traversent différens* états, dans mes Acten des wiener Congresses, T. III, p. 254 — 257, ainsi que l'Acte final du congrès de Vienne, art. 108 — 117, ibid. p. 89 et suiv. Voir aussi sur le même objet, mon Oeffentliches Recht des teutschen Bundes etc., §. 468—486. Les articles susmentionnés doivent être appliqués à la navigation du Pô, ainsi qu'à celle des fleuves et canaux dans toute l'étendue de l'ancienne Pologne; d'après l'Acte final du congrès de Vienne, art. 14 et 96. Sur la libre navigation sur le canal de la Stecknitz, voyez ibid. art. 30. Les mêmes principes ont été adoptés non-seulement pour la navigation sur les eaux désignées sous le nom du Elsterwerdaer Flofsgraben, de la Schwarze-Elster, et de la Weisse-Elster, ainsi que du Flofsgraben qui dérive de cette dernière rivière, dans le traité de la Saxe avec la Prusse, l'Autriche et la Russie, du 18 mai 1814, art. 17 (dans mes Acten des wiener Congresses, T. VI, p. 135), mais aussi pour celle sur toutes les rivières qui séparent ou traversent les états autrichiens et bavarois. Voyez le traité conclu entre l'Autriche et la Bavière le 14 avril 1816, dans mon Staatsarchiv des teutschen Bundes, Bd. I, p. 406.

c) De la Vistule, voyez le traité de paix de Vienne de 1809, art. 2, n° 4. Sur la libre navigation des fleuves et canaux dans toute l'étendue de l'ancienne Pologne, ainsi que sur la fréquentation des ports, voyez l'Acte final du congrès de Vienne, art. 14.

d) De ce genre sont les droits que payent les vaisseaux qui passent par le Sund (le Sundzoll), la seule douane qui se paye en Europe pour le passage par un détroit; ils sont stipulés par des traités conclus entre le Danemarck et la plupart des puissances européennes. Th. A. de MARIEN tableau des droits et usages de commerce relatifs au passage du Sund. à Copenhague 1778. 8. Traduit aussi en espagnol et en danois. MOSER's Versuch des europ. Völkerr. V. 473. 489. v. STECK vom Sundzoll, dans ses Versuchen (publiés en 1772), S. 59 ff.

e) Du droit de tonnage de la ville de Brême, voyez v. BÜLOW's u. HAGEMANN's pract. Erörterungen, I. 1 — 38.

f) v. MARTENS Grundrifs des Handelsrechts, §. 148.

§. 77.

Particulièrement droit de varech et de sauvement.

Ce qu'on appelle *droit de varech* ou de *naufrage a*) (*Strandrecht, Grundruhr*, jus littoris), est l'usage de s'approprier les biens naufragés et ceux jettés en mer dans le danger, pour alléger le vaisseau (choses de jet). Ce prétendu droit est contraire au droit des gens naturel; car par le naufrage, ou par le jet pour alléger le vaisseau, les biens dont il est question ne peuvent point être réputés délaissés ou n'appartenants à personne; aussi n'est-il plus exercé aujourd'hui que contre les pirates et les contrebandiers, et contre ceux qui naviguent dans des districts de fleuves ou de mer défendus, sur la rive danoise de l'Elbe *b*), et enfin par voie de retorsion. Il est souvent aboli expressément par des lois ou traités *c*). A sa place a été établi presque partout, et même par des traités, le *droit* de *sauvement* (*Recht der Bergung*, jus bona naufragorum colligendi), en vertu duquel les biens naufragés ou de jet qui ont été sauvés ne sont restitués à leurs propriétaires que pendant un délai déterminé, pour la plupart d'un an et d'un jour, et contre une certaine rétribution *d*) qui consiste ordinairement dans une quote-part de la valeur des choses sauvées (*Bergelohn, pecunia servaticia*).

a) J. Schuback commentarius de jure littoris. T. I. Hamb. 1751. fol., augmenté et publié en allemand, par Wodarch et Greilich, sous ce titre: Vom Strandrecht. Hamburg 1767.

4. IIe Partie, par Amsink ibid. 1781. 4. Emérigon traité des assurances, T. I. p. 455. 528. v. Martens Einleit. in d. Völkerrecht, §. 150 f. Moser's nachbarl. Staatsrecht, S. 705, et son traité von der Landeshoheit in Ansehung Erde und Wassers, S. 270. Jargow von Regalien, S. 471 — 489. Pfeffinger Vitriar. illustr. III. 1471. Fischer's Geschichte des teutschen Handels, I. 425. — Les écrits cités dans Pütter's Literatur des teutschen Staatsrechts, III. 615, dans ma Neue Literatur des teutsch. Staatsr., §. 1374, et dans v. Kamptz neuer Lit., §. 195.

b) J. G. Büsch Darstellung der Handlung, Th. II (1792. 8.), S. 113. Du même auteur, Darstellung des in den nördlichen Gewässern üblichen, besonders des schleswig - holsteinischen Strandrechtes. Hamb. 1798. 8. Ordonnance du roi de Danemarck, par rapport aux naufrages, de 1803, dans Häberlin's Staatsarchiv, Heft 45, S. 1 ff.

c) Pour ce qui est de la législation, voyez, outre les lois romaines et canoniques (Auth. *navigia* C. de furt. et serv. corrupt. et c. 3. X. de raptorib.), le Code pénal de l'Empereur Charles - Quint, art. 218, et le recez de l'Empire de 1559, §. 35, l'Ordonnance française (de 1681), le Code prussien (Allgem. Landrecht, Th. II. Tit. 15. §. 81 — 87), les ordonnances de Jéver du 28 février 1724, de la Poméranie, de Hambourg, de Lubeck (conférez Dreyeri Specimen etc. 1762. 4.), de la Prusse, de la Grande - Bretagne, du Danemarck, de la Suède, de l'Espagne, et d'autres états. Schmauss corp. jur. gent. 77. 218. 144. 434. 585. 596. 755. 967. Du Mont Corps dipl. T. I. P. 2. p. 223. Moser's Versuch, VII. 672.

d) J. S. F. Boehmer diss. de servaticio. Hal. 1743. Reinharth ad Christinaeum, Vol. V. obs. 8. Camerer's Nachrichten von Holstein, T. I. I, S. 207 f. F. E. C. Mereau's Miscellaneen, Th. I (Gotha 1791. 8.), Num. 18. Danz Handbuch des t. Privatrechts, Th. I, §. 112.

<h2 style="text-align:center">§. 78.</h2>

k) *Droit des concessions d'industrie.*

On a introduit les *concessions d'industrie,* pour des entreprises de, commerce et autres, ou pour l'exercice de quelque art ou métier que l'intérêt public ne permet point d'abandonner à chacun *a*). L'état peut les accorder exclusivement à ses sujets ou n'y admettre les étrangers que sous des conditions moins favorables. Il peut défendre à ses sujets de chercher ou d'accepter de pareilles concessions conférées par un état étranger, de favoriser les entreprises auxquelles elles donnent lieu et de s'y intéresser en aucune manière, p. e. de prendre part à des sociétés d'intérêt, de commerce ou autres de l'étranger, aux loteries étrangères, soit en vendant soit en prenant des lots *b*), d'établir des fabriques ou manufactures en pays étranger, etc.

a) Mon Oeffentliches Recht des teutsch. Bundes, §. 375 et suiv.

b) Moser's Versuch des europ. Völkerr., VIII. 45.

§. 79.

1) Droit de protection territoriale.

Le *droit de protection territoriale*, est tout aussi absolu que ceux dont nous venons de traiter. L'état peut donner à cet égard les réglemens qu'il juge convenables, et veiller à leur exécution. Il décide si et à quelles conditions la naturalité sera accordée à des étrangers, et auxquels d'entr'eux *a*): s'ils auront la capacité d'acquérir des biens-fonds dans le pays, et si ses propres sujets pourront en posséder hors de son territoire *b*), ou obéir sous d'autres rapports à l'autorité territoriale d'un souverain étranger *c*); si et à quel point jouiront de la protection territoriale, pour une époque déterminée ou non, les étrangers qui ne séjournent dans le pays que temporairement *d*).

a) Code civil français, art. 13. Edit bavarois, concernant la naturalisation des étrangers, le droit de citoyen, les droits des propriétaires forains et des étrangers; dans le Regierungsblatt für das Königreich Baiern, von 1812, St. V.

b) L'édit bavarois précité, tit. IV, art. 25 et suiv. Ordonnance bavaroise du 21 mars 1812, concernant les propriétaires forains; dans le Regierungsblatt von 1812. — Dans plusieurs états d'Allemagne on a établi le principe, que les propriétaires forains (*forenses*) sont aussi pour leurs personnes sous l'obéissance territoriale, nonobstant qu'ils soient domiciliés dans un pays étranger; ce qui s'appelle *Landsassiatus plenus.* Voyez mon Oeffentliches Recht des teutschen Bundes, §. 204. En France, ce principe n'est pas reçu. Code civil fr. art. 3. §. 2.

c) Code civil français, art. 17 — 21. Décret français du 26 août 1811, réglant la condition des Français établis en pays étranger, joint à l'avis explicatif du 21 janvier 1812; dans le recueil de Mr. de Martens, Supplém. V. 409. Ordonnance bavaroise du 21 mars 1812, relativement à la permission pour les bavarois au service étranger.

d) Code civil français, art. 3. 11 — 14. Edit badois du 4 juin 1808, concernant les droits des différens états (die Grundverfassung der verschiedenen Stände betr.), §. 1 — 5; dans le Rheinisch. Bund, XXII. 64. K. E. Schmid's Einleitung in das gesammte Recht des französischen Reichs, Th. I. (Hildburgh. 1808. 8.), S. 390 ff. Schmalz europ. Völkerrecht, S. 163 ff. J. J. Lehmann diss. an potentiores rebelles aliique hujus fere generis in vicinis regnis jure asylorum frui possint? Jen. 1716. 4. — Pour ce qui est des ministres publics étrangers, qui traversent le territoire, voyez Real, science du gouvernement, T. V, p. 165 et 179 (de la traduction allemande).

§. 80.

§. 80.

Continuation.

On ne peut reprocher à un gouvernement, comme lésion du droit des gens, d'avoir reçu, en qualité de sujets, des personnes qui appartiennent à un autre état, à moins qu'il ne les ait induits à l'émigration défendue par les lois de leur pays *a*), ou qu'il s'en soit emparé de force *b*). De l'autre côté, il n'y a rien d'injuste à ce qu'un état somme ceux de ses sujets en pays étranger, qui ne sont point encore déliés de leur devoir de sujetion, ou qui se sont rendus coupables d'émigration illégitime : mais il n'aurait pas le droit d'exiger du gouvernement étranger, que ses décrets de rappel ou lettres avocatoires soient publiés et sanctionnés par lui, ou que ce gouvernement se prête lui-même à l'extradition des dits sujets; moins encore il pourrait les enlever de force du territoire étranger, quand même ils n'y seraient pas encore naturalisés *c*).

a) Moser's Versuch des europäischen Völkerr. VI. 118 f. Günther a. a. O. II. 501 — 506.
b) Moser's Versuch. V. 5-6. 590. et ses Beyträge zu dem europ. Völkerr. V. 72.
c) Günther's europ. Völkerrecht. II. 509 ff.

§. 81.

m) *Droit de service territorial.*

En vertu du *droit de service territorial* (*Landesdienst-Regal*), chaque état peut exiger, conformément à son but, que ses sujets lui rendent, et exclusivement à lui, des services publics. Donc, il est le maître de leur défendre ou de leur permettre suivant sa convenance d'entrer au service de cour, civil ou militaire d'un autre état. Il y a des gouvernemens qui ne restreignent point, à cet égard, la liberté naturelle des citoyens par des lois expresses; mais malgré cela il leur reste, et ils exercent quelquefois le droit de les rappeler, surtout en tems de guerre, d'un service militaire étranger. D'autres états exigent que leurs sujets se pourvoient de leur consentement spécial, pour entrer au service d'une puissance étrangère a); restriction, qui toutefois doit cesser avec la séparation légitime et entière du sujet d'avec l'état.

a) Code civil français, art. 21. Décret français du 26 août 1811, cité au § précédent. Edit bavarois précité, du 6 janvier 1812, art. 7, n° 2. art. 25. 28. 29., joint à l'ordonnance du 21 mars 1812, concernant la permission pour les bavarois au service étranger. Ukas russe, de 1762, par lequel il est défendu à la noblesse de Russie d'entrer au service militaire d'une puissance étrangère. Moser's Versuch des europ. Völkerrechts, VI. 25. Des restrictions faites jadis à cet égard aux ci-devant princes et comtes de l'Empire germanique, ainsi qu'aux nobles soumis à des souverains de la confédération du Rhin, voyez mon Staatsrecht des Rheinbundes, §. 192. 220. Ces souverains confédérés eux-mêmes ne pouvaient entrer à un service autre que d'un état confédéré ou allié à la confédération. Voyez au même livre, §. 80 et 135.

§. 82.

n) *Droits du fisc.*

Droit d'aubaine.

Dans le moyen-âge, le *fisc* exerça généralement a) le *droit d'aubaine (jus albinagii,*

Heimfalls- ou *Fremdlingsrecht*), c'est-à-dire le droit de s'approprier la succession des étrangers décédés dans le pays, à l'exclusion de tous les héritiers testamentaires et conventionnels, et des héritiers ab intestat étrangers *b*). Dans les tems modernes, ce droit a été presque partout abrogé par des lois ou coutumes, et souvent aussi, surtout en France, par des traités *c*). L'assemblée nationale de France l'abolit pour toujours *d*), en le déclarant „contraire aux principes de fraternité qui doivent lier tous les hommes, quelque soit leur patrie et leur gouvernement". Depuis, à ce qu'on sait, il n'est plus exercé nulle part que par voie de rétorsion *e*). Il ne devrait jamais être appliqué à la succession des étrangers qui sont reçus sujets par des lettres de naturalisation *f*), ne fût-ce encore dans ce cas spécial par voie de rétorsion.

a) Robertson's history of the Empereur Charles V., T. I. dans les preuves et additions explicatives, n° XXIX. Pufendorf observationes juris univ., T. III. obs. 14.

b) Bacquet du droit d'aubaine. à Paris 1605. et dans ses Oeuvres, T. I. D'Espeisses œuvres, T. II. p. II. p. 245. Guyot répertoire de jurisprudence, art. aubaine. Les loisirs du chevalier d'Eon de Beaumont, Tome IX (à Amsterdam 1774. 8.), p. 177 — 191. Voyez beaucoup d'autres écrits dans Pütter's Literatur des teutsch. Staatsrechts, III. 610. et dans ma Neue Literatur des t. Staatsrechts. §. 1569. — Selon le chevalier d'Eon, „on entend par Aubaine le droit de succéder aux biens qui se trouvent en France appartenir à un étranger décédé qui n'est point naturalisé, ou qui, étant naturalisé, n'a point de parens régnicoles, ou n'en a point disposé par testament".

c) Pour la première fois dans la paix de Crespi, en 1514, et dernièrement dans la paix de Paris de 1814, art. 28. Voyez des spécifications de pareils traités, dans Moser's auswärtiges Staatsrecht, S. 263 f. 331. 381. et dans ses Zusätze zu s. neuen Staatsrecht, III. 1204. Schlözer's Staatsanzeigen, Heft 31 (1786), Num. 32. De St. Geren's diss. de usu juris albinagii in Gallia. Argent. 1778. 8. Une spécification contenant les traités conclus depuis 1715 jusqu'en 1782, se trouve dans le Dictionnaire géographique et politique de l'Alsace, T. I. (à Strasb. 1787. 4.), art. aubaine. Décret de Napoléon, du 24 août 1812, portant abolition du droit d'aubaine et de celui de détraction, dans le royaume d'Italie vis-à-vis de la Confédération Suisse. Gazette de Francfort, 1812, n. 299. Décrets du même, en date du 25 avril, 28 mai, et 4 août 1812, portants abolition du droit d'aubaine en vertu de traités, le premier pour le grand-duché de Francfort, le second pour le duché de Mecklenbourg-Schwerin, et le troisième, relatif au royaume d'Italie, pour les états prussiens; dans le Moniteur universel de 1812, n° 124 et 164, et dans la Gazette de Francfort de 1812, n° 128 et 251. Voyez une collection de conventions et de décrets, particulièrement de la France et de la Prusse, faits en 1811 et 1812, dans le recueil de Mr. de Martens, Supplém. V. 394—409. En 1813 le droit d'aubaine a été supprimé entre la France et le royaume d'Italie d'une part, et le royaume de Saxe de l'autre part; de même, en 1818 entre la Hesse électorale et les Deux-Siciles. Il a été abrogé dans les états de la Lombardie autrichienne, par une ordonnance du 15 juin 1815.

d) Voyez ce décret, daté du 6 août 1792, dans de Martens recueil, VI. 289. Conférez Möser dans la Berliner Monatschrift v. 1791, St. 2, S. 114 ff.

e) Behmer jus nov. controv. T. I. obs. 52. Runde's Grundsätze des allgem. teutschen Privatrechts, §. 321. En 1804 le gouvernement français, déclara qu'il exercerait sévèrement, par voie de retorsion, les droits d'aubaine et de retraite. Conférez aussi le Code civil français, art. 726, et Proudhon cours de droit français, T. Ier, p. 85, qui prétend qu'en France, le droit d'aubaine, conformément aux art. 11, 726 et 920 du Code civil, subsiste encore, et qu'il ne peut être regardé aboli qu'en vertu de traités. L'un et l'autre de ces droits ont été abolis par des résolutions des diètes helvétiques de 1803 et 1809, vis-à-vis de tous les états qui en useront de même envers la Suisse. Gazette de Francfort, 1812, n° 74.

f) Réponse de droit, par Mr. de MEIERN, à la fin de G. H. AYRERI diss. de jure occupandi bona vacantia, p. 55.

§. 83.

Droits de retraite, de détraction et de confiscation.

Assez souvent le fisc *a*) perçoit un dernier impôt sur les biens qui sont exportés hors du territoire, et cela moyennant le *droit de retraite* ou de *sortie* en cas d'émigration d'un sujet de l'état (gabelle d'émigration, *gabella seu census emigrationis, Nachsteuer, Nachschofs*), et moyennant le *droit* de *détraction* ou de *transfert* (*census hereditatis vel legati, Abzugsgeld, Abschofs*), lorsque la succession de quelque sujet décédé *b*) est transférée à l'étranger. Dans l'un et l'autre cas, l'impôt consiste toujours dans une quote-part des biens exportés. Ces droits sont cependant mal vus par les gouvernemens, et il y a même plusieurs états où des lois expresses les ont supprimés *c*); dans d'autres on ne les lève que par voie de rétorsion *d*), et souvent enfin ils sont abolis ou modifiés, à l'égard de certains états, par des traités *e*). La *confiscation des biens f*) ordonnée par l'autorité compétente, frappe tous les biens, meubles et immeubles, situés dans les limites du territoire, mais elle n'a nul effet au-delà (§. 65).

a) En Allemagne ce n'était pas toujours le fisc de l'état qui avait le droit de percevoir ces impôts. Quelquefois il appartenait aux ci-devant princes et comtes de l'Empire soumis actuellement à un souverain, ou à des villes, à des propriétaires de terres nobles, à des justices patrimoniales. Il y avait des pays où l'impôt se percevait même lors de la translation des biens seulement d'un district ou département dans l'autre. Dans les états confédérés d'Allemagne, entre eux, il a été généralement aboli, en vertu de l'art. 18 de l'Acte sur la constitution fédérative de l'Allemagne du 8 juin 1815, par une résolution de la diète, dans son protocole du 23 juin 1817.

b) Runde's Grundsätze des teutschen Privatrechts, §. 322 ff. Danz Handbuch des teutsch. Privatr. Bd. III, §. 322 — 326. J. F. Reitemeier's allgemeines Abschofsrecht in Deutschland. Frankf. an der Oder 1800. 8.   C. D. U. v. Eggers Archiv der Staatswissenschaft, Th. I, S. 62—87.   Pütter's Literatur des teutsch. Staatsr. III. 648.   Ma Neue Literatur des t. Staatsrechts, §. 1370.   v. Kamptz neue Lit. d. VR., §. 122 f.

c) Le droit de détraction est aboli en France, par un décret de l'assemblée nationale du 6 août 1790, cité au § précédent; mais il n'y est pas dit, que le droit de retraite y doive aussi être compris.

d) Par les résolutions de la diète helvétique, citées au § précédent, sont abolis ,,le droit de détraction et tout droit semblable'', à l'égard de tous les états qui en useront de même envers la Suisse.   Même disposition dans un décret du ci-devant roi de Westphalie du 18 mars 1809.

e) Nombre de pareils traités ont été conclus dans le tems moderne, particulièrement entre des états allemands. Voyez quelques exemples dans le recueil de Mr. de Martens, V. 93, et Supplém. V. 394 et suiv.   En 1813 ces droits ont été supprimés, entre la France et le royaume d'Italie d'une part et le royaume de Saxe de l'autre.

f) Edit du roi de Bavière de 1808, concernant les confiscations des biens; dans le Regierungsblatt des Königreichs Baiern de 1808, n° 51.   Jargow von Regalien, S. 553. Chr. Schlözer de bonorum confiscatione.   Goett. 1796.

§. 84.

ɣ) Droit de conférer des emplois publics, des titres, des dé-
corations, d'attribuer à certaines personnes un rang dis-
tingué, et de les élever à une condition supérieure.

L'indépendance de volonté dont jouit tout
état souverain, comprend aussi le droit de conférer
des *emplois publics*, soit pour l'état soit à la cour,
de transférer, de suspendre ou de renvoyer ses
fonctionnaires, de donner des *titres*, des *décora-*
tions, un certain *rang*, d'*élever à une condition*
plus distinguée, et tout cela tant en faveur de ses
propres sujets seulement, qu'en y admettant aussi
des étrangers *a*). Cependant des raisons de politique peuvent quelquefois engager un gouvernement à faire parvenir de pareilles mesures à la
connaissance des cours étrangères *b*), ou à demander d'elles qu'elles fassent ou qu'elles ne fassent pas certaine chose qui a rapport à l'exercice
des droits en question *c*). Dans le cas d'une
pareille demande, le refus du gouvernement étranger ne peut être ordinairement envisagé comme
une offense ou lésion de droits. L'usage, la
politique, le degré de puissance d'un état, restreignent souvent également sa faculté d'user du
droit, qu'il a en principe dans toute son étendue.
de conférer des emplois ou des charges titulaires,
de donner des décorations, et d'élever à une classe
de rang supérieure; surtout à raison de la considération publique ou de l'étiquette des cours,

ou bien du rang qu'occupe cet état lui-même vis-
à-vis d'autres états *d*).

a) Pour ce qui est de la naturalité requise pour jouir de ces
avantages, voyez mon Oeffentliches Recht des teutschen Bundes, §. 403, note c.

b) MOSER's Versuch des europ. Völkerr. VI. 21 f.

c) J. C. v. MOSER's kleine Schriften, VI. 315.   v. MARTENS Einleit. in das europ. Völkerrecht, §. 83, note a.

d) Mon livre allégué, §. 403, note b.

§. 85.

Continuation.

Le gouvernement peut défendre à ses sujets
d'accepter *a*), sans sa permission spéciale, d'un
autre état quelconque, des emplois, titres, décorations ou pensions *b*).   Il ne serait pas tenu
non plus, d'après le droit des gens naturel, de
reconnaître dans son territoire les emplois, titres,
décorations ou un rang conférés par un état étranger à des personnes étrangères *c*).   Les intérêts
réciproques font néanmoins que la plupart des
états européens reconnaissent volontiers ces distinctions, à moins que le droit même de les conférer *d*) ou la faculté de les accepter ne soient
contestés.

a) Voyez plus haut §. 81. L'édit bavarois du 6 janvier 1812,
art. 7. n° 3.   MOSER's auswärtiges Staatsrecht, S. 321. et
son Teutsches Staatsrecht, Th. V, S. 402.   F. C. v. MOSER's
Hofrecht, II. 692.   Mon Staatsrecht des Rheinbundes, §.
384. 386.   L'ambassadeur, par WICQUEFORT, p. 99 (ed. 1689. 4.).
Levett HANSON's Account of all the Orders of Knighthood,
Vol. II. p. 304. sqq.

b) Moser's Versuch des europ. Völkerrechts, VI. 19 f.

c) C. Wildvogel consil. jur., cons. 152.

d) L'ordre de la toison d'or en fournit un exemple illustre.
v. Martens Einleit. in das europ. Völkerrecht, §. 165.

§. 86.

8) *Droit d'éducation et d'instruction publiques.*

Quant au droit d'*éducation* et d'*instruction publiques a*), il dépend de chaque état souverain, de déterminer, si et jusqu'à quel point des étrangers peuvent être admis dans le pays aux établissemens destinés à l'éducation et à l'instruction, et aux sociétés d'industrie, des arts et des sciences; de même, si et à quelles conditions il sera permis aux habitans du pays de suivre de pareils établissemens ou associations chez l'étranger *b*). Il en est tout de même des titres académiques, conférés par des universités du pays ou des états étrangers, ainsi que de l'importation des livres qui ont été imprimés hors du pays *c*).

a) Mon Oeffentl. Recht des teutschen Bundes, §. 413—418.

b) Dans plusieurs pays, la liberté de fréquenter les universités ou écoles étrangères est restreinte. Voyez des réglemens dans le Allgem. Anzeiger der Deutschen, 1807, Num. 340; 1808, Num. 76. Rhein. Bund. XIII. 152. XXIII. 257. XLVII. 297. Décret français relatif à l'instruction publique et à l'université de l'Empire français, du mois de mars 1808, et Décret sur le régime de l'Université impériale, du 15 novembre 1811, dans le Moniteur de 1811, n° 521. Edit royal français du 17 février 1815, relatif à l'instruction publique, dans le Journal de Francfort de 1815, n° 57. Ordonnance pour les écoles du royaume de Bavière, de 1809. Décret pour les établissemens d'instruction publique du grand-duché de Francfort, du 1er févr. 1812.

c) Décret français du 5 février 1810, relatif aux imprimeries,
à la censure et au commerce des livres, dans le Moniteur
de 1810, et par extrait dans la Allgem. LiteraturZeitung
1810, n° 53. Ce décret a été modifié par un décret du 14 déc.
1810. Edit pour la censure et le commerce des livres dans
le royaume de Saxe, du 10 août 1812, dans le Allgem. Anzeiger der Deutschen, 1812, n° 321. Voyez aussi mon Oeffentliches Recht des teutschen Bundes etc., §. 414, 417 et
suiv.

§. 87.

9) *Droit de souveraineté sur l'église.*

L'état souverain est également indépendant
à l'égard de ses *droits sur l'église,* ou du pouvoir
souverain en matière de religion (*Kirchen-
hoheit*). En conséquence, aucun état étranger ne peut le forcer à tolérer ou à recevoir de
certaines sociétés ou sectes religieuses, à agréer
de nouvelles institutions ecclésiastiques, dogmes
ou systêmes de religion, ou à accorder à leurs
partisans, s'ils séjournent dans son territoire, un
culte, soit public soit privé, à celui près de la
simple dévotion domestique. Même le Souverain-
Pontife, comme chef ecclésiastique de l'église catholique et romaine, est, pour ce qui est de son
activité ecclésiastique, partout subordonné de droit
au gouvernement séculier *a*), en tant que les concordats n'ont point établis d'exceptions (§. 31).
Par la même raison, aucun état n'a ordinairement
le droit de défendre de force les grièfs de religion
dont une société religieuse pourrait se plaindre
dans le territoire d'un autre état *b*), ni celui de

s'approprier des biens ecclésiastiques situés en pays
étranger *c*).

a) P. C. lib. baron. de Knigge comm. de habitu religionis ad
gentes. Goett. 1747. 4. Mon Oeffentliches Recht des teutschen Bundes, §. 421, 425, 426 et suiv.

b) v. Martens Einleitung in das europ. Völkerr. §. 110. Schmalz
europ. Völkerrecht, S. 168 f.

c) Voyez mon Oeffentliches Recht des teutschen Bundes, §.
458. — Sur le droit de *patronage* dans un pays étranger,
et sur celui d'y faire *passer* des *morts*, voyez des écrits
dans v. Kamptz neuer Lit. des VR., §. 114.

§. 88.

10) *Droit de souveraineté sur les établissemens de fief.*
11) *Droit d'armes.* 12) *Droit éminent.*

Tout état a le droit de souveraineté sur les
fiefs qui se trouvent dans son territoire (*Lehn-
hoheit*), droit qui s'étend même sur ceux, soit
actifs soit passifs, relevans d'états étrangers; à
moins qu'il n'ait accordé à ces états par convention expresse une immunité entière ou partiale *a*).
Enfin, aucun état ne serait obligé de souffrir, de
la part d'un autre, des restrictions arbitraires
dans son exercice du *droit de défense et d'armes b*),
nommément par rapport au *passage* de *troupes
étrangères c*) ou à l'*enrôlement* pour le service
d'une autre puissance (§. 272), ou dans l'exercice
du *droit éminent* (*jus eminens, ratio status scil. extraordinarii*), pas même s'il
exerçait ces droits contre la personne ou la propriété des sujets de l'état étranger *d*).

a) Mon Oeffentliches Recht des teutschen Bundes, §. 439 et suiv.

b) Voyez plus haut §. 40.

c) Voyez les écrits indiqués dans v. KAMPTZ neue Lit. des VR., §. 112.

d) Mon Oeffentliches Recht etc. §. 455 et suiv. Principes ou élémens du droit politique (à Lausanne 1784. 8.), P. III, ch. 5, §. 24 et suiv., p. 275 et suiv.

CHAPITRE III.

DROIT D'ÉGALITÉ.

§. 89.

Égalité.

Le troisième droit primitif des nations consiste dans leur *égalité naturelle*, effet de leur indépendance. C'est en vertu de ce droit que chaque état souverain peut exiger qu'aucun autre état ne s'arroge, dans leurs rapports mutuels, des droits plus étendus que ceux dont il jouit lui-même, ni ne s'affranchisse de quelque obligation qui le mettroit en avantage. Ils jouissent d'une personnalité morale et libre; *chacun* d'entr'eux peut prétendre à *tous* les droits qui dérivent de cette personnalité; leurs droits sont par conséquent *égaux*. D'ailleurs, les rapports *naturels* entre les états étant par-là même *essentiels*, cette égalité ne peut être altérée par des qualités ou attributions accidentel-

les d'un état, telles que son ancienneté, sa population, l'étendue de son territoire, sa puissance
militaire, la forme de sa constitution, le titre
de son souverain, l'état de la culture de toute
espèce *a*), la considération dont il jouit, les honneurs qu'il reçoit de la part d'autres états, etc.
Particulièrement incompatibles avec cette égalité
légale, sont des prétentions à la précédence, à la
supériorité, à la juridiction, au pouvoir criminel,
vis-à-vis d'autres états.

> *a*) De même qu'il n'y a point, dans l'état de la nature,
> esclaves parmi les particuliers; de même il n'y en a pas
> non plus parmi les états souverains (*non dantur gentes
> a natura servae*). Les raisons d'Aristote (Polit. lib. I.
> c. 3.), et celles d'un de ses successeurs resté anonyme
> (Deutscher Merkur, Nov. 1777), ont été très bien refutées
> par Mr. Jacobi, dans le Deutsch. Museum, 1781, St. VI,
> S. 522 ff. Comparez aussi Franc. Hutcheson's System of
> moral Philosophy, B. III. ch. 10. §. 14.

§. 90.

Particulièrement dans le cérémonial.

L'égalité des états se manifeste souvent dans
le *cérémonial*, c'est-à-dire dans les formalités
qu'ils observent entre eux. Ce cérémonial s'exerce non-seulement vis-à-vis de la *personne* des
souverains ou de leurs représentans, mais aussi
et particulièrement dans les *écrits*; c'est alors le
cérémonial de chancellerie, des autorités constituées du pays, et des ministres en mission. Des
espèces particulières sont celui qu'on observe sur
mer, et celui de la *guerre*. Une petite partie seu-

lement du cérémonial est fondée dans des conventions, le reste est arbitraire ou tient au simple usage *a*). Cette dernière partie, quelqu' importante qu'elle soit, et bien que scrupuleusement observée, n'est point du ressort du droit des gens *b*), et le *droit* du cérémonial des états dont nous nous occupons ici par préférence, et qui dans les écrits est ordinairement confondu dans la matière du cérémonial en général *c*), n'en fait par conséquent qu'une partie. Le droit du cérémonial *diplomatique*, ou des légations, sera expliqué plus bas, comme partie du droit d'ambassade; mais le reste du cérémonial public, en tant qu'on y remarque les effets de l'égalité naturelle ou ceux d'une inégalité survenue et conventionnelle, appartient à ce chapitre.

a) v. OMPTEDA's Literatur des Völkerrechts, I. 499 ff. F. C. v. MOSER's kleine Schriften, I. 3.

b) F. C. v. MOSER, dans son livre allégué, p. 6, le comprend sous la dénomination de *galanterie* des états.

c) Il ceremoniale historico e politico di Gregorio LETI. Amstelod. 1685. Vol. I—VI. 12. Gottfr. STIEVE's europ. Hof-Ceremoniel. Leipz. 1715. 2. Ausg. 1723. 8. J. C. LÜNIG's Theatrum ceremoniale historico-politicum, oder historisch- und politischer Schauplatz aller Ceremonien etc. I. und II. Band (le second volume contient le cérémonial de chancellerie européen). Leipzig 1716. fol. 2. Aufl. 1719. 1720. fol. Jul. Bernh. v. ROHR's Einleit. zur CeremonielWissenschaft grosser Herren. Berlin 1730. 8. 2. Aufl. 1735. 8. Cérémonial diplomatique des cours de l'Europe. Recueilli en partie par Mr. DU MONT, mis en ordre et considérablement augmenté par Mr. ROUSSET. à Amsterd. et à la Haye 1739. T. I. II. fol. (Ce sont les Tomes IV et V des Supplémens au Corps diplomatique de DU MONT.) F. C. v.

Moser's teutsches Hofrecht. Frankf. 1754. Th. I. II. 4. J. Jac. Moser's Versuch des neuesten europ. Ceremoniels, vornehmlich aus den Staatshandlungen der europ. Mächte seit Kaiser Carl's VI. Tode (c'est en même temps le Tome IIe du Versuch des europ. Völkerrechts, publié par le même auteur). Frankfurt 1778. 8. C. G. Ahnert's Lehrbegriff der Wissenschaften, Erfordernisse und Rechte der Gesandten, Th. II. Dresden 1784. 8. (Ce Tome IIe ne traite que du cérémonial public et du style diplomatique). De Bielfeld institutions politiques, T. II. p. 234. — Des écrits sur le cérémonial de quelques cours en particulier, dans v. Kamptz neuer Lit., §. 141 ff.

§. 91.
Renonciation à l'égalité.

I) *Honneurs royaux.*

Les états, même ceux absolument indépendans et souverains, peuvent renoncer par convention, en faveur d'un ou de plusieurs autres états, aux droits résultants de leur égalité primitive. Cela arrive assez souvent, par rapport à quelques prérogatives extérieures, au rang, aux titres des états et de leurs souverains, et à d'autres objets du cérémonial. Particulièrement sont de ce nombre les *honneurs royaux (honores regii)*, c'est-à-dire les honneurs conventionnels, qui sont généralement considérés en Europe comme les plus distingués qui puissent être rendus à un état *a*). Ils donnent non-seulement le rang au-dessus de tous les états souverains, qui n'en jouissent point, et plusieurs autres droits de cérémonial, tels que l'usage de la couronne royale, du titre de frère vis-à-vis des autres souverains du même rang, etc., mais encore le droit exclusif d'envoyer des ministres publics du premier rang ou des ambassadeurs. Des honneurs royaux jouissent, hors les Empires et les Royaumes, les Grand-duchés, l'Electorat de Hesse (ci-devant aussi les autres états électoraux d'Allemagne), et quelques-unes des grandes Républiques *b*); ces dernières cependant pour la plupart avec quelques modifications.

a) Parce que de tout tems, dans les relations politiques de l'Europe, les *rois* jouissaient du plus haut degré de considération, et de prérogatives d'honneur vis-à-vis de tous les princes souverains non-revêtus de la dignité royale, on a donné à ces grands honneurs, la dénomination d'*honneurs royaux*, et on a distingué par cela, sans égard à la différence de leur constitution ou de la forme de leur gouvernement, entre les états auxquels appartiennent les honneurs royaux, et ceux d'un rang inférieur (§. 31).

b) Telles qu'autrefois les Provinces-Unies des Pays-Bas, et la république de Venise, et jusqu'à ce jour la Confédération Suisse (mais non pas chaque canton séparément), ainsi que la Confédération Germanique. Quant à la république de Gènes et à l'Ordre de Malte, on leur a disputé autrefois les honneurs royaux.

§. 92.

II) *Précédence.*
Définition et base.

Du nombre des prérogatives, qui entraînent pour l'état qui les reconnaît, la perte d'une partie de l'égalité naturelle, est la *précédence* (pas, préséance, *protostasia, proëdria*), ou la préférence dans l'ordre et dans le rang à suivre lorsque plusieurs états dans leurs relations extérieures

térieures viennent à se rencontrer *a*).　La nature de ces relations entre des états souverains, ne fournit aucun principe dont on puisse conclure à un rang déterminé de chacun d'eux *b*).　Sous ce point de vue, toute place doit être envisagée comme la première, c'est-à-dire, il n'y a en effet entre les états souverains, dans leur commerce, tant par écrit que par des représentans, ni rang inférieur ni supérieur, ni place distinguée ou place d'honneur.　Ce n'est que par des conventions, expresses ou tacites, qu'une telle différence peut être établie *c*).

a) Voyez les écrits cités dans v. Ompteda's Literatur des Völkerrechts, II. 490 — 498, dans v. Kamptz neuer Lit., §. 124 ff., dans Pütter's Literatur des t. Staatsr. III. 510, et dans ma Neue Literatur des t. Staatsr. §. 1110.　Jac. Andr. Crusius de praeeminentia, sessione, praecedentia et universo jure proëdriae magnatum in Europa. Bremae 1666. 4.　Balth. Sigism. v. Stosch Tr. vom Präcedenz- oder Vorderrecht aller Potentaten u. Republiquen in Europa. Breslau 1678. 8. Fhrenhart Zweyburg's, ou plutôt, comme il se nomme dans la seconde édition, Zach. Zwanzig's, Theatrum praecedentiae. Francof. 1706. 2. Ausg. ebend. 1709. fol.　Gottfr. Stieve's europ. HofCeremoniel. Leipz. 1715. 2. Ausg. 1725. 8. Agastino Paradisi Atteneo dell uomo nobile (Venet. 1751. fol.), T. I. c. 4 et 5, et tout le Tome V.　Jo. Cph. Hellbachii meditationes juris proëdriae moderni, oder Abhandl. von den heutigen Rechten des Ranges, Vorzugs und Vorsitzes. Leipz. 1742. 4. 2. Ausg. ibid. 1746. 4. *Ejusd.* primitiae lexici juris proëdriae Erf. 1748. 4. *Ejusd.* accessiones juris proëdriac. (Ce livre n'est pas encore imprimé. Voyez Siebenkees neues jurist. Magazin, I. 508.)　Rousset mémoires sur le rang et la préséance entre les souverains de l'Europe et entre leurs ministres représentans. à Amsterd. 1746. 4.　Ch. Hellbach's Handb. des Rangrechtes. · Ansb. 1804. 8.　Günther's europ. Völkerr., I. 198 — 279.

b) L'opinion contraire est adoptée par Rousset, dans son livre allégué, et par Real, science du gouvernement, T. V. ch. 4. Sect. 3.

c) Günther, I. 215 ff.

§. 93.
Disputes sur le rang.

Les discussions qui pourraient naître des prétentions de quelque puissance, relativement au rang, doivent par conséquent être jugées et terminées de la même manière que tout autre différend entre les états souverains *a*); durant la dispute, on devrait généralement respecter l'état de possession non vicieuse *b*), s'il y en a. Pour appuyer les prétentions de cette espèce, quelques gouvernemens se sont souvent prévalus d'argumens absolument faux *c*), tels que l'ancienneté de l'indépendance de l'état, ou celle de la famille régnante ou de la royauté, l'époque de conversion à la foi chrétienne, une plus grande puissance ou la prépondérance de l'état, le nombre et l'étendue de ses provinces, la forme d'état et de gouvernement, un titre plus éminent de l'état et du souverain, une culture tant intellectuelle que morale plus avancée, des relations de protection, de fief, ou de cens sur d'autres états souverains, la haute dignité des vassaux appartenants à l'état, des mérites vis-à-vis du Souverain-Pontife et de l'église romaine et catholique, etc.

a) Günther's Völkerrecht, I. 267 f. Conduite de la part des puissances autres que celles y intéressées; voyez au même livre, I. 269.

b) Un exemple de Venise de 1558, voyez dans Lünig's Theatr. cerem. T. I. p. 14. Sur la possession défectueuse, conférez Günther, I. 217 f. 232 f. Zwanzig dans le livre allégué, I. 14 — 25. 28.

c) Stieve dans le livre cité, Th. I. Cap. 2. S. 9 — 72. Real, l. c. Vattel, lib. II. ch. 3. §. 37. Jo. Ad. Ickstadt elem. juris gentium, lib. II. c. 1. §. 22. Schol. et c. 6. §. 15. L'ambassadeur et ses fonctions, par Wicquefort, liv. I. ch. 24. 25. p. 324 — 367. Mais comparez Chr. Gottfr. Hoffmann diss. de fundamento decidendi controversias de praecedentia inter liberas gentes. Lips. 1721. Günther, I. 203 ff.

§. 94.

Du rang, tel qu'il s'observe aujourd'hui entre les états de l'Europe.

Les nations de l'Europe ne se sont jamais réunis sur un statut général pour le rang *a*); car quoique les Papes en aient publiés à différentes époques, que particulièrement celui de Jules II, de l'an 1504 *b*), ait été assez accrédité, que d'ailleurs ces réglemens aient été ordinairement basés sur l'état de possession tel qu'il existait aux conciles, (c. à. d. aux réunions les plus générales du tems entre les souverains chrétiens de l'Europe ou leurs représentans, occasions auxquelles les questions de rang devaient par conséquent être le plus souvent agitées) il s'en faut de beaucoup que ces réglemens aient jamais été généralement reconnus; ils ne le furent pas même dans les conciles, ni dans la chapelle du Pape. De même au congrès de Vienne, la question du rang entre les puissances européennes, a été vainement agitée *c*). Cependant il y a eu de tems à autre des *conven-*

tions formées à ce sujet entre les différentes puissances.

a) Sur les classifications des états non relatives à leur rang,
voyez plus haut, §. 32.

b) Il a été publié par Lünig, dans son Theatrum cerem. I. 8,
et depuis dans Gerhardi's genealog. Geschichte der erblichen Reichsstände, II. 7 f. et Günther's europ. Völkerr.
I. 219. Dans ce réglement il n'est point fait mention du
Danemarck, de la Suède, et de la Russie.

c) Dans la séance du 10 déc. 1814, les plénipotentiaires des
huit puissances signataires du traité de paix de Paris, nom-
mèrent une commission chargée de s'occuper „des principes
à établir pour régler le rang entre les couronnes, et de
tout ce qui en est une conséquence". Dans la séance du
9 février 1815, on discuta le projet de la commission qui
avait établi *trois* classes des puissances relativement au rang
entre les ministres. Des doutes s'étant élevés sur cette classification, et particulièrement sur la classe dans laquelle il
faudrait mettre les grandes républiques, la question fut abandonnée, et on se borna à faire un réglement sur le rang
entre les agens diplomatiques des souverains couronnés.
Voyez mes Acten des wiener Congresses, T. VIII. 98. 102.
108 et suiv. 116 et suiv. T. VI. p. 93. 204 et suiv. et mon
Uebersicht der diplomat. Verhandlungen des wiener Congresses, p. 167 et suiv.

§. 95.

*Particulièrement 1) du rang du Pape et du ci-devant
Empereur romain-germanique.*

Particulièrement, 1° les souverains catholiques, même l'Empereur romain-germanique,
ont cru devoir accorder la précédence, à la personne du *Pape*, en qualité de vicaire (prétendu)
de Jésus-Christ, et de Souverain-Pontife ou chef
ecclésiastique de l'église catholique-romaine, sans
vouloir cependant par là porter préjudice à leurs

droits de souveraineté *a*).   En sa qualité de souverain temporel., le Pape s'est trouvé en possession de la précédence, même vis-à-vis de plusieurs souverains de religion évangélique ou protestante, surtout de ceux non-jouissants d'honneurs royaux, mais jamais vis-à-vis de la Russie, ni de la Porte ottomane.   2° Toutes les puissances chrétiennes de l'Europe accordaient la précédence à l'*Empereur romain-germanique b*).   Pour ce qui est de la Porte ottomane, l'Empereur, en sa qualité de souverain de ses états héréditaires (depuis 1804 Empereur d'Autriche), était convenu avec elle d'une parfaite égalité de rang *c*).

a) Rousset, T. I. ch. 1.   Moser's teutsches Staatsrecht, III. 86. Günther's Völkerrecht, I. 221.

b) Voyez des écrits dans v. Ompteda's Lit., §. 196, et dans v. Kamptz neuer Lit., §. 125. — De Martens précis du droit des gens, §. 132.

c) Paix de Passarowitz, de 1718, art. 17.   La même stipulation se trouve dans les traités de paix postérieurs à celui de 1718, p. e. dans celui de Belgrad, de 1739, art. 20 et 21. Moser's teutsches Staatsrecht, III. 106.   Theatrum **cerem.** par Lünig, II. 1438.   Günther, I. 225. 247.

§. 96.

2) Du rang des souverains couronnés.

La plupart des *têtes couronnées* de l'Europe émettent en principe l'*égalité* du rang *a*) ; et s'il y a eu quelques cours, telles que celles de *France b*) et d'*Espagne c*), depuis quelque tems celle de *Russie d*), et dès à présent probablement aussi celle d'*Autriche e)*, qui ont prétendu à la précédence absolue sur toutes ou quelques-unes des autres puissances *f)*, elles ont rarement manqué de contradictions. Cependant la *France* l'avait gagnée durant le règne de Napoléon sur plusieurs rois, principalement sur ceux qui lui devaient leur couronne ou royauté, et qui avaient satisfait volontiers à ses prétentions. Plusieurs autres gouvernemens, bienqu'ils prétendent, surtout dans les notes et autres écrits, à une égalité générale, reconnaissent néanmoins par exception et dans certaines occasions et circonstances la supériorité de quelques-unes des autres puissances; c'est ainsi que le *Portugal* et la *Sardaigne* accordent la précédence aux couronnes d'Angleterre, de France et d'Espagne *g)*, le *Danemarck* à celle de France seulement *h)*.

a) Moser's Versuch des europ. Völkerr., I. 58. Comme principe formel cette règle a été proposée, principalement de la part de la *Suède*, par Gustave-Adolphe (Günther, I. 278, note˙ a), puis au congrès de la paix de Westphalie par la reine Christine (Moser's Beyträge zu dem europ. Völkerrecht, I. 41. Rousset, ch. 7.); enfin aussi par la *Grande-Bretagne* (v. Ompteda's Literatur, II. 496). Rousset (ch. 28, p. 152) et Neyron (principes du droit des gens, §. 106) datent la généralité de ce principe de la quadruple-alliance de Londres de l'an 1718.

b) v. Ompteda's Literatur, II. 494 ff. v. Kamptz neue Lit., §. 127. Günther, I. 220 et suiv.

c) v. Ompteda, II. 496. v. Kamptz, §. 128. — La dispute de rang, qui eut lieu entre l'*Espagne* et la France (Zwanzig Theatr. praecedentiae, I. 15. sqq. Bynkershoek quaest. jur. publ. lib. II. c. 9. in *Ejus* operib. omn. T. I. p. 254. sq.);

a été terminée de manière qu'on s'est réuni sur une certaine alternation à observer dans les occasions. Voyez le pacte de famille, maintenant dissous, de 1761, art. 27. De MARTENS recueil des traités, I. 10. GÜNTHER, I. 333.

d) Sur les prétentions de la *Russie*, particulièrement vis-à-vis de la France, voyez GÜNTHER, I. 244 f. De MARTENS cours diplomatique; tableau, liv. I. ch. 8. §. 80. Plusieurs puissances, avaient accordé leur reconnaissance du titre impérial, pris par la Russie en 1721, à la réserve, qu'il n'en résulterait aucune autre prérogative pour la Russie. Dans la suite la Russie n'a voulu accorder la précédence qu'à l'Empereur romain-germanique. Mais dans la paix de Tilsit, en 1807, art. 28, il a été stipulé entre la *Russie* et la *France*, que le cérémonial des deux cours entr'elles, et à l'égard des ambassadeurs, ministres et envoyés qu'elles accréditeraient l'une près de l'autre, serait établi sur le principe d'une réciprocité et d'une égalité parfaites.

e) Depuis qu'elle a pris le titre d'*Empire*, en 1804. L'*alternative*, par rapport à l'ordre dans lequel les deux parties sont nommées dans les traités, fut déjà confirmée, comme reconnue, établie et observée, entre la maison d'*Autriche* et la *France*, dans le 1ᵉʳ article séparé, attenant à leur traité d'alliance défensive de 1756, qui est recueilli dans MOSER's Versuch des europ. Völkerrechts, VIII. 74. v. KAMPTZ neue Lit., §. 134.

f) Le *Danemarck* prétend à la précédence sur la Suède. GÜNTHER, I. 240.

g) GÜNTHER, I. 229. 238. MOSER's Versuch etc., I. 64. et ses Beyträge zu dem europ. Völkerrecht, I. 43.

h) MOSER's Beyträge, I. 41. v. OMPTEDA's Lit., §. 201. v. KAMPTZ neue Lit., §. 129.

§. 97.

Continuation.

La *Porte* a plusieurs fois assuré aux ambassadeurs de *France*, accrédités à Constantinople, le pas et la préséance sur les ambassadeurs d'Espagne et des autres rois *a*). Depuis elle a placé les envoyés de Russie du second ordre immédiatement après ceux de l'Empereur romain - germanique, si ces derniers sont aussi du second rang, sinon, le ministre de Russie devait suivre immédiatement, l'ambassadeur de Hollande et en son absence celui de Venise *b*). Les rois de la Confédération Germanique se rangent, dans l'acte de confédération *c*), de la manière suivante: *Bavière, Saxe d*), *Hanovre e*), *Wirtemberg.*

> *a*) Par des traités de 1604, art. 20 et 27, de 1673, art. 19, de 1740, art. 17 et 44. Schmauss Corp. jur. gent. I. 433. Wench codex jur. gent. I. 549. 558. Real, science du gouvernement, T. V, ch. 4, §. 3.
>
> *b*) Dans la paix de Kainardgi, de 1774, art. 5. De Martens recueil, IV. 615.
>
> *c*) Acte de confédération de 1815, art. 4, qui, ainsi que l'art. 8, contient en même tems une clause de réserve pour le rang hors de la diète.
>
> *d*) Voyez le journal, intitulé Der rheinische Bund, Heft III, S. 467.
>
> *e*) Discussion sur la précédence, entre les plénipotentiaires d'Hanovre et de Wirtemberg, au congrès de Vienne; voyez mes Acten des wiener Congr. Bd. II, S. 74 ff., et mon Uebersicht der diplomat. Verhandlungen des wiener Congresses, S. 505 f.

§. 98.

3) Du rang des souverains monarchiques, jouissants des honneurs royaux, et 4) de ceux qui n'en jouissent pas; ainsi que 5) des états mi - souverains.

1° Ceux des souverains monarchiques *qui jouissent des honneurs royaux,* sans être empereurs ni rois, cèdent partout le pas et la pré-séance à ces dignités *a*). Dans l'acte de la Con-fédération Germanique *b*), le rang des grand-ducs et de l'électeur de Hesse n'est pas encore définitivement déterminé, surtout hors la diète. 2° Les souverains monarchiques *sans honneurs royaux*, cèdent le pas à ceux jouissants de ces honneurs; le rang de ceux qui sont membres de la Confédération Germanique, doit être dé-finitivement réglé par la diète, mais seulement pour l'ordre dans lequel ils y doivent voter, sans par là porter préjudice à leur rang hors la diète *d*). 3° Les états *mi-souverains* ou dé-pendans sont ordinairement d'un rang inférieur à celui des états souverains *e*).

a) Moser's Grundsätze des Völkerrechts in Friedenszeiten, S. 45, et son Versuch des europ. Völkerrechts, I. 65. v. Kamptz neue Lit., §. 131 ff.

b) Acte de la confédération 4 et 8. Voyez mon Uebersicht der diplomat. Verhandlungen des wiener Congresses, S. 504 f.

c) Le journal, intitulé Der Rheinische Bund, Heft V, S. 295.

d) Acte de la Confédération Germanique, art. 4 et 8. Mon Oeffentliches Recht des teutschen Bundes, §. 115 et 122—124.

e) Moser's Versuch, I. 60. Günther's Völkerrecht, I. 214. 253. 255. — Les ci-devant Electeurs de l'Empire germa-nique prétendaient à une exception, vis-à-vis de quelques états jouissants d'une entière souveraineté, surtout des ré-publiques.

§. 99.

6) *Du rang des républiques.* 7) *Quelques cas particuliers.*

1° Les *républiques* cèdent ordinairement le pas et la préséance aux empereurs et rois actuels *a*);

mais vis-à-vis de la plupart des autres souverains monarques, leur rang n'est guères déterminé *b*). 2° Aux congrès de paix et autres, les *ministres des puissances médiatrices* ont d'ordinaire le rang sur ceux des puissances en contestation, même lorsqu' ils sont d'un ordre inférieur. 3° Lorsque des souverains se rendent *visite*, l'hôte cède ordinairement le pas à l'étranger, s'ils sont tous les deux du même rang *c*). Ceci s'observe communément aussi dans les visites des ministres publics *d*).

a) Günther's Völkerrecht, I. 207. 248. v. Martens Einleit. in das Völkerrecht, §. 131. — L'Angleterre sous Cromwell, se donnant le nom de *république*, prétendit au même rang, dont elle avait joui comme royaume. L'Autriche accorda tout récemment à la ci-devant *république française*, quant au rang et aux autres étiquettes, le même cérémonial que celui qui avait été observé avant la guerre; et à la *république cisalpine* celui qui avait été d'usage avec la république de Venise. Traité de paix de Campo-Formio 1797, art. 23. De Martens recueil, VII. 214. Ce qui fut confirmé dans le traité de paix de Lunéville 1801, art. 17. Les mêmes principes ont été suivis, par la ci-devant république française, dans plusieurs autres traités de paix, p. e. dans ceux de Bâle avec la Prusse et l'Espagne en 1795.

b) Sur leurs débats de rang avec les ci-devant électeurs de l'Empire Germanique, voyez de Martens Einleitung in das europ. Völkerrecht, §. 131. Günther, I. 256. — *Entr'elles*, les républiques observèrent naguères encore, l'ordre suivant: 1° Venise, 2° Provinces-Unies des Pays-Bas, 3° Confédération de la Suisse, etc. La république de Gènes prétendit à l'égalité avec celle de Venise, et au rang sur la Confédération Suisse.

c) Günther I. 277 f.

d) Sur le cérémonial *diplomatique*, voyez plus bas, §. 217 et suiv.

§. 100.

Ordre des places de rang.
1) *Dans les écrits.*

A l'égard des états parmi lesquels le rang est déterminé, l'usage a établi peu à peu un certain ordre des *places de rang* ou d'honneur. Cet ordre s'observe I) dans les *écrits*, et surtout dans les traités, si plusieurs états ou leurs représentans y sont nommés les uns après les autres. 1° Dans le *corps* de l'écrit, et principalement si c'est dans le préambule, celui qui est nommé le premier, a la première place, celui qui le suit immédiatement, la seconde, et ainsi de suite. 2° Les *signatures* sont ordinairement rangées dans deux colonnes *a*). Dans celle à droite (dans le sens du blason, c'est-à-dire dans celle qui est à gauche du lecteur), la place supérieure est la première de rang; la même place dans la colonne à gauche, vis-à-vis de la première, est la seconde; la place inférieure de la colonne droite est la troisième, celle de la gauche, la quatrième; et ainsi du reste.

a) La France contesta, dans le 17ᵉ siècle, aux Provinces-Unies des Pays-Bas le droit de signer sur une seconde colonne.

§. 101.

2) *En cas de rencontre personnel.*

II) Dans les *entrevues*, p. e. dans les visites, conférences, congrès, assemblées ou processions, il faut distinguer avant tout, 1° lorsqu' il s'agit de *s'asseoir*, la *place d'honneur* (*Oberstelle* ou *Ehrenplatz*), et après celle - ci la *préséance* (*Vorsitz*). A une table carrée ou ronde, occupée de tous côtés, les dernières places sont toujours celles qui sont opposées à la première; la première place est ordinairement choisie vis-à-vis de l'entrée de l'appartement. A compter de la première place, le rang descend en sautant toujours de la droite à la gauche *a*). 2° Si l'on est *assis* ou *debout*, la *main* ou *main d'honneur* (*Oberhand*) est à droite, c'est-à-dire, celui qui est plus distingué, s'assied, marche ou reste à la droite de celui qui l'est moins *b*); et celui qui, en montant l'escalier et en entrant dans l'appartement, devance d'un pas l'autre qui marche à sa gauche, a ce qu'on appelle par préférence le *pas c*) (*Vortritt*).

a) F. C. v. Moser's Hofrecht, II. 528 ff. Lünig, dans son Theatrum cerem. I. 161, 170, 171, 181 et 292, donne des estampes à ce sujet.

b) Quelquefois c'est *la gauche* qui marque la précédence, p. e. chez les Turcs, ainsi que chez les catholiques-romains *in sacris*. Voy. Protokoll des kurfürstl. WahlConvents zu Frankfurt im J. 1790, Bd. II (Frankf. 1791. 4.), S. 373. v. Martens Einl. in d. europ. Völkerrecht, §. 128, Note b.

c) v. Moser's Hofrecht, I. 278 f.

§. 102.

Continuation.

3° Il en est autrement dans l'ordre *linéal*, c'est-à-dire, lorsque plusieurs personnes marchent à la suite l'une de l'autre. Alors l'ordre des places de rang se détermine de différentes manières. Tantôt la personne qui est devant, a la première place; celle qui est derrière elle, en a la seconde, et ainsi de suite *a*). Tantôt la place de derrière est réputée la première, et celle qui la précède, la seconde *b*), etc. Tantôt enfin l'ordre des places diffère d'après le nombre des personnes qui vont à la file; p. e. lorsqu'elles sont *deux*, la place de devant est la première; étant *trois*, la place du milieu est la première, celle de devant est la seconde, celle de derrière est la troisième; s'il y a *quatre* personnes, la place de devant est la quatrième, celle qui suit est la seconde, celle qui suit celle-ci est la première, et celle de derrière est la troisième; lorsque les personnes sont au nombre de *cinq*, la place du milieu est la première, celle devant celle-ci est la seconde, celle derrière la place du milieu est la troisième, celle de devant est la quatrième, et celle de derrière est la cinquième; il en est de même, suivant ces règles, s'il y a *six* personnes au plus.

a) Conférez Pütteri institutiones juris publ. germ. §. 89. not. b.
b) Wahl- und KrönungsDiarium Kaiser Leopolds II. (Frankf. a. M. 1791. fol.). S. 278. Protokoll des kurfürstl. WahlConvents zu Frankfurt 1790, Bd. II, S. 599, 401, 454 f. 448.

§. 103.

F   i   n.

4° Enfin, dans l'ordre *latéral a*), si plusieurs personnes sont placées en ligne droite, l'une à côté de l'autre, il faut observer les distinctions suivantes. Tantôt la place à l'extrémité, soit à droite soit à gauche, est réputée la première; alors celle qui suit immédiatement, est la seconde *b*), et ainsi de suite. Tantôt on considère le nombre des personnes, dont le rang exige différentes places. Si elles sont *deux*, la place sur la droite est la première; entre *trois* personnes, celle qui est la plus distinguée, occupe la place du milieu, à la seconde personne en rang appartient celle à droite, et à la troisième celle à gauche; s'il y a *quatre* personnes, la place à l'extrémité de la droite est la seconde, celle qui suit, est la première, celle à l'extrémité de la gauche est la quatrième, et la place à côté de celle-ci est la troisième; entre *cinq* personnes, la plus distinguée occupe la place du milieu, à sa droite est la seconde, à sa gauche la troisième, à l'extrémité de la droite est la quatrième, et la dernière à gauche est la cinquième place; de la même manière, en comptant toujours de la place du milieu ou place d'honneur, alternent les places, lorsqu'on veut ranger *six* personnes ou davantage *c*).

a) Des différentes espèces de l'ordre latéral, dans le ci-devant collège électoral de l'Empire germanique, soit en présence de l'Empereur soit en son absence, voyez Pütter l. c. §. 89. nota c. Moser's teutsches Staatsr., Th. XXXIII, S. 274 ff. 280 ff.

b) Wahl- und Krönungs-Diarium Kaiser Leopolds II, Schema zu S. 122, représentant la table des ministres votans.

c) Voyez dans le livre cité, même page, l'ordre de rang sur l'estrade. Voy. aussi Moser's teutsch. Staatsrecht, Th. XXXIII, S. 274.

§. 104.

Expédients en cas d'égalité ou de contestation de rang.

Lorsque le rang entre des états est égal, ou contesté, et qu'on ne peut éviter les occasions où il s'agit du rang, on a recours à plusieurs *expédients*, qui laissent en suspens les droits et prétentions des intéressés.　En voici quelques-uns. 1° Les intéressés déclarent, que *chaque place* doit être considérée comme *la première*, et que la précédence momentanée ne portera point de *préjudice* à leurs droits et prétentions réciproques.　2° On convient d'une certaine *alternative*, soit toute simple et regulière, c'est-à-dire de manière à ce que d'époque à époque le rang et les places sont changés, soit telle que l'âge des souverains, quelquefois aussi la durée de leur règne, ou que le sort *a*) en décide, que le même état occupe à la fois un rang différent dans les différentes parties et espèces de cérémonial.　Dans les *traités* publics, il est d'usage entre les grandes puissances, et aussi entre celles de moindre grandeur, d'*alterner*, tant au préambule que dans les signatures, de sorte que chacune d'entr'elles occupe, dans l'exemplaire qui lui est destiné, et qui est expédie dans sa chancellerie, la première place *b*);　on appelle cet usage l'*A l t e r n a t.*　Cependant on ne manque pas d'exemples, où cette manière d'alterner, ou son refus, ont donné lieu à des déclarations, soit pour satisfaire et tranquilliser, soit pour réserver.

protester ou contredire *c*). Encore est-il arrivé, que chacune des parties contractantes a délivré à l'autre un exemplaire du traité qui n'était signé que par elle seule *d*).

a) Le sort fut employé par les rois de Danemarck et de Pologne, lors de leur entrevue à Berlin en 1709. Lünig, theatr. cerem. I. 211. Voyez aussi l'instruction pour les ministres d'Espagne envoyés à Munster en 1643, dans Gärtner's westphäl. FriedensCanzley, Th. II, S. 299.

b) Sur le procédé dans les quatre exemplaires de la paix d'Aix-la-Chapelle, en 1748, voyez Günther's Völkerrecht, I. 275. Moser's Versuch, X. 2, 574 ff. Sur la quadruple-alliance de Londres de 1718, dont douze exemplaires furent expédiés, voyez Schmauss corp. jur. gent. I. 1743 ff. Déjà en 1546, la France et l'Angleterre établirent entr' elles l'alternative. Rousset p. 66. Chaque exemplaire des préliminaires de la paix d'Utrecht, ne fut signé que par l'une des parties contractantes, l'autre lui donna en échange son approbation par écrit. Günther, I. 275.

c) Voyez des exemples du Portugal en 1763, de la Sardaigne en 1748, de la Porte en 1699, de la France, de la Hongrie et de la Bohême, dans Günther's Völkerrecht, I. 229. 254. 258. 247 f. 274 f. Moser's Versuch des europ. Völkerrechts, VIII. 74.

d) Le congrès d'Utrecht en 1713, et celui d'Aix-la-Chapelle en 1748, en fournissent des exemples. Günther, I. 275.

§. 105.

Continuation.

3° On garde l'*incognito*, en s'attribuant un titre inférieur *a*). 4° On choisit certaines *formalités* qui laissent le rang en *suspens b*). 5° L'on convient d'une *uniformité c*), ou 6° d'une *suspension d*) du cérémonial, à l'égard de tous les intéressés. 7° On *cède* aux prétentions de l'autre partie.

partie, mais en se réservant ses droits, ou en se faisant donner des lettres *réversales.* 8° Par rapport aux *ministres publics*, il y a encore différens autres expédients *e*), p. e. a) l'on envoie un ministre d'un ordre différent de celui, dont est le ministre avec lequel on est en contestation pour le rang; b) on évite de paraître, ou l'on paraît alternativement, dans les occasions où le rang vient en considération *f*); c) l'un et l'autre font leur entrée publique en même tems, mais de différens côtés, et ils viennent à l'audience du souverain en différens jours; d) on négocie par écrit, pour éviter des entrevues formelles; e) le rang est réglé d'après le tems de l'arrivée de chacun dans le lieu, ou d'après le tems de son entrée dans la salle de conférence, à chaque séance *g*).

a) Günther, I. 277. II. 221, Note f. Moser's Versuch des europ. Völkerr., VI. 44. F. C. v. Moser's Hofrecht, I. 265—275. Conférez ci-après §. 156, note *b*, et §. 115.

b) À cet effet il fut imaginé de tirer une ligne au milieu de la salle etc., lors de l'entrevue des rois de France et d'Espagne, en 1660. dans l'isle de conférence (dite aussi isle des faisans, isle Caritte, isle de l'hôpital, dans la rivière de Bidassoa). Lünig, theatr. cerem. I. 199 f. 842. 845. Stieve's Hof-Ceremoniel, S. 410 ff. — Par la même raison, le roi de Hongrie (puis empereur) Léopold et l'électeur de Mayence (en 1658), ainsi que l'archiduc Joseph, ensuite empereur, et l'électeur de Bavière (en 1690), dans leurs entrevues à Francfort, évitèrent de s'asseoir, en se promenant dans la salle. Spener's teutsches jus publ., Th. VII, S. 13.

c) Voyez des exemples dans Günther's Völkerrecht, I. 247, et dans les écrits des congrès pour la paix des Pyrénées, et pour celle de Ryswik.

11

d) P. e. on s'assied à une table ronde, comme aux congrès
d'Utrecht, de Cambrai, de Soissons, d'Aix - la - Chapelle.
Real, T. V. p. 980 et suiv. (de la traduction allemande).
L'on s'assemble en plein champ, ou à l'occasion d'une partie
de campagne. Günther, I. 277.

e) Günther, I. 272 ff.

f) Voyez mon exposition d'un débat de rang mémorable, dans
Posselt's wissenschaftlichem Magazin, Bd. II, St. 1.

g) Comme aux congrès de Carlowitz en 1698, et de Nimirow
en 1737. Real, T. V. S. 978 f. Lünig's theatr. cerem.,
T. I. p. 957.

§. 106.

Continuation.

9° Au congrès de Vienne, en 1815, les plénipotentiaires de l'Autriche, de la Russie, de la
France, de l'Espagne, de la Grande-Bretagne, de
la Suède, du Danemarck, et de la Prusse, s'aban-
donnèrent plusieurs fois, quant à l'ordre des signatures dans les traités, actes et procès-verbaux, au hasard que l'*alphabet français* assigne à leurs pays *a*).
10° Dans le réglement fait au même congrès, sur
le rang entre les agens diplomatiques *b*), il est
stipulé que dans les actes ou traités entre *plusieurs* (plus de deux) puissances qui admettent
l'*alternat* (§. 104), le *sort* décidera de l'ordre
qui devra etre suivi dans les signatures des ministres. Cependant cette stipulation ne déroge point
à l'ancien usage, que chacune des puissances contractantes s'attribue à elle-même la première place,
dans les exemplaires d'un traité expédiés dans sa
propre chancellerie *c*) (§. 103). Seulement pour

les signatures des *autres*, dans ces mêmes exemplaires, lorsqu'il y a plus de deux contractans,
ainsi que, dans le cas où il n'y a qu'un seul do-
cument (*documentum unicum*) d'expédié
par plusieurs parties, le *sort* doit décider de l'ordre à observer dans les signatures *d*).

a) Conférez mon Uebersicht der diplomatischen Verhandlungen
des wiener Congresses, S. 164 ff.

b) Art. 7; dans mes Acten des wiener Congresses, Bd. VI,
S. 206.

c) Il en a été ainsi dans les ratifications de l'Acte final du
congrès de Vienne. Voyez mes Acten des wiener Congresses,
Bd. VI, S. 216, note *.

d) Voir mon Uebersicht etc., S. 166 f.

§. 107.

III) *Titres.*

Vu l'égalité naturelle des états souverains, le
titre ou la *dignité*, qu'un état s'attribue ou dont
il revêtit son souverain, ne peuvent fonder, par
eux - mêmes, aucune prérogative sur les autres
états ou sur leurs souverains. Il ne peut pas même, bienqu' absolument maître du choix de ces
titres, exiger que les autres états les reconnaissent *a*). Mais il se peut, qu'une limitation de la
liberté de ce choix, ou un droit de cette sorte,
soient établis par des traités. Voilà pourquoi les
souverains, lorsqu'ils prennent un titre supérieur
à celui dont ils avaient été qualifiés jusques là,
s'empressent, sinon auparavant *b*), du moins immédiatement après *c*), d'en obtenir la reconnais-

sance de la part des autres puissances.   Quelquefois cette reconnaissance n'est accordée que sous condition, qu'il ne s'ensuive aucune précédence quelconque *d*).   Aussi convient-on quelquefois de ce que l'usage ou le non‑usage de certains titres, ne puisse être d'aucun préjudice *e*).

a) Déclaration, faite à cet égard par la France le 28 janvier 1763, dans Faber's neuer europ. Staats‑Canzley, Th. X, S. 3 f.

b) Traité de couronne, conclu par la Prusse avec l'empereur Léopold Ier, en 1700.   Rousset, supplément au corps diplomatique, T. II, P. I, p. 463.   Moser's Staatsrecht, Th. IV, S. 108.   Pfeffinger Vitriar. illustr., T. I. p. 424. sq. Sur le mérite mémorable que le père Wolf, jésuite, avait acquis dans cette négociation, voyez ma *Kryptographik*, S. 23 — 26.

c) La royauté de la Prusse ne fut pas reconnue par le *Pape*, jusqu'au règne du roi Frédéric-Guillaume II en 1786.   Voy. la dissertation du comte de Hertzberg, dans la Berliner Monatschrift, August 1786, S. 101 ff.   Conférez le même journal de 1787, März, S. 299.   De plus, elle ne fut pas reconnue, jusqu'en 1792, par l'Ordre teutonique.   Moser von Teutschland überhaupt, S. 111 — 133.   Protokoll des kurfürstlichen Wahltags v. 1790, I. 347. 359. II. 307; et celui de 1792, S. 60 f. — Dans l'Acte final du congrès de Vienne, furent reconnus ou arrêtés les titres suivans: czar, roi de Pologne pour la Russie (art. 1); roi d'Hanovre (art. 26); roi des Pays-Bas (art. 65); grand-duc de Luxembourg (art. 67), de Posen et du Bas-Rhin (art. 2 et 25), d'Oldenbourg (jusqu'ici pas encore en usage), Mecklenbourg‑Schwerin, Mecklenbourg-Strélitz, Saxe-Weimar (art. 34—36); électeur de Hesse (tacitement reconnu dans les art. 41, 56 et 58, et dans l'introduction de l'Acte fédératif d'Allemagne); villes libres (art. 6, 53, 56 et 58); quelques titres pour la Prusse (art. 16).   Voyez mon Uebersicht der diplomatischen Verhandlungen des wiener Congresses, S. 160 ff., et mon Oeffentliches Recht des teutschen Bundes, §. 109.

d) La France et l'Espagne, lorsqu'elles reconnurent le titre impérial de Russie, avaient pris la précaution de se faire donner des lettres réversales. L'impératrice Cathérine II ayant refusé en 1762, de leur en donner, elles firent leur protestation, en déclarant, qu'elles cesseraient d'accorder le titre impérial, dès que la Russie introduirait des nouveautés dans le cérémonial. De MARTENS recueil, I. 30 ff. REAL, T. V. ch. 4. Sect. I.

e) Voyez un exemple dans la paix d'Aix-la-Chapelle de 1748, art. sép. 1. WENCK cod. jur. gent. II. 366. De même dans un art. séparé du traité conclu à Teschen, en 1779, entre l'électeur palatin et celui de Saxe. De MARTENS recueil, II. 19.

§. 108.

Titre impérial.

De tout tems, le titre d'*Empereur* a été regardé comme le plus éminent de tous; cependant les rois ne le respectent plus, pour lui seul, comme une raison suffisante pour prétendre à une prérogative quelconque *a*). Ce titre (*Imperator, Caesar*) a été porté le premier par les anciens empereurs romains, puis par ceux de Bysance ou Constantinople, et par les empereurs romains-germaniques. Le sultan des Turcs s'est également attribué le titre de *Padischah* ou Empereur *b*). Dans le tems moderne, ce sont les souverains de la Russie *c*), en 1721, de la France *d*), en 1804, et de l'Autriche *e*), en 1804, qui ont pris le titre impérial. Aussi quelques rois, encore récemment, s'en sont-ils prévalus à certaines occasions *f*).

a) M. C. CURTIUS de Senatu romano (Hal. 1762. 8.), c. 1. 2. et 3. MASCOV princ. juris publ. imperii rom. germ., p. 165. sq. (B. G. STRUV's) Untersuchung von dem kayserl. Titul und Würde. Cöln 1725. 8. GÜNTHER, I. 210. 212. e. MOSER's auswärtiges Staatsrecht, S. 17. v. OMPTEDA's Lit., §. 210. v. KAMPTZ neue Lit., §. 139.

b) L'empereur Rodolphe II et le sultan Achmet Ier convinrent, en 1606, de se donner ce titre réciproquement. Dans le traité de paix de Belgrade de 1739, art. 21, la Porte a manifesté le désir de distinguer particulièrement la dignité impériale. Conférez LÜNIG's Canzley-Ceremoniel, S. 61. MOSER's teutsches Staatsrecht, III. 22., et son Versuch des europ. Völkerr. I. 52. ROUSSET, mémoires sur le rang etc., ch. 2. et 7. De MARTENS recueil, Supplém. V. 160.

c) En Russie le titre de Czar fut changé en celui d'Empereur, depuis 1721. MOSER's teutsches Staatsrecht, III. 22 ff. LÜNIG's Canzley-Ceremoniel, S. 39. v. OMPTEDA's Literatur, II. 508. Sur l'histoire de la reconnaissance de ce titre par les différentes puissances de l'Europe, comparez les renvois dans de MARTENS précis du droit des gens, §. 128, note b. Encore dans la paix de Kainardgi, en 1774, art. 13, la Porte promit d'employer, en langue turque, le titre sacré d'Impératrice de toutes les Russies, dans tous les actes et lettres publiques et autres cas échéans. De MARTENS recueil, IV. 621. Sur le titre d'*Autocrator*, voyez MOSER's Nebenstunden, S. 285.

d) Sur les rapports politiques de l'Europe relativement à la dignité impériale de la France durant le règne de Napoléon, voyez Politisches Journal, 1804, I. 623 ff. Nic. VOIGT's StaatsRelationen, Bd. II, S. 3 ff. POSSELT's europ. Annalen, 1804, VI. 302—314. VIII. 97—143. IX. 205—223. X. 143. 162. E. K. WIELAND über die Einführung der erblichen Kaiserwürde in Frankreich. Berlin 1805. 8. — Ce titre cessa en France avec le règne de Napoléon.

e) Politisches Journal, 1804, Sept., S. 869. Nic. VOIGT's StaatsRelationen, Bd. II, S. 213 ff.

f) Dissertation sur les Rois qui se qualifient Empereurs; dans l'Echantillon d'essais sur divers sujets intéressans (publié par M. de STECK, à Halle 1789. 8.), n° 1. Eob. TOTZE's kleine Schriften (1791. 8.), Num. 7. MOSER's belgrad. Friedensschluß (1740. 4.), Anhang, S. 109. Quelques-uns des rois d'*Angleterre* se sont quelquefois attribués, dans des actes destinés pour l'intérieur, le titre d'Empereur, p. e. en 1603, 1604, 1727; et jusqu'à ce jour, dans tous les actes publics

en Angleterre, la couronne est qualifiée d'*imperial crown.*
v. Martens Einleit. in das Völkerrecht, §. 124, Note c. —
Sur l'*Espagne*, voyez ibid. — Les rois de *France* se donnèrent le titre d'Empereur dans leurs négociations avec la
Porte et avec les états d'Afrique. La Porte s'engagea même,
dans le traité de 1740, art. 44, à leur attribuer ce titre
constamment. Wenck codex juris gent. I. 558.

§. 109.

Titres de Roi, de Majesté et de Hautesse.   Rois-titulaires.
Grand-Ducs et Electeur.

Après le titre d'Empereur, celui de *Roi* est
généralement envisagé comme le plus éminent.
La dignité royale fut autrefois conférée par les
anciens empereurs romains, et après eux par les
empereurs bysantins et romains-germaniques *a*),
ainsi que par le Pape *b*). Cependant déjà dans
le moyen âge *c*), et particulièrement dans le
tems moderne, plusieurs princes souverains s'at-
tribuèrent, de leur chef, le titre de roi, et se
couronnèrent eux-mêmes *d*). Le titre de *Majesté*
est, pour la plupart, accordé en même tems qu'une
puissance reconnaît le titre impérial ou royal d'un
souverain. Ce titre de Majesté se donnait autrefois exclusivement aux Empereurs; mais depuis
la fin du 15e siècle les Rois l'ont aussi obtenu
successivement, non-seulement de la part des
souverains inférieurs, mais aussi des empereurs
et rois *e*). Quant à l'Empereur turc, la plupart
d'entr'eux ne lui donne que le titre de *Hautesse f*)
(*Hoheit*). Les *Ex-rois* sont appelés Rois et
Majestés par les souverains amis, mais ordinai-

rement dans la qualité seulement de *Rois-titulai-res g)*. Mais aux *Grand-ducs* et à l'*Electeur* de Hesse (§. 29), quoique jouissants d'honneurs royaux (§. 91), le titre de Majesté ne se donne pas (§. 110); ils se qualifient d'*Altesse Royale (Königliche Hoheit)*.

a) J. P. de Ludewig diss. de jure reges appellandi. Hal. 1701, et dans ses Opusc. misc. T. I. p. 47. sqq. *Idem* de auspicio regum ad solennia gentium jura revocato; ibid. p. 121. sqq. C. W. Küstner diss. de modo reges appellandi apud Romanos. Lips. 1744. 4. de Selchow elem. juris publ. germ. T. I. §. 354. not. 3. Moser von kaiserl. Regierungsrechten, S. 418 — 448. Real, science du gouvernement, T. V. p. 842, v. Ompteda's Lit., §. 209. v. Kamptz neue Lit., §. 140.

b) J. P. de Ludewig l. c. cap. 4. *Ejusd.* neniae pontificis de jure reges appellandi; dans ses Opusc. misc. I. 129. sqq. Real l. c. V. 837.

c) De Ludewig de jure reges appellandi, cap. 3.

d) Real, T. V. ch. 4. Sect. 6. Ludewig diss. cit. c. 6. v. Ompteda's Lit. II. 507.

e) F. C. v. Moser von dem Titel Majestät; dans ses kleinen Schriften, VI. 20 — 167. Moser's Versuch des europ. Völkerrechts, I. 234. et ses Beyträge zu dem europ. Völkerr., I. 378. L'ambassadeur, par Wicquefort, p. 347. Real, T. V. ch. IV. Sect. 1. v. Martens Einleit. in d. europ. Völkerr., §. 174, Note g. — L'empereur Léopold I.ᵉʳ refusa d'accorder ce titre aux czars de Russie. Mascov princ. jur. publ. imp. rom. germ., p. 174.

f) Rousset, cérémonial dipl. II. 742.

g) Voici des exemples: Christine de Suède 1654 — 1689, le Prétendant d'Angleterre 1683 — 1766, Auguste I.ᵉʳ de Pologne, 1706 — 1709, Stanislas Lesczinski de Pologne 1709 — 1766, (le Prétendant à la couronne de France, depuis 1793 — 1814) Charles-Louis d'Étrurie depuis 1807 (appelé l'Infant Don Charles-Louis, dans le traité de Paris du 10 juin 1817), Charles IV d'Espagne depuis 1808, Gustave IV de Suède depuis 1809, Louis de Hollande depuis 1810. Sur ce dernier, voyez mes Acten des wiener Congresses, Bd. VI, S. 227. La ci-devant Reine d'Étrurie, est appelée S. M. l'Infante Marie-

Louise, dans l'Acte final du congrès de Vienne, art. 101. Quant aux titres de Napoléon Buonaparte, de son épouse, et de sa famille, voyez le traité conclu à Paris le 11 avril 1814, dans mes Acten des wiener Congresses, Bd. VI. p. 225, et de MARTENS recueil, Supplém. V. 695. — Les ci-devant électeurs de l'Empire germanique, ne voulurent accorder la précédence à aucun roi-titulaire. MOSER's auswärtiges Staatsrecht, S. 217.

§. 110.

Des titres Altesse, frère, etc., et des titres de parenté, des Républiques, du Pape, de la Porte, du Grand-maître de l'ordre de Malte, etc.

Le titre d'*Altesse impériale* (*Kaiserliche Hoheit*), appartient exclusivement aux princes et princesses de sang impérial *a*); celui d'*Altesse royale* (*Königliche Hoheit*) aux princes et princesses de sang royal, et aux grand-ducs *b*). Le seul prince qui a conservé le titre d'Electeur, celui de Hesse, l'a également adopté. Le titre d'*Altesse* (*Hoheit*) se donne aujourd'hui aux princes et princesses descendans des grand-ducs et de l'électeur de Hesse, ainsi qu'à quelques-uns *c*) des princes et princesses issus d'une maison aujourd'hui royale, mais, non descendans eux-mêmes d'un roi *d*). *Altesses Sérénissimes* (*Durchlaucht*), sont les ducs et princes souverains. Les *républiques e*) ne reçoivent aucune de ces distinctions, et dans les lettres qui leur sont adressées elles sont appelées *vous* (*Sie*, en latin *Vos*) tout simplement. Toutes les têtes couronnées s'honorent réciproquement du titre de *frère* (p. e. mon frère, notre ou votre bon frère), et elles accordent le même titre aux grand-ducs *f*).

Dans leurs lettres, les souverains ont l'usage de se qualifier les uns les autres d'*ami*, d'*allié*, de *voisin* (*Freund, Alliirter, Nachbar*), et de divers titres de *parenté*, p. e. de père, mère, frère, sœur, oncle, tante, neveu, cousin, beau-frère, et en langue allemande, en outre, de celui de parrain ou de marraine (*Gevatter* ou *Gevatterin*), et de votre *Dilection* (*Euer Liebden*) *g*). Le Pape reçoit, du moins des souverains catholiques, les titres de *Très-saint Père* (*Sanctissime pater*) et de *votre Sainteté* (*vestra Sanctitas*). La Porte est appellée la *sublime Porte h*) (*la fulgida Porta*). Le *Grand-maître* de l'ordre de St. Jean de Jérusalem, fut traité ordinairement, par d'autres souverains, du titre d'*Altesse Éminentissime*, par ses sujets de celui d'*Éminence Sérénissime*, par les chevaliers de Malte de celui d'*Éminence*.

a) Ordonnance de l'Empereur d'Autriche, du déc. 1806.

b) Mon öffentliches Recht des teutschen Bundes, §. 110.

c) Dans la maison royale de Saxe, *tous* les princes et princesses ont le titre d'*Altesse royale* (*Königliche Hoheit*). Dans la maison royale de Wirtemberg, les frères du premier roi sont traités d'*Altesse* (*Hoheit*). Voyez mon öffentliches Recht allégue, §. 110, note f.

d) En Wirtemberg, ceux des princes de la maison royale, qui ne sont ni descendans ni frères du premier roi, ne sont qualifiés que du titre *Durchlaucht* (Altesse sérénissime). — Sur les titres *Altesse*, *Altesse Sérénissime*, *Celsitudo* etc., voyez F. C. v. Moser's kleine Schriften, VII. 167 — 348.

e) En Hollande les ci-devant Etats-généraux furent traités du titre de *Vos hautes Puissances* (*Ihre Hochmögenden*).

Sur le titre que reçoit des autres états la Confédération de la Suisse, voyez Rousset, cérémonial diplomatique, II. 818. Real, T. V. ch. 4. Sect. 1. p. 910 et suiv. (de la traduction allemande). Moser's Versuch des europ. Völkerrechts, §. 240 f. Sur les autres titres des républiques, voyez L'ambassadeur, par Wicquefort, p. 247.

f) Jac. Aug. Franckenstein de titulo fratris. Erf. Diss. I. 1715. Diss. II. 1716. 4. J. J. Moser's Progr. von dem Bruder-Titul unter grossen Herren, besonders den gekrönten Häuptern. Frankf. 1757; et dans ses Opusc. acad. p. 413. sq. M. C. Curtius von dem Bruder-Titel der Könige und Fürsten; dans ses historischen und polit. Abhandlungen (1783. 8.), S. 104—127. Mon traité intitulé: Über Einführung, Rang, Erzämter, Titel, Wappenzeichen und Wartschilde der neuen Kurfürsten (Erlang. 1805. 8.), §. 28 u. 46.

g) F. C. v. Moser von dem Titel: *Vater, Mutter* und *Sohn*; dans ses kleinen Schriften, I. 366 ff. — Le même, von den *Gevatterschaften* grosser Herren; dans le même livre I. 291 ff. — Le même, vom Titel: *Gnaden*; ibid. VI. 20 ff. — Le même, de titulo *Domini*. Lips. 1751. 4.

h) Moser's Beyträge zu dem europ. Völkerrecht, I. 379.

§. 111.

Titres: par la grâce de Dieu, et Nous. Titres religieux. Titres de pays, de famille, de prétention, de possession, etc. Titres des successeurs présomptifs au trône.

Tous les souverains monarques, dans leurs lettres patentes et lettres de conseil ou de chancellerie, se donnent le titre *par la grâce de Dieu a*) (*Dei Gratia, von Gottes Gnaden*). Il en est de même du titre *Nous* (*Nos, Wir*), lequel employent aussi, en langue française, les ministres publics et les généraux commandans, dans les ordres passeports, arrêtés et autres actes publics expédiés sous leur nom *b*). — Il est des têtes couronnées, qui jouissent, quelques-unes en vertu d'un ancien usage, les autres par une concession du Pape, de certains *titres religieux c)* reconnus par les autres souverains. C'est ainsi que sont appelés, le roi de France Roi *très-chrétien (rex christianissimus)*, le roi d'Espagne, depuis 1496, Roi *catholique (rex catholicus)* et *Majesté catholique*, celui de Portugal, depuis 1748, Roi *très-fidèle (rex fidelissimus, allergläubigster)*, celui de Hongrie, depuis 1758, Roi *apostolique (rex apostolicus)*; cependant ils ne se servent jamais eux-mêmes de ces titres. Le titre de *défenseur de la foi (defensor fidei)* se trouve, depuis 1521, dans le grand titre d'état dont le roi de la Grande-Bretagne se sert dans ses actes publics. — L'Empereur romain-germanique se nomma jadis *Semper augustus*, ce qui fut mal traduit, en allemand, par *allzeit Mehrer des Reichs d)*. — Il est des souverains, qui, outre leurs *titres* de *famille* et ceux de leurs *pays*, prennent encore certains titres de *prétention*, et quelquefois même de *possessions* qu'ils n'ont plus, et auxquelles ils ne font plus aucune prétention (titres de mémoire) *e)*; ceci occasionne souvent des déclarations de contradiction et de réservation. Dans quelques états enfin, il y a des titres particuliers attachés à la qualité de *successeur présomptif* au trône, ou de prince héréditaire *f)*.

a) Voy. Huch's Literatur der Diplomatik, S. 383 ff. Ma **neue** Literatur des teutsch. Staatsr. , §. 995.

b) Mon livre allégué, au même endroit.

c) Moser's Versuch des europ. Völkerr., I. 269 — 278. — Par rapport au titre du roi France, voyez Moser's vermischte Abhandlungen aus dem europ. Völkerrecht, n° 2, et une dissertation de M. Kierulf, dans Det skandinaviske Litteraturselskabs Skrifter; femte Aargang 1809, Haefte 2 (à Copenhague 1809, in-8°).

d) Mon livre allégué, p. 152. — Les bulles, par lesquelles le Pape conféra ces titres aux rois de Portugal (1748) et de Hongrie (1758), sont imprimées dans Wenck cod. juris gent. II. 452. III. 184.

e) Voyez des exemples dans la Science du gouvernement par Real, T. V. ch. 4. sect. 4, vers la fin.

f) Tels que les titres de Prince de Wales, du Brésil, des Asturies, etc. Günther's Völkerrecht, II. 487.

§. 112.

IV) *Style diplomatique.*

Dans le *style diplomatique a*) (*diplomatischer Canzlei Styl*), l'usage a sanctionné des règles relatives aux rapports de titre et de rang existants entre les états souverains. Ces règles sont rarement négligées, sans que de l'autre part la négligence, non d'abord ou pas suffisamment excusée, ne soit relevée, du moins comme faute de chancellerie *b*). Elles sont plus ou moins mises en usage *c*), dans tous les écrits et actes diplomatiques, dans ceux qui ne sont destinés qu'aux puissances ou personnes y immédiatement intéressées — savoir dans les lettres proprement dites *d*), nommément dans les lettres de conseil ou de chancellerie, lettres de cabinet, et celles de main propre *e*), et dans les écrits de forme autre que celle de lettres, tels que les *Pro Memoria f*), mémoires, notes, notes verbales, notes circulaires, mémoriaux, rapports, rescrits, décrets, signatures, résolutions, instructions, pouvoirs, protestations, etc. —, tout aussi bien que dans ceux qui, par leur forme, sont régulièrement destinés en même tems pour le public, comme les traités publics, déductions, exposés des motifs, mémoires raisonnés, manifestes, lettres patentes, passe-ports, sauvegardes, et autres actes publics de ce genre.

a) Sur le style diplomatique voyez Rousset et Lünig, dans leurs livres allégués plus haut, §. 89. C. A. Beck's Staats praxis oder Canzleiübung aus der Politik, dem Staats- und Völkerrechte. Wien 1754. 8. Zweite Aufl. 1778. 8. J. S. Sneedorf essai d'un traité du stile des cours. Goett. 1751. 8. Revu et corrigé par de Colom du Clos. ibid. 1776. 8. F. C. v. Moser's Staatsgrammatik. Frankf. 1749. 8. J. J. Moser's Einleit. zu den Canzleigeschäften. Hanau 1750., 8. J. St. Pütter's Anleitung zur jurist. Praxi. Th. I. II. Gött. 1753. 1765. 1780. 1789. 1802. 8. C. G. Ahnert's Lehrbegriff der Wissenschaften, Erfordernisse u. Rechte der Gesandten, T. II (Dresden 1784. 8.) H. Bensens Versuch einer systemat. Entwickel. der Lehre von den Staatsgeschäften. Bd. I. II. Erlangen 1800. 1802. 8. J. C. Adelung von dem Canzlei- u. CurialStyl; dans son ouvrage intitulé: über den teutschen Styl, Th. II, Abschn. 2. Cap. 1, S. 67 ff. Bischof's Lehrbuch des teutschen Canzleystyls, I. 581. Neues vollständiges französisches und teutsches Titulatur-Buch. Leipz. 1780. 8. Neues teutsches Titulatur-Buch. Mit Einleit. v. G. C. Claudius. 2. umgearb. Aufl. Leipz. 1811. 8. Le Secrétaire de la cour impériale de France, ou Modèles etc. à Paris. 1810. 12. Du style diplomatique traite aussi la seconde section de F. X. v. Moshamm's europ. Gesandschaftsrecht. Landshut 1805. 8.

b) La faute est relevée, par exemple, dans une lettre expresse écrite à cette fin, dans un post-scriptum, dans une note de chancellerie, par une protestation, au moyen d'un refus ou retardement de réponse, ou bien en réciproquant la faute, en renvoyant la lettre, etc. Voyez F. C. Moser von Ahndung fehlerhafter Schreiben. Frankf. 1750. 8. *Idem* von Canzleyfehlern; dans ses Kleine Schriften, V. 229. J. J. Moser von Schreib - und Druckfehlern; dans ses Rechtsmaterien, Th. I, Num. 5. F. C. v. Moser über das Prädicat „*allerhöchst*"; dans ses Histor. u. jurist. Schriften, Th. I, S. 434.

c) Voyez v. Martens Einleit. in das europ. Völkerrecht, §. 174 — 181.

d) Sur les lettres, voyez Rousset, Beck et Sneedorf, dans les livres allégués, Pütter's jurist. Praxis, I. 37. 50. 53. 54. II. 87. v. Martens Einleitung, §. 174 — 176. On en trouve des exemples, dans le Recueil des déductions, manifestes, déclarations, traités etc., publié par le comte de Hertzberg. à Berlin 1788 — 1795. T. I — III. 8.

e) Sur celles-ci voyez F. C. v. Moser's kleine Schriften, I. 75. Correspondance entre les souverains de l'Autriche et de la Prusse, en 1778, dans les Oeuvres posthumes de Frédéric II, Tom. III (à Hambourg 1790. 8.), p. 565 — 407.

f) Sur l'usage des *Pro Memoria*, voyez Moser's Rechtsmaterien, VIII. 668 ff.

§. 113.

De la langue, dont se servent les états.

Le droit d'égalité des nations, s'étend aussi sur la *langue* qu'emploient leurs gouvernemens, dans leurs relations diplomatiques *a*). Il n'y a pas de doute que chaque état souverain ne soit en droit de se servir exclusivement, et de demander qu'on se serve avec lui d'une langue quelconque, soit de celle de *son* pays soit d'une langue *étrangère*, s'il se trouve, de vive voix *b*) ou par écrit, en relation avec un autre état.

Lorsque plusieurs gouvernemens ont des idiomes différens, et qu'ils ne peuvent s'accorder à l'effet de l'usage d'une même langue, chacun d'entr'eux se sert, dans ses expéditions, de sa propre langue ou d'une autre quelconque, en ajoutant ou non une traduction dans la langue de l'autre gouvernement ou dans une tierce langue, p. e. en latin *c*). On rédige alors *plusieurs originaux* des traités dans différentes langues *d*).

a) Voy. les écrits, sur le droit des souverains en matière de langue, énoncés dans Pütter's Literatur des teutschen Staatsrechts, Th. III, S. 205, dans ma Neue Literatur des t. Staatsr., S. 219, et dans Huch's Literatur der Diplomatik, S. 29 u. 576. Strube's Nebenstunden, VI. 416. Jargow von den Regalien, S. 266. Moser's Versuch des europ. Völkerr., III. 128. 250. IV. 57. VIII. 262. X. Bd. 2, S. 245. 568. Du même, Beyträge zu dem europ. Völkerr., II. 451. F. C. v. Moser von den europäischen Hof- und Staatssprachen. Frankf. 1750. 8. Real, science du gouvernement, T. V, ch. 5, Sect. 1, p. 698 de la traduction allemande. — Si plusieurs langues ont cours à la fois, on peut distinguer la langue d'état, celles de la chancellerie et des tribunaux, de l'église et des écoles, de la cour, la vulgaire etc. (*idioma publicum, judiciale, sacrum, scholasticum, vulgare*).

b) P. e. dans les audiences qui sont accordées aux ministres publics, dans les conférences qu'ils ont entre eux, où ordinairement chacun fait traduire ses déclarations par son interprète ou drogman. Moser's Versuch des europ. Völkerr., III. 250. 595. 594. 401. 406. 408. 424. 430. Du même, Beyträge, III. 128. Un exemple de 1660, où il ne fut point admis d'interprète, se trouve dans Lünig's theatr. cerem. T. II. p. 847.

c) Au congrès de paix de Rastatt (en 1797 — 1799), la députation de l'Empire germanique et l'ambassade de France s'écrivirent chacune dans sa propre langue, sans joindre une traduction. Voyez Protokoll der ReichsfriedensDeputation zu

Rastatt,

Rastatt, Bd. I, S. 156, 244 f., 258 f. La même manière fut observée à l'assemblée de la députation de l'Empire germanique à Ratisbonne, en 1802 et 1803. A la diète de l'Empire germanique, les ministres des puissances étrangères ajoutèrent des traductions latines à leurs pouvoirs, mémoires, notes etc., lorsque ceux-ci étaient conçus dans la langue de leur pays. Comparez Moser's Versuch, III. 128. Au congrès de Vienne, les plénipotentiaires se servirent ordinairement de la langue française; cependant l'usage de la langue de leurs pays, et même du latin, n'y fut pas entièrement exclu, surtout pour les affaires d'Allemagne. Voyez mon Uebersicht der diplomatischen Verhandlungen des wiener Congresses, S. 537—540. Les Etats-généraux des Provinces-Unies des Pays-Bas, communiquèrent avec les ministres des gouvernemens étrangers en langue hollandaise, en ajoutant une traduction française. La Porte exigea, en 1761, que ces ministres lui écrivissent en français. Moser's Beyträge, IV. 22 f. Du même, Versuch, IV. 58.

d) Le traité de paix de Vienne, de 1758, est conçu en latin et en français, celui de Belgrade, de 1739, en turc et latin. Wench codex jur. gent. I. 88. 559. — Le traité de paix entre la Russie et la Turquie, de 1774, est conçu en trois langues, en russe, turc et italien; c'est-à-dire l'exemplaire destiné à la Porte, en turc et italien. De Martens recueil, IV. 636. 638. — Aussi la Suède, le Danemarck, la Grande-Bretagne, les Etats-Unis d'Amérique, et le plus souvent la France, se sont-ils servis, dans leur traités, de la langue de leurs pays, ce qui donna lieu à des expéditions en plusieurs langues. — La diète de la Confédération Germanique arrêta (dans son protocole du 5 déc. 1816) que, dans ses relations intérieures, les écrits qui lui seraient adressés dûssent être conçus en allemand, et les annexes conçus dans une langue étrangère accompagnés d'une traduction allemande: pour ses relations extérieures, elle prit (dans son protocole du 12 juin 1817, m. I, n° 2, 3 et 4, m. III, n° 3, 5 et 8, et m. IV, n° 2) la résolution de ne se servir que de la langue allemande, toutefois en ajoutant une traduction latine ou française, là où l'on serait disposé à rendre la pareille, etc.

§. 114.

Continuation.

Pour éviter cet inconvénient, on est assez souvent convenu d'une *tierce* langue. C'était, jusqu'au dix-huitième siècle, ordinairement le latin *a*), depuis presque toujours le français, dont l'usage a obtenu une certaine universalité dans les cours et dans les négociations diplomatiques *b*). Il est même des exemples, que des gouvernemens ayant la même langue, se soient servis du français *c*), dans les traités conclus entr'eux. Dans le tems moderne, on a eu quelquefois soin, en rédigeant un traité uniquement en langue française, de prévenir les conséquences désavantageuses par une clause de protestation *d*). La Porte ottomane ne s'estimant parfaitement obligée par un traité, que lorsqu'il est conçu dans sa langue vulgaire, et les gouvernemens des autres états européens ne voulant se prêter à l'usage du turc, les traités conclus entre ces états et la Porte sont toujours expédiés en plusieurs langues *e*).

a) Sont conçus en *latin*, les traités de paix de Nimègue, de Ryswik, d'Utrecht de 1713, de Bade de 1714, de Vienne de 1725 et de 1738, un exemplaire de celui de Belgrade de 1739, la quadruple-alliance de Londres de 1718. Déclaration des ministres de France, donnée au congrès d'Utrecht à ceux de la Grande-Bretagne le 11 avril 1713, de vouloir fournir un instrument en latin. Voy. Schmauss C. J. G. II. 1355. Du Mont corps dipl. T. VIII, P. 1, p. 344. Encore en 1752, le ministre autrichien parla au Roi de Naples en bon latin. Moser's Versuch, III. 430. Le Souverain-Pontife se servit, encore dans le tems le plus récent, du latin; l'Empire germanique tantôt du latin, tantôt de l'allemand. Nonobstant cela le traité de paix de Lunéville, conclu en son nom par l'Empereur en 1801, ne fut expédié qu'en français, sans protestation de préjudice; mais la ratification qui fut donnée de la part de l'Empereur et de l'Empire, est en latin. — J. L. E. Püttmann pr. de usu linguae latinae in vita civili causisque maxime publicis. Lips. 1793. 4. Arth. Duck de usu et auctoritate juris civ. rom., p. 150. sqq. C. F. Walch de lingua latina, lingua legitima; dans ses Opuscula, T. I. p. 402. Discours de Mr. C. G. Heyne, dans le Göttingische gel. Anzeigen, 1809, St. 127. 128. C. H. Pudor de palma linguae latinae ab Europae civitatibus de pace, foederibus etc. publice agentibus optimo jure retribuenda. Vratislaviae 1817. 4.

b) J. A Eberhard über die Allgemeinheit der französischen Sprache; dans ses Vermischte Schriften (Halle 1784. 8.), Th. I, N. 2. J. C. Schwab von den Ursachen der Allgemeinheit der franz. Sprache. Berlin 1784. Edit. augm. et corrigée, à Stuttgard 1785. 8. Et traduit en français, par Robelot, avec des remarques, à Munster 1804, gr. in-8°. Il en a paru aussi, en français, un extrait par Merian, en 1785, in-8°, sans indication du lieu où il ait été imprimé. De l'universalité de la langue française (par le comte de Rivarol). à Berlin 1784. 8. à Paris 1784. 8. ib. 1797. 4. et dans les Oeuvres complètes de Rivarol (à Paris 1808. gr. 8.), T. II. n. 1. Sur l'universalité de la langue française; dans le journal intitulé: Le Nord physique, politique et moral, 1798, n° IV.

c) Nommément on peut citer pour cela des gouvernemens allemands. Voyez les traités de paix de Breslau et de Berlin de 1742, l'un et l'autre de Dresde de 1745, ceux de Hubertsbourg de 1763 et de Teschen de 1779. Moser's teschner Friede, mit Anmerkungen (1779. 4.), S. 49 f. Quelquefois on en prit le motif de ce que les ministres des puissances médiatrices ne savaient pas la langue allemande. Sur l'usage de la langue française au congrès de la paix de Westphalie, voyez de Meiern Acta Pacis Westphal., dans la table des matières, voc. Französische Sprache.

d) Voir le traité de paix de Rastatt de 1714, art. 33, et celui d'Aix-la-chapelle de 1748, art. sép. 2 (Wenck cod. jur. gent.

II. 360.); le traité d'alliance fait entre l'Autriche et la France
en 1756 (MOSER's Versuch, VIII. 75.), art. sép. 2; le traité
conclu entre la Pologne et la Prusse en 1773, art. 14, dans
de MARTENS recueil, I. 495; l'acte final du congrès de Vienne
de 1815, art. 120. De la quadruple - alliance, formée à
Londres en 1718, voyez SCHMAUSS corp. jur. gent. II. 1734.

a) Comparez la note *d* au §. précédent. REAL, science du
gouvernement, T. V, ch. 3, Sect. 1, p. 702 de la traduction
allemande.

§. 115.

*V) Divers autres objets du cérémonial, en particulier ce qui
concerne le personnel et les familles des souverains.*

Pour exprimer l'estime, l'amitié ou l'affection
envers d'autres états, leurs souverains, et les familles de ces derniers, ou pour leur faire des politesses, il s'est introduit, entre les états chrétiens
de l'Europe, divers usages auxquels, quoiqu'ordinairement d'origine purement arbitraire, les gouvernemens se voient assez souvent obligés d'obéir,
par la politique, ou par la morale des nations *a*).
De ce nombre sont: 1° la *notification* de l'avènement du prince au trône (§. 49), du mariage, de
la grossesse, de la naissance, de la mort des personnes qui appartiennent à la famille du souverain,
et des autres évènemens de famille ou politiques,
soit heureux soit désagréables, ainsi que les *félicitations* ou témoignages de *condoléance* qui s'en-
suivent *b*); 2° la *réception* solennelle, le *traitement* des souverains ou de leurs parens en visite,
et les fêtes et réjouissances ordonnées en leur honneur, surtout lorsqu'ils ne gardent pas l'incogni-

to c); 3° les *honneurs* et le *traitement* des souverains étrangers à leur passage d); 4° les *réjouissances publiques* dans des circonstances heureuses, et le *deuil* en cas de mort e), occasions où même de certaines politesses religieuses peuvent avoir lieu, p. e. le *Te deum* chanté en action de grâces de quelque évènement heureux, des obsèques, des prières nominales f), etc.; 5° l'*invitation* à tenir un enfant sur les fonts de baptême g).

a) F. C. de Moser von der Staats-Galanterie; dans ses Kleine Schriften, Bd. I, S. 1 — 181.

b) De Moser, dans le livre cité, I. 53. — Ces notifications, félicitations et témoignages se font par écrit, ou de vive voix par des envoyés ordinaires ou extraordinaires, ou de ces deux manières à-la-fois. Ils ont même assez souvent lieu entre des souverains en guerre. De Moser, l. c. I. 68. 74. 80. Quelquefois on envoie des invitations à de semblables solennités. De Moser, l. c. I. 52.

c) De Moser, l. c. I. 12 et suiv. Moser's Beyträge II. 255 et suiv. Voyez plus haut §. 106, et ci-après §. 136.

d) De Moser, dans le livre allégué, I. 21. 29 et suiv. Moser's Versuch des europ. Völkerrechts, I. 355. Du même, Beyträge, I. 496. II. 255 ff.

e) De Moser, l. c. I. 54 ff. 62. 65.

f) De Moser, l. c. I. 50 ff.

g) De Moser von den Gevatterschaften grosser Herren; dans ses Kleine Schriften, Bd. I, S. 291 — 365. Moser's Versuch, I. 341. Du même, Beyträge, I. 466.

§. 116.

Continuation.

Sont encore du même nombre, 6° les *présens* a) dont s'honorent quelquefois les gouvernemens et les princes. Il en est de purement arbitraires, il y en a d'autres qui sont d'usage, ou à une époque fixe *b*) ou dans certaines circonstances, p. e. en cas de mariage, de grossesse, d'accouchement, de compérage, de visite *c*); de même les présens réciproques *d*), surtout l'envoi d'une décoration, après en avoir reçu une. Les dons et les présens réciproques dont on était convenu d'avance, ce qui est très-usité dans les traités avec la Porte et les barbaresques *e*), sont des prestations d'obligation, et non pas de véritables présens. 7° Les *mariages* des souverains, avec les cérémonies ordinaires, appartiennent aussi à cette classe du cérémonial, en tant qu'ils ont lieu principalement pour des motifs politiques, si ce n'est même en vertu d'un traité *f*). Cependant il faut poser en principe, qu'aussi ces mariages doivent se faire de franche volonté, notamment par rapport à l'état, au rang, et à la condition de l'épouse choisie par le souverain; en sorte qu'il n'y peut être question d'une mésalliance et de ses suites, ni surtout aucun doute que les enfans nés ou à naître d'un tel mariage ne dûssent être réputés d'état égal à celui du père, et habiles à lui succéder *g*), à moins d'une disposition légitime contraire.

a) Moser's Versuch des europ. Völkerr., I. 344. Du même, Beyträge, I. 469 ff. 514. F. C. v. Moser's kleine Schriften, I. 47 f. — Sur les présens qu'on fait à la Porte, et ceux qu'on en reçoit, voyez Moser's Versuch, I. 344 ff. Du même, Beyträge, I. 470—478. — Pour présens sont choisis les *objets* suivans: des ordres et autres décorations, quelquefois avec dispense des préceptes des statuts de l'ordre (Moser's Versuch, I. 333. Du même, Beyträge, I. 461. II. 549.), des bijoux et autres choses de prix, des curiosités, soit naturelles soit artificielles, des objets remarquables de littérature, des objets favoris de l'une des deux parties, des ouvrages faits par celui même qui les donne en présent, etc. F. C. v. Moser's kleine Schriften, I. 36 f. 41 ff. Moser's Beyträge, I. 514. Le Pape envoie des choses bénites, p. e. langes, roses d'or, chapeaux et épées, *agnus dei*, reliques des saints. Voy. v. Moser's kleine Schriften, I. 44 ff. Moser's Beyträge, I. 481 f.

b) Moser's Versuch, I. 347.

c) Moser's Beyträge, II. 255 ff. v. Moser's kleine Schriften, I. 32 ff.

d) Moser's Versuch, I. 347. Beyträge, I. 501 ff.

e) Préliminaires de paix entre la Russie et la Porte, du 1ᵉʳ sept. 1739, art. 8. Traité de paix de Belgrade de 1739, art. 20. Traité de paix de Jassy, de 1792, art. 10. Traité entre le roi Frédéric Guillaume Iᵉʳ de Prusse et la compagnie hollandaise des Indes-orientales, de 1717. Lamberty mémoires, T. X, p. 172.

f) Günther's europ. Völkerrecht, II. 483 ff. J. P. de Ludewig de matrimonio principis per procuratorem. Hal. 1724. rec. 1736. F. C. v. Moser's Hofrecht, I. 537 ff. — Sur l'entrée solennelle au lit nuptial usitée autrefois (*Bettsprung, conscensio thori solemnis*), voyez Köhler's Münzbelustigungen, I. 95 ff. v. Moser dans le livre allégué, I. 576.

g) Il y a beaucoup d'exemples de mariage de cette espèce, principalement dans l'histoire de la Russie.

§. 117.

VI) *Cérémonial maritime*.

Le *cérémonial maritime* consiste en certains honneurs rendus, par des vaisseaux naviguans ou stationnaires, à d'autres vaisseaux, à des personnes d'un certain rang, ou à des ports, châteaux, forteresses, forts ou batteries, qui y répondent ensuite de manière ou d'autre. Ce cérémonial est envisagé *tantôt* comme marque de soumission, *tantôt* comme une reconnaissance de la souveraineté sur le vaisseau ou sur le district maritime, *tantôt* seulement comme politesse volontaire, conventionnelle ou ordonnée par des lois *a*). L'omission de ce cérémonial, a quelquefois occasionné des actes de violence, et même des guerres *b*).

a) J. J. Moser von dem Flaggen- und Segelstreichen; dans ses Vermischte Abhandlungen aus dem Völkerrecht, St. II, Num. 6, S. 134 ff. F. C. v. Moser von dem Segelstreichen und Schiffgruſs; dans ses Kleine Schriften, IX. 287—436. X. 218—396. XII. I—34. J. J. Moser's Versuch des europ. Völkerrechts, II. 481—493. Du même, Beyträge, II. 441 —448. Surland's Grundsätze des europ. Seerechts, §. 60 ff. Bouchaud théorie des traités de commerce, p. 41. sqq. Encyclopédie, voc. *Saluer* et *Salut.* Encyclopédie méthodique; Marine, T. II. voc. *Honneurs,* T. III. voc. *Saluer.* v. Kamptz neue Lit., §. 192.

b) Pufendorf de reb. gest. Friderici Wilh. elect. brandenb., lib. IX. §. 68. Stypmann de jure maritimo, P. V. c. I. n. 21. F. C. v. Moser dans le traité allégué, X. 256 et suiv. Déclaration de guerre de la part de la Grande-Bretagne contre les Provinces-Unies des Pays-Bas, du mois de mars 1672, dans Sylvius Vervolg van Aitzema, T. III. p. 193 et suiv. v. Moser X. 301 ff. 315. 372. 389.

§. 118.

Différentes espèces de ce cérémonial.

Sous les trois différens rapports ci-dessus, il y a différentes espèces du *salut en mer.* 1° Le *salut de pavillon (das Flaggenstreichen),* lorsqu'en reconnaissance de la souveraineté on amène le pavillon, c'est-à-dire le plie contre le mât en l'empêchant de flotter, si on le baisse, ou enfin si on le met absolument bas; marque de soumission, et par conséquent la plus humble de toutes, et en général de tout salut *a*). 2° Le *salut des voiles* (*das Segelstreichen, die Losung*), lorsqu'on cale les huniers, et surtout le grand, contre leurs mâts ou sur le ton *b*). 3° Le *salut du canon* (*Lösung der Canonen*), qui est le salut ordinaire et proprement dit; c'est tirer un certain nombre de coups de canon, plus ou moins, sans boulet ou à boulet, suivant le degré des honneurs. Les vaisseaux de guerre saluent ordinairement par nombre impair des coups de canon, cinq, sept, neuf, etc., et, au plus, vingt-un *c*); les galères saluent par nombre pair. A cet égard, il faut considérer à quelle distance et par combien de coups de canon doit être salué, qui saluera, si le salut doit être rendu, et par combien de coups. Le contre-salut se fait ou coup pour coup *d*), ou après le salut.

a) ,,Le salut du canon est majestueux: celui du pavillon plié est humble, si on l'amène tout bas. il est de la plus grande humilité, même avilissant; aussi les *nations* ne se soumettent pas à cette dernière manière de saluer". Voy. Encyclopédie méthodique, l. c. II. 389 et suiv. — Dans les combats maritimes, lorsqu'on ôte le pavillon et qu'on en arbore un de couleur blanche, c'est rendre le vaisseau. — Sur ce qui touche le pavillon, voyez Moser's Versuch, V. 503 ff. Connoissance des Pavillons. à la Haye 1737. Recueil des Planches de l'Encyclopédie, T. I, planches 17 — 20.

b) A l'ordinaire ce ne sont que les navires marchands, qui se prêtent à saluer de cette manière. Jo. Sibrand diss. de velorum submissione. Rost. 1691. 4.

c) La Grande-Bretagne stipula, pour ses vaisseaux de guerre, un salut de vingt-sept coups de canon, dans son traité de paix et de commerce conclu, en 1751, avec le gouvernement de Tripolis, art. 18. Wenck cod. jur. gent. II. 578. Les vaisseaux suédois saluent ordinairement par nombre *pair.* — Le salut à boulet est une distinction; il n'est regulièrement rendu qu'à un roi. Voy. v. Moser's kleine Schriften, XII. 23.

d) Traité de paix de Friedrichshamm, entre la Russie et la Suède, du 17 sept. 1809; dans le recueil de Mr. de Martens, Supplém. V. 29.

§. 119.

Continuation.

4° Le *salut de la voix (das Vivatrufen)*, est l'exclamation quelquefois (trois, cinq ou sept fois) répétée de *vive le* . . . . ; on salue ainsi, après avoir salué du canon, ou lorsqu'on ne peut, ou ne veut tirer du canon *a*). 5° Le *salut de la mousqueterie*, qui se fait par une ou trois salves de mousqueterie; ces salves n'ont lieu qu'à l'occasion de quelque fête, et elles précèdent le salut du canon. 6° Enfin c'est encore une marque de civilité, qu'un vaisseau se met sous le vent, qu'il envoie quelques officiers à bord de l'autre vaisseau, ou qu'il vient sous son pavillon *b*). Le *contre-salut* ne se fait que par des coups de canon *c*) et de la voix; cependant une forteresse rend quelquefois le salut en arborant une flamme.

a) P. e. lorsque le pavillon amiral est arboré, ou que l'on rencontre un vaisseau portant pavillon d'amiral.

b) On fait aussi, chez les catholiques, certains honneurs au soleil avec l'hostie consacrée, lorsqu'il passe sur le quai en face d'un vaisseau.

c) v. Moser's kleine Schriften, XII. 21.

§. 120.

Cérémonial pour les vaisseaux du même état, et pour les vaisseaux étrangers dans son territoire maritime.

En vertu de son indépendance, tout état est en droit de déterminer le cérémonial maritime qui 1° doit être observé par ses vaisseaux, entre eux et envers des vaisseaux étrangers, tant dans *son territoire maritime* qu'en *pleine mer*. Encore le peut-il régler 2° pour les vaisseaux étrangers qui se trouvent dans *son territoire maritime*, vis-à-vis des vaisseaux appartenant à lui ou à de tierces puissances *a*); cela s'entend des vaisseaux étrangers, tant marchands que de guerre, même lorsque ces derniers seraient de haut bord ou réunis en escadres ou flottes. Les réglemens nécessaires pour ces deux cas, sont ordonnées tantôt par des lois ou instructions particulières *b*), tantôt par des traités *c*). Dans le deuxième cas on exige ordinairement, pour ses vaisseaux de guerre, ports, forteresses et châteaux, le salut du canon et du pavillon, lequel est rendu le plus souvent par des coups de canon. Si la souveraineté dans un certain district maritime est contestée, comme elle l'est dans les quatre mers environnant la Grande-Bretagne *d*), le droit d'exiger le salut est aussi contentieux. De grandes puissances maritimes refusent aussi quelquefois le salut à des états moins puissans, du moins pour leurs vaisseaux portant pavillon d'amiral, ou elles exigent que ceux-ci soient salués les premiers *e*). Des honneurs déterminés sont rendus *f*) au souverain, aux princes du sang, aux ambassadeurs, aux amiraux, etc., lorsqu'ils entrent dans un port ou qu'ils y passent, ou bien dans les cas de décès du souverain, de l'amiral, etc. (honneurs funèbres), et dans les réjouissances publiques.

a) BYNKERSHOEK quando et quorum navibus praestanda sit reverentia? in *Ejus* quaest. jur. publ. lib. II. c. 21. dans ses Oper. omn. II. 278.

b) On en voit des exemples dans l'Ordonnance de la marine de France de 1681, dont un extrait, comme aussi d'autres réglemens français, dans l'Encyclopédie, v. *Salut*, ainsi que dans l'Encyclopédie méthodique, Marine, T. II. p. 533, et dans REAL, science du gouvernement, T. V, ch. 4, sect. 3. Des lois anglaises, portugaises, hollandaises, dans v. MOSER's kleine Schriften, XII. 4 ff. 11 ff. D'autres exemples, dans v. MARTENS Einleit. in das europ. Völkerrecht, §. 155, Note a.

c) Voyez des exemples dans WENCK cod. jur. gent. II. 578. De MARTENS recueil, II. 521. III. 41. 115. Supplément, I. 224. MOSER's Versuch, II. 485 ff. F. C. v. MOSER's kleine Schriften, IX. 329 ff. X. 219 ff. 285. 364. 371.

d) PESTEL diss. selecta capita juris gentium maritimi, §. 7. v. MOSER's kleine Schriften, X. 218 ff.

e) MOSER's Versuch, II. 491.

f) F. C. v. MOSER's kleine Schriften, X. 24 — 34.

§. 121.

Cérémonial en pleine mer.

En *pleine mer*, les vaisseaux de toutes les nations sont, entr'eux, dans l'état d'indépendance et d'égalité naturelles. En conséquence, aucune nation n'y peut exiger pour ses vaisseaux des hon-

neurs quelconques, si ce n'est en vertu de traités *a*).   C'est par cette raison que plusieurs puissances se sont accordées, même par des traités,
à abolir le salut en pleine mer, soit tout-à-fait *b*)
soit en partie *c*).   D'autres, au contraire, per-
sistent à y faire valoir l'ancien usage du salut; il
en est même qui, sur le refus du salut ou sur un
salut imparfait, après avoir inutilement fait la
semonce par un coup de canon sans boulet, se
vengent par des coups de canon à boulet.

a) Bynkershoek l. c.   Il en est de même du cas où des vaisseaux de deux puissances se rencontrent dans le territoire
d'une *tierce* nation, à moins que celle-ci n'ait donné des
réglemens y relatifs (§. 120).

b) Voyez des exemples dans Wenck cod. jur. gent. II. 72.   De
Martens recueil, III. 15.   Comparez aussi v. Moser's kleine
Schriften, XII. 22.

c) On en voit un exemple de 1692, dans Du Mont corps dipl.
T. VII, P. 2, p. 310.

§. 122.

U   s   a   g   e.

Voici l'usage qui s'observe régulièrement en
pleine mer, à moins qu'il n'y soit dérogé par
des traités *a*).   Les *navires marchands* saluent les
vaisseaux de guerre du canon, des voiles, et du
pavillon; cependant une partie de ce salut leur
est souvent remise, lorsqu'ils sont en pleine course.   Pour ce qui est des *vaisseaux de guerre*, on
observe ce qui suit.   1° Les vaisseaux d'un rang
égal, ou ne se demandent aucun salut, ou le salut

est donné le premier par celui qui se trouve sous le vent *b*).   2° Le vaisseau d'un rang inférieur salue celui de pavillon supérieur. 3° Un vaisseau seul, rencontrant une escadre ou une flotte, la doit saluer ; une escadre auxiliaire salue la flotte principale.   Dans tous ces cas, le salut est rendu par des coups de canon. Il est des grandes puissances maritimes, surtout la Grande-Bretagne, qui prétendent à ce que leurs vaisseaux portant pavillon d'amiral soient salués, par les vaisseaux des autres nations, non-seulement du canon, mais aussi du pavillon. La même prétention fut faite, jusqu'au tems le plus récent, par tous les vaisseaux des têtes couronnées, à l'égard des vaisseaux de guerre des républiques *c*).

a) Voyez des exemples ci-dessus §. 120, note c.

b) Encyclopédie, voc. *Saluer du canon.*

c) Traités de paix entre la Grande-Bretagne et les Provinces-Unies des Pays-Bas, de 1654, art. 13, de 1662, art. 10, de 1667, art. 19, de 1674, art. 4. F. C v. Moser, dans le livre allégué, X. 285. 364.

DROITS HYPOTHÉTIQUES DES ÉTATS DE L'EUROPE ENTR'EUX.

SECTION PREMIÈRE.

DROITS DES ÉTATS DANS LEURS RAPPORTS PACIFIQUES.

CHAPITRE PREMIER.

DROIT DE LA PROPRIÉTÉ D'ÉTAT.

§. 123.

Droits hypothétiques des états.

L'état, comme personne morale et libre, a des *droits hypothétiques* tout aussi bien que le particulier jouissant de sa liberté naturelle (§. 36). Ces droits sont, 1° dans l'état de paix : le droit de propriété, le droit des traités ou conventions, surtout celui de commerce, et le droit des négociations, particulièrement par des ministres publics (Sect. 1ère); 2° en cas de lésion ou d'offense (supposé que le lésé soit un état souverain) : le droit de demander et de se faire raison, même au moyen de la guerre, et tellement que les différends soient terminés dans la voie de la force, dans celle du droit, ou à l'amiable, et enfin le droit de rester neutre dans les guerres des tierces puissances (Sect. 2.ᵉᵐᵉ).

§. 124.

Souveraineté. Propriété d'état.

Tout état a donc non-seulement le droit de *souveraineté (imperium s. potestas publica)*, c'est-à-dire l'ensemble des droits ou pouvoirs souverains nécessaires pour obtenir le but de l'état *a)*, mais il est aussi capable d'acquérir et de posséder de la *propriété* (§. 47). Le *droit* de *propriété d'état (jus in patrimonium reip.)* consiste dans la faculté d'exclure tous les états ou individus étrangers de l'usage et de l'appropriation du territoire et de toutes les choses qui y sont situées *b)*. Objets de ce droit sont non-seulement 1° les biens communs de la société qui forme l'état, le *domaine public* ou la *propriété publique* proprement dits *c) (patrimonium reip. publicum)*, choses dont la propriété appartient tellement à l'état que leur usage, pareil à celui de la propriété privée, est exclusivement et immédiatement destiné au but de l'état; mais aussi 2° les biens ou la *propriété des particuliers* (biens particuliers, *patrimonium privatum*), placée sous la protection de l'état *d)*, comme pouvant et devant également servir, en cas de besoin, à atteindre le but général; enfin 3° les *biens sans maître (adespota) t a*) faisant partie du territoire de l'état, qui ne sont à considérer comme non occupés ou abandonnés que par rapport à cet état et à ses sujets, mais non vis-à-vis des états ou particuliers étrangers *e*).

> *a*) Le droit de *souveraineté* s'étend sur toutes les *personnes et choses* soumises à l'autorité de l'état. Il faut encore rapporter à ce droit le *domaine éminent (dominium éminens)* compris sous le droit éminent. Aussi les droits de l'état sur ce que quelques-uns ont appelé *biens médiats de l'état* (voyez mon Oeffentliches Recht des teutschen Bundes, §. 254, 387 et 436), ne sont autre chose que des droits de souveraineté.
>
> *b*) Il se peut que la propriété *étrangère*, soit d'état soit privée, jouisse d'une *exterritorialité* conditionnée dans l'état où elle est située. Voyez ci-après, §. 128, note a.
>
> *c*) L'on y comprend le mobilier et les immeubles, tels que les rivières, canaux, routes, forêts, mines, édifices, biensfonds publics, en général le domaine public.
>
> *d*) A cette classe appartient aussi le patrimoine particulier du souverain et celui de sa famille. Voyez mon livre allégué, §. 255.
>
> *e*) Mon livre allégué, §. 256 et suiv. C'est dans ce sens que Grotius parle d'un *dominium populi generale.* Voir son Jus belli et pacis, lib. II. c. 4. §. 14.

§. 125.

Droit d'acquérir au moyen de l'occupation, ou par des conventions.

Un état peut acquérir des choses qui n'appartiennent à personne (*res nullius*) par l'occupation (*originarie*), les biens d'autrui au moyen de *conventions* (occupation dérivative); mais rien par prescription contre ceux qui ne sont

13

pas tenus, en vertu de réglemens positifs, de reconnaître une pareille prescription. Pour que *l'occupation* soit légitime, la chose doit être susceptible d'une propriété exclusive, elle ne doit appartenir à personne *a*), l'état doit avoir l'intention d'en acquérir la propriété, et en prendre possession, c'est-à-dire la mettre entièrement à sa disposition et dans son pouvoir physique. Ceci a lieu lorsqu'il a tellement influé sur la chose, qu'elle ne peut lui être enlevée sans lui ravir en même tems le fruit du changement légitime qu'il y a opéré *b*).

a) La propriété est acquise de droit par une occupation sans défaut; elle est conservée par une possession continue. En conséquence, aucune nation n'est autorisée par ses qualités, quelles-qu'elles soient, notamment pas par un plus haut degré de culture quelconque, à ravir à une autre nation sa propriété, pas même à des sauvages ou nomades. Günther's Völkerrecht, II. 10 f.

b) J. C. F. Meister's Lehrbuch des Naturrechts (Frankf. a. d. O. 1809. 8.) Hanker's Rechte und Freiheiten des Handels (Hamb. 1782. 8.), §. 5. 17. 19. Schmalz europ. Völkerrecht, S. 136 ff.

§. 126.

Continuation.

Pour acquérir une chose par le moyen de l'occupation, il ne suffit point d'en avoir seulement l'intention, ou de s'attribuer une possession purement mentale; la déclaration même de vouloir occuper, faite antérieurement à l'occupation effectuée par un autre, ne suffirait pas *a*). Il faut qu'on ait réellement occupé le premier, et c'est par cela seul, qu'en acquérant un droit exclusif sur la chose, on impose à tout tiers l'obligation de s'en abstenir *b*). L'occupation d'une partie inhabitée et sans maître du globe de la terre, ne peut donc s'étendre plus loin qu'on ne peut tenir pour constant qu'il y ait eu effectivement prise de possession, dans l'intention de s'attribuer la propriété. Comme preuves d'une pareille prise de possession, ainsi que de la continuation de la possession en propriété, peuvent servir tous les signes extérieurs qui marquent l'occupation et la possession continue *c*).

a) Aussi la découverte seule, p. e. d'une île, ne suffirait-elle pas. Pour la même raison, les privilèges exclusifs de découvrir et d'occuper des pays, accordés autrefois par les Papes, au Portugal en 1454 (privilège qui fut confirmé en 1481 et 1493), et à l'Espagne en 1493, d'après une ligne de démarcation tirée sur la carte par le Souverain-Pontife, ne peuvent être regardés comme valables et obligeant les autres nations, pas plus que la transaction faite, par l'entremise du Pape, entre le Portugal et l'Espagne en 1494, relativement à la ligne susdite, quoique cette transaction ait été confirmée en 1506 par le Pape Jules II. Voyez Günther's Völkerrecht, II. 7 f. Büsch Welthändel, S. 63. Meusel's europ. Staatengeschichte (Leipz. 1800), S. 77. 78. — Néanmoins l'Espagne pensa, encore dans le tems moderne, être en droit d'exclure les autres nations de toute acquisition dans la mer pacifique, et même de posséder exclusivement les côtes situées en deçà du détroit, depuis les frontières portugaises du Brésil jusqu'à la pointe de l'Amérique méridionale, quoiqu'elle n'y possédât aucunes colonies. Moser's Beyträge, V. 515. Elle soutint encore que l'Angleterre, sous Jaques Ier, avait renoncé en sa faveur à la fondation d'un établissement dans l'Amérique septentrionale. Moser's Beyträge, V. 521. Même la Hollande protesta contre la fondation d'une colonie britannique, aux Indes-orientales, dans une île proche des possessions hollandaises.   Moser's Beyträge. V. 556. —   Sous prétexte de l'avoir découverte, conquise et occupée le premier, les Etats-Unis d'Amérique firent prendre possession, en 1813, d'une ile assez peuplée, à laquelle le capitaine américain David Porter donna le nom de l'île de Maddison, mais que les indigènes appellent *Nooa-Beevah.*   Voyez l'acte de la prise de possession, daté du 19 nov. 1813, dans les Miscellen aus der neuesten ausländischen Literatur, Heft 3 (à Leipsig 1814), p. 577 et suiv.

b) Voilà ce que veut dire l'adage: *res nullius cedit primo occupanti.*   Car le tems est, par lui-même, aussi incapable de donner des droits que d'en ôter.   *Nihil fit a tempore, quanquam nihil non fit in tempore.* Grotius de J. B. et P. lib. II. c. 4. §. 1.

c) Le droit de propriété d'état peut, d'après le droit des gens, continuer à exister, sans que l'état continue la possession corporelle.   Il suffit qu'il existe un signe qui dit que la chose n'est ni *res nullius* ni délaissée.   En pareil cas personne ne saurait s'approprier la chose, sans ravir de fait, à celui qui l'a possédée jusqu'alors en propriété, ce qu'il y a opéré de son influence d'une manière légitime; enlever ceci, ce serait blesser le droit du propriétaire.   Voyez Hanker, dans le livre allégué, §. 17. —   Bynkershoek (de dominio maris, c. 1.) établit cette thèse: ,,*ultra detentionem corporalem dominium non extendi, nisi ex conventione; eam conventionem esse civium in quaque civitate; solam legem civitatis dominia rerum defendere etiam sine possessione corporali; ex vetusta apprehensione nihil esse juris tam in adipiscendo quam retinendo rerum dominio, nisi animo simul et corpore perpetuo iis incumbamus*''.   Il fut contredit par Christian. Thomasius in notis ad Ulr. Huber. de jure civitatis, lib. II. Sect. 4. c. 2. n. 43. et par Gottl. Gerh. Titius diss. de dominio in rebus occupatis ultra possessionem durante (Lips. 1704. 4. et dans sa Collect. dissert. p. 316.), §. 31. sq. Il fut défendu par Theod. Graver diss. de mari natura libero, pactis clauso (Ultraj. 1728. 4.), Sect. I. c. 3. §. 5. sqq. et par Breuning in quaest. jur. nat. illustr. p. 13. Aussi son opinion fut-elle adoptée par J. A. Schlettwein, dans son livre intit¹⁴ : die Rechte der Menschheit (Giessen 1784. 8.), §. 124. — Dans une édition postérieure, BYNKERSHOEK expliqua lui-même son opinion ainsi qu'il suit : *,,Praeter animum possessionem desidero, sed qualemcunque, quae probet, me nec corpore desiiss• possidere.* Voyez ses Opera omnia, T. II. p. 136.

§. 127.
Droit de propriété publique.

Quant au *domaine public*, l'état a sur les choses qui en font partie tous les droits de propriété, non-seulement la possession exclusive et le droit d'en jouir en propriétaire, mais aussi celui d'en disposer à volonté. Les conventions ou arrangemens qu'il fait à cet égard, soit avec ses sujets soit avec des étrangers, sont absolument indépendans des autres gouvernemens. Rien ne l'empêche d'aliéner sa propriété, de la mettre en gage, de la délaisser. Il a la capacité d'acquérir par le moyen de l'accession.

§. 128.
Droit de propriété d'état.

La *propriété d'état* s'étend sur le *territoire de l'état* tout entier, c'est-à-dire sur cette partie de la terre avec ses appartenances, sur laquelle l'état exerce indépendamment et exclusivement le droit de souveraineté. Le souverain, comme organe immédiat de ce pouvoir suprême, s'appelle *prince régnant (dominus territorii, Landesherr).* Non-seulement la propriété publique, et celle des particuliers, mais aussi les biens qui n'ont pas de maître (*adespota*) et qui se trouvent dans le territoire (§. 124), sont à la disposition et dans le pouvoir souverains de l'état. Or toutes les choses que renferme le territoire appartenant à une de ces trois classes, il s'ensuit la règle générale que *toute* chose qui existe dans le territoire d'un état, est censée être soumise à la souveraineté de ce même état (*quicquid est in territorio, etiam est de territorio*), jusqu'à preuve du contraire *a*). C'est pour cette raison que non-seulement la terre réellement habitée, mais aussi les districts non cultivés et les mers enclavées dans les frontières de l'état, font partie de son territoire, et que tout ce que ce territoire renferme de produits de la nature ou de l'industrie humaine, appartient à l'état.

a) Il peut, par des traités, être accordée une *exterritorialité* conditionnelle à certaine propriété *étrangère*, soit d'un état soit d'un particulier, existante dans le territoire de notre état. Cette exterritorialité peut être accordée notamment à des biens-fonds (portion séparée, enclave). Moser's Grundsätze des europ. Völkerrechts in Friedenszeiten, S. 361 ff. Günther's Völkerr. II. 206. — De là la distinction entre territoires clos et non-clos ou mixtes (*territoria clausa et non clausa s. mixta*). Günther, II. 177. 206. Mon Oeffentliches Recht des teutschen Bundes, §. 212.

§. 129.

Parties dont est composé le territoire d'état.

Le territoire d'un état, dans sa surface, est composé de *terre* et d'*eau*. On doit quelquefois distinguer le territoire *principal* (*Hauptland*) d'avec le territoire *accessoire* (*Nebenland*), dont le premier est la demeure principale de l'état. Quand même ces deux parties du territoire ne sont point contigues, les droits de l'état sur l'une et l'autre sont ordinairement, par rapport aux étrangers, les mêmes *a*). L'état possède aussi quelquefois, dans l'étendue du territoire d'un autre état, des districts isolés, comme *appartenances* de son territoire *b*). Pour ce qui est des eaux existantes dans le territoire de l'état, le *territoire de rivières* (*Flufsgebiet*) comprend tous les fleuves, rivières, ruisseaux, canaux *c*), même les rivières frontières, soit entières soit en partie (§. 133), si ce n'est que la rive en deça fait la frontière. La rivière ayant changé de course et choisi un autre lit, la propriété ou la copropriété du lit délaissé reste la même *d*).

a) Schrodt syst. juris gent. P. II. c. 1. §. 17.

b) Günther's Völkerrecht, II. 170.

c) F. C. v Cancrin's Abhandlungen aus dem Wasserrecht, Bd. I (Halle 1789. 4.), S. 37 ff. 71 ff.

d) Günther, II. 25.

§. 130.

Territoire maritime en particulier.

Au *territoire maritime* (*Seegebiet*) d'un état appartiennent les districts maritimes ou parages susceptibles d'une possession exclusive, sur lesquels l'état a acquis (par occupation ou convention) et continué la souveraineté. Sont de ce nombre, 1° les parties de l'océan qui avoisinent le territoire continental de l'état, du moins, d'après l'opinion presque généralement adoptée, autant qu'elles se trouvent sous la portée du canon qui serait placé sur le rivage *a*) (*mare proximum s. vicinum, nächstangrenzendes Meer*); 2° les parties de l'océan qui s'étendent dans le territoire continental de l'état, si elles peuvent être gouvernées par le canon des deux bords, ou que l'entrée seulement en peut être défendue aux vaisseaux *b*) (golfes, baies et cales); 3° les détroits qui séparent deux continens, et qui également sont sous la portée du canon placé sur le rivage, ou dont l'entrée et la sortie peuvent être défendues (détroit, canal, bosphore, sond).

a) „*Non ultra, quam e terra mari imperari potest*“. — „*Eo potestas terrae extenditur, quousque tormenta exploduntur, eatenus quippe cum imperare, tum possidere videmur*“. Bynkershoek de dominio maris, c. 2, dans ses Operib. omnib. T. II. (Lugd. Bat. 1767. fol.), p. 126. sq. Surland's Grundsätze des europ. Seerechts (Hannov. 1750. 8.), §. 483. Moser's Versuch, V. 486. Neyron principes du droit des gens, §. 266. H. Hanker's Rechte und Freiheiten des Handels (Hamb. 1782. 8.), §. 20, S. 58 ff. La liberté de la navigation et du commerce des nations neutres pendant la guerre (à Lond. et Amsterd., ou plutôt Giessen, 1780. 8.), §. 22. Günther's Völkerrecht, II. 38 f. 48 ff. 203. — Sans doute ceci s'applique au détroit de Gibraltar, au canal britannique ou à la Manche et au pas de Calais, dernièrement (depuis 1806 jusqu'en 1815) aussi au détroit entre la Sicile et la Calabre (il Fano di Messina) où les deux rivages appartenaient à divers états. — Dans beaucoup de traités, il est accordé,

pour les mers avoisinantes, un espace de *trois* lieues, p. e.
dans le traité de Paris de 1763, art. 5 (où cependant, dans
un autre article, le 15e, sont accordés 15 lieues; le traité
entre la France et le gouvernement d'Alger, de 1689, en
accorde 10 en partant des rivages français). C'est pourquoi
quelques-uns regardent la souveraineté sur l'espace de trois
lieues comme d'usage général parmi les puissances de l'Europe. Autrefois quelques auteurs désignèrent, à leur gré,
un nombre de lieues arbitraire, p. e. 60 ou 100; d'autres
choisirent une proportion encore plus vague p. e. deux
journées de chemin, ou aussi loin que porte la vue d'un
homme ou un javelot, ou qu'on peut entendre la voix d'un
homme étant sur le rivage. Mr. RAYNEVAL s'est décidé pour
l'étendue de l'horizon apparent. Le Danemarck prétend à
la souveraineté et à la propriété de la mer jusqu'à quatre
milles d'Islande et quinze du Grönland. Il s'était élevé là-
dessus une dispute avec la Grande-Bretagne et les Provinces-
Unies des Pays-Bas. MOSER's Versuch, VII. 677. KLUIT hist.
federum Belgii federati, P. II. p. 422. PESTEL diss. selecta
capita juris gentium maritimi, §. 9.

b) P. e. le Zuyderzée, le Frisch-Haff, le Curisch-Haff.

§. 131.

C o n t i n u a t i o n.

Sont encore du même nombre, 4° les golfes,
détroits et mers avoisinant le territoire continental d'un état, lesquels, quoiqu'ils ne soient pas
entièrement sous la portée du canon, sont néanmoins reconnus par d'autres puissances comme
mer fermée (*m a r e c l a u s u m*), c'est-à-dire
comme soumis à une domination, et par conséquent inaccessibles aux vaisseaux étrangers qui
n'ont point obtenu la permission d'y naviguer *a*);
5° les parties de l'océan touchant le territoire
continental, où les vaisseaux sont, soit par la na-

ture soit par l'art, plus ou moins à l'abri des tempêtes, et dont on peut, à volonté, défendre l'entrée ou le séjour aux vaisseaux *b*) (rades et ports); 6° les lacs en tant qu'ils sont entièrement clos par le territoire de l'état *c*) (*lacus, Landseen*), les étangs et les lagunes.

a) On peut citer pour exemples aux n° 3 et 4: les détroits du grand et du petit Belt, ainsi que le Sond ou Oeresond (v. Kamptz neue Lit., S. 210, n. 7—8); le canal de Bristol, celui de St. Georges, le détroit entre l'Ecosse et l'Irlande avec la mer d'Irlande; le détroit des Dardanelles ou l'Hellespont, le bosphore de Constantinople (*Bosporus Thraciae*) avec la mer de Marmora; le détroit de Messine. — La Porte ottomane regarde comme une ancienne règle, qu'il est défendu aux vaisseaux de guerre des puissances étrangères d'entrer dans le *canal* de *Constantinople*, savoir dans le détroit des *Dardanelles* et dans celui de la *Mer-noire*. Voyez son traité de paix avec la Grande-Bretagne de 1809, art. 11; dans le recueil de Mr. de Martens, Supplém. V. 162. — Dans le *Sond*, les vaisseaux étant, à cause des basses vers la Scanie, obligés de passer du côté du Danemarck sous le canon de Cronenbourg, la Suède se fit stipuler par le Danemarck la libre navigation par le Sond et le Belt. Voyez la paix de Brömsebroe de 1645, art. 1 et 14, dans Schmauss C. J. G. I. 541. De la dispute relative à la domination danoise sur le Sond, voyez v. Moser's kleine Schriften, IX. 290 ff. — A l'occasion de la première neutralité armée de 1780, les puissances du Nord établirent en principe, que la *mer baltique* était une mer fermée, dans laquelle elles ne pouvaient permettre l'entrée aux vaisseaux armés des puissances en guerre, pour y commettre des hostilités contre qui que ce soit. De Martens recueil, II. 84. 135 et suiv. V. 276. La Grande-Bretagne s'y opposa, dans une déclaration du 18 déc. 1807. Politisches Journal, Jan. 1808, S. 88. Comparez ce même journal du juin 1806, p. 628. Voyez des écrits dans v. Kamptz neuer Lit. des VR., §. 176.

b) Il faut distinguer trois espèces de *ports:* 1° ports *ouverts,*

dont l'entrée est libre au commerce de toutes les nations
pourvu qu'elles payent les droits de douane prescrits;
2° ports *francs*, également ouverts à tous les navires marchands, et dans lesquels il n'est point perçu de douane, ni
même quelquefois d'autre impôt quelconque (voir des exemples dans SCHMAUSS C. J. G. I. 9.7. 952., de MARTENS recueil, VI. 162., et MOSER's Versuch, VII. 732 ff. En 1817
Odessa fut déclaré port libre. L. J. COLLING delineatio jurid.
portus franci. Lugduni (Gall.) 1775. 4. EMÉRIGON traité des
assurances, I. 190.); 5° ports *fermés*, où l'entrée des vaisseaux étrangers est prohibée, à l'exception des cas de nécessité, duquel nombre sont presque tous les ports dans les
colonies des états européens, situées hors de l'Europe. Voy.
F. L. v. CANCRIN von dem Begriff und Rechte der Häfen;
dans le troisième Tome de ses Abhandlungen von dem Wasserrecht. Halle 1800. 4. Voyez des écrits dans v. KAMPTZ
neuer Lit., §. 198.

c) Sur les *lacs* voyez GÜNTHER, II. 21. MOSER's Versuch des
europ. Völkerrechts, V. 284. 288. 507. Du même, Beyträge
zu dem europ. Völkerrecht, V. 257. — Par rapport aux
disputes sur le *lac de Constance* (lacus acronius s. boda-
micus, Bodensee) voyez GÜNTHER, II. 55. MOSER's nachbarl.
Staatsr., S. 440. v. RÖMER's Völkerrecht der Teutschen,
S. 250. C. G. BUDER diss. de dominio maris suevici (Jen.
1742), p. 50. sqq. 42. sqq. Matth. SEUTTER de LOEZEN diss.
de jure navandi in lacu bodamico (Erlang. 1764), p. 14. sq.
20. sq.

§. 132.

Dont il faut distinguer la pleine mer.

Nous venons de traiter des mers *occupées* ou
particulières. Il en faut distinguer la *pleine mer*
ou l'océan (*mare exterum s. universum,
oceanus*), qui sépare les différentes parties principales du globe de la terre. On le divise en quatre grandes mers ou mers principales, savoir la
mer glaciale, l'océan des Indes-orientales, celui

d'Amérique ou des Indes-occidentales, et la mer du Sud ou pacifique (*Mar del Zur*). La première et la troisième baignent les côtes de l'Europe. Il est physiquement impossible de prendre possession de la pleine mer, tout comme on ne peut lui imprimer la moindre marque d'une possession continue ou d'une propriété exclusive, et une prise de possession purement mentale serait, suivant les principes du droit des gens, sans aucun effet (§. 126). Toutes les nations sont par conséquent obligées de reconnaître cette indépendance, et la *liberté de l'océan de toute souveraineté et propriété a*) (*mare liberum*); elles doivent respecter le droit de chacune d'elles à son usage *b*). Cependant, et quoique d'après cela aucun état n'ait par lui-même ni le pouvoir ni le droit de se soumettre la pleine mer, il se pourrait néanmoins que la propriété et la souveraineté en fût abandonnée à une ou à plusieurs nations *c*), déférence qui naturellement ne serait obligatoire que pour ceux qui y auraient consenti, et pour ceux-là même seulement par rapport à l'autre partie contractante.

a) Les avis sont partagés sur cette question intéressante. La *liberté* de la pleine mer soutiennent Grotius (1609), Graswinkel, Böcler, Glafey, Wolff, Schrodt, Günther, Kant (metaphys. Anfangsgründe der Rechtslehre, S. 95), Hanker (dans son traité allégué, §. 18 et suiv.), Gerard de Rayneval (de la liberté des mers. à Paris 1811. 2 vol. in-8°, aussi traduit deux fois en anglais, en Angleterre et en Amérique). — Il en est d'autres qui sont d'avis que la pleine mer peut être possédée en propriété et souveraineté, tels que Freitas (1625), Selden (1635), Strauch, Conring, Bouchaud (1777), et l'auteur du traité: A general Treatise of the dominion of the Sea and a compleat body of the Sea-laws. Lond. 1709. — Suivant d'autres, la propriété d'une portion de l'océan peut être garantie par des pataches ou vaisseaux de garde, du moins autant que ces vaisseaux y stationnent ou sont arrêtés à cette fin. „*Ita quippe*" (dit Bynkershoek) „*censeo: mare in dominium redigi posse, ut quod maxime, neque tamen hodie ullum mare imperio alicujus Principis teneri, nisi qua forte in illud terra dominetur*". — „*Non aliter id dominium retineri, quam possessione perpetua, hoc est, navigatione, quae perpetuo exercetur ad custodiam maris, si exterum est, habendam; et redit mare in causam pristinam, atque ita rursus occupanti primum cedit*". Bynkershoek l. c. in praefat. et cap. 2. 3. et 9., dans ses Oper. omn. T. II. p. 127. sqq. et 137. Les raisons qu'a proférées Bynkershoek, sont examinées par Thomasius in notis ad Huber. de jure civitatis, lib. II. Sect. 4. c. 2. n. 43. p. 452. sqq. — Voyez une liste des écrits qui ont paru relativement à cette question, dans v. Ompteda's Literatur des Völkerr., II. 521—528, dans v. Kamptz neuer Literatur, §. 172 f. et dans J. Th. Roth's Archiv für das Völkerrecht, Heft I, S. 103. — L'histoire de ces débats est racontée par v. Cancrin dans ses Abhandlungen von dem Wasserrecht, Bd. I, S. 44—46, par Günther, II. 28 ff., et par Bouchaud dans sa Théorie des traités de commerce. à Paris 1777. 8. — On peut voir le sommaire du pour et du contre, dans Günther's Völkerrecht, II. 25—28, 32 f., 34 f.

b) Ce n'est pas là une question purement théorique. Il est plusieurs puissances européennes, surtout le Portugal et l'Espagne, qui à différentes époques ont sérieusement prétendu à un droit exclusif sur la pleine mer, ou entière ou en partie. Günther, II. 35. Dans le tems moderne encore, l'Espagne a cru être en droit d'exclure toutes les autres nations de la mer du Sud ou pacifique. Moser's Beyträge, V. 115. Neueste Staatsbegebenheiten. 1775, S. 124. Déclaration de l'Espagne du 4 juillet 1790, dans le Histor. polit. Magazin, 1790, Bd. II, S. 182. — Pour ce qui est des débats sur

des parties majeures de la mer, enclavées dans des parties
du continent, telles que la mer britannique, la mer du nord,
la mer baltique, la Méditerranée, la mer adriatique, la mer
ligurienne, la mer noire, la mer rouge, voyez GÜNTHER,
II. 35. 39 — 47. 48. F. C. v. MOSER's kleine Schriften, X.
218 ff. BYNKERSHOEK l. c. cap. 5. 6. 7. v. KAMPTZ neue
Lit. des VR., §. 174 — 181. — Il y a eu souvent des disputes entre des états de l'Europe, à l'égard des mers qui
avoisinent leurs possessions hors de l'Europe. Voyez J. J.
MOSER's Nordamerika nach den Friedensschlüssen von 1783,
Bd. III. Ces différends ont été, en partie, terminés par
des traités, tel que le traité entre la Grande-Bretagne et
l'Espagne, de 1790, dans de MARTENS recueil, III. 148. —
Sur les mers dont la liberté n'est point contestée, conférez
GÜNTHER, II. 54.

c) PUFENDORF de J. N. et G. lib. IV. c. 5. §. 5. sq. BYN-
KERSHOEK l. c. cap. 3. Theod. GRAVER diss. de mari natura
libero, pactis clauso. Ultraj. 1728. 4. Traité entre l'Autriche et la Grande-Bretagne, de 1731, dans ROUSSET, supplément au Corps diplomatique par DU MONT T. II, P. 2,
p. 285; et l'accession de la Hollande, de 1732, ibid. p. 287.
— Les Provinces-Unies des Pays-Bas prétendirent à une
servitus non navigandi, contre la société de commerce d'Ostende fondée en 1723, et abolie en 1731 par le
traité de Vienne. v. OMPTEDA's Literatur, II. 600.

§. 133.

Frontières du territoire d'état.

Les *frontières* du territoire d'état sont ordinairement fixées et certaines. On distingue les
frontières *naturelles (limites naturales s. oc-
cupatorii)*, telles que l'eau, la rive, le Thalweg, le milieu d'un fleuve, des chaînes de mon-
tagnes, des vallées, déserts, landes, écueils, côtes, bancs de sable, îles, etc., et les *artificielles
(limites artificiales)*, qui sont des bornes,

poteaux, termes, édifices, ponts, arbres ou rochers marqués, des routes, des monceaux de terre, des fossés limitrophes, des barrières, des tonnes flottantes arrêtées par des ancres etc *a*). Sur mer on peut tracer, tel qu'on le fait dans les traités conclus à cet égard, des frontières imaginaires d'après les degrés de longitude et de latitude, et à l'aide de la géographie mathématique réunie à l'astronomie. Quelquefois on mesure les distances par des portées de canon, ou par des lieues marines, à partir d'une certaine île ou côte *b*). Pour ce qui est des fleuves et lacs frontières, dont la rive opposée est également occupée, leur milieu, y compris les îles que traverse la ligne du milieu, sépare ordinairement les territoires *c*). Au lieu de cette ligne on a nouvellement choisi, quelquefois pour frontière le Thalweg *d*), c'est-à-dire le chemin (variable) que prennent les bateliers quand ils vont aval, ou plutôt le milieu de ce chemin. Les frontières des états sont assez souvent déterminées par des *traités* spéciaux *e*) (traités de limites ou de barrière, *foedera finium*), auxquels on a même soin d'annexer des *cartes* géographiques frontières *f*). Pour prévenir ou terminer des différends sur les limites des frontières, ou pour y porter des changemens, on nomme des commissaires chargés des visites à faire *g*); pour prouver ses prétentions, on emploie des témoins et toute sorte de documens *h*).

a) GÜNTHER's Völkerrecht, II. 170—176. v. KAMPTZ neue Lit. des VR., §. 106. — Il faut distinguer les limites *publiques* et *particulières*. Des unes et des autres diffèrent les limites *politiques* (*limes politicus s. mensuratus*) servant à fixer l'espace dans lequel peuvent être exercés certains droits, p. e. la navigation et le commerce sur mer. SCHRODT l. c. §. 25. 26. — Encore faut-il distinguer entre les frontières de l'état et celles ecclésiastiques (p. e. des provinces ecclésiastiques, des diocèses, des paroisses), militaires, des ressorts de justice, des bailliages, des villes, des villages, des terres, des forêts, des varennes, etc. Des frontières militaires sont désignées p. e. dans le traité de paix de Campo-Formio, de 1797, art. 6.

b) GÜNTHER, II. 202 et suiv.

c) Voyez une énumération de fleuves frontières, dans le livre de GÜNTHER, II. 19 et suiv., dans MOSER's Versuch des europ. Völkerrechts, V. 284. 288. 307. et dans son Nachbarl. Staatsrecht, S. 442 ff. — Des lacs voyez, plus haut, §. 131.

d) Traités de paix, de Lunéville, 1801, art. 6, de Vienne, 1809, art. 3, n° 2, et art. 11, ceux de Tilsit, 1807, celui avec la Russie art. 9, celui avec la Prusse art. 10. Acte de cession et de démarcation entre l'Autriche et la Russie, du 19 mars 1810; dans le recueil de Mr. de MARTENS, Supplém. V. 252. Traité de limites entre les rois de Prusse et de Westphalie du 14 mai 1811; de MARTENS l. c. V. 382. Acte final du congrès de Vienne, art. 4 et 95. — Dans le traité conclu entre le grand-duché de Bade et le canton d'Argovie le 17 sept. 1808, art. 1, on a pris pour limite le Thalweg du Rhin, mais on a entendu par là les endroits les plus profonds du fleuve, et quant aux ponts, leur milieu. MARTENS recueil, Supplém. V. 140. — Sur les défauts d'une fixation de limites moyennant le Thalweg, on peut consulter mon Oeffentliches Recht des teutschen Bundes, §. 90. — Dans quelques endroits du Rhin, il y a *deux* Thalwegs. Voyez le traité: Du Thalweg du Rhin (par Mr. JOLLIVET), à Mayence an X (1801) in-8°, §. 6, 7, 11, 64.

e) Petr. Fr. L. B. ab HOHENTHAL diss. de foederibus limitum. Lips. 1763. 4. Institutions politiques, par le baron de BIELFELD, T. II. ch. 6. §. 22. 23. p. 120. — L'on peut voir

des

des exemples dans l'excellente description de limites qui a paru sous ce titre: Chr. Hub. PFEFFEL *de limite Galliae.* 1785. 4. (On en trouve un extrait dans ma *Kleine Jurist. Bibliothek.* I. 85 — 115.) — Traité de limites entre l'Autriche et le royaume d'Italie, fait à Fontainebleau le 10 oct. 1807; dans le Politisch. Journal. Dec. 1807. p. 1212. Traité de limites entre la Russie et la Suède, du 20 nov. 1810; dans le recueil de Mr. de MARTENS. Supplém. V. 515.

f) GÜNTHER. II. 196. 203. MOSER *von der Reichsstände Landen.* S. 14 f. 17 f.

g) GÜNTHER. II. 200. 185. 197. J. J. MOSER *von der geographischen Staatsklugheit bei Schliessung der Tractaten;* dans ses *Vermischten Abhandlungen aus dem europ. Völkerr.* (Frankf. 1755. 8.). S. 264.

h) GÜNTHER. II. 189. Mon *Oeffentliches Recht des teutschen Bundes.* §. 207 — 212.

§. 134.

Effets du droit de propriété d'état dans le territoire de l'état. Par rapport 1° à des accessions; 2° à des arrangemens qu'exige le but de l'état.

En vertu du droit de propriété d'état, le gouvernement peut, à l'exclusion de tous les étrangers, non-seulement posséder le territoire de l'état, et en user, mais aussi en disposer à volonté, et l'augmenter par le droit d'accession. Il peut, en conséquence, 1° joindre, comme propriété d'état, à son territoire les choses qui s'y unissent par des causes actives extérieures (les accessions); que l'*accession* soit effectuée par alluvion, ou par coalition (*appulsio, coalitio*), ou par des attérissemens qui se forment dans son territoire d'eau *a)*. 2° Peut-il faire dans le territoire les *arrangemens qu'exige le but de l'état,* nommément

construire des forteresses, ports, ponts et routes,
diriger ou charger le cours des fleuves, etc., quand
même il en résulterait des suites désavantageuses
à d'autres états *b*).

> *a*) GROTIUS de J. B. et P. II. 3. 17. v. CANCRIN's Wasser-
> recht, Bd. I, Abhandl. 3, S. 167 ff. 184. 212. VATTEL droit
> des gens, L. I. ch. 22. §. 268, 275. GÜNTHER's Völkerrecht,
> II. 57—64. — Sur les îles flottantes, voyez v. CANCRIN,
> I. 175. 206. GÜNTHER, II. 61. — A-t-on besoin d'une
> prise de possession, pour acquérir de la propriété par coa-
> lition (*appulsio*)? GÜNTHER, II. 59.
>
> *b*) *Qui jure suo utitur, nemini facit injuriam.*

§. 135.

3° à l'usage à faire du territoire par des étrangers.

Le droit de propriété d'état étant indépendant de toute influence étrangère, il s'ensuit 3° que
l'état peut exclure tout *étranger*, non-seulement
de l'occupation des choses qui n'ont pas de maître
(*adespota*) (§. 124), et de l'usage de son territoire dans les cas de nécessité *a*), mais encore
de tout autre usage qui pourrait en être fait, sans
d'ailleurs lui nuire d'une manière quelconque *b*),
p. e. le passage ou séjour, le commerce, un établissement ou une acquisition *c*); il est libre de
n'admettre ces sortes d'usage de son territoire, que
sous certaines conditions ou restrictions, p. e. de
se légitimer, de payer certains impôts, de se soumettre durant le séjour dans le territoire aux lois
du pays, notamment au droit d'aubaine, d'y être
traité en sujet temporaire, etc. Si, dans quelques

états, la politique, le propre intérêt ou l'humanité du gouvernement, l'ont engagé à ne pas exercer ces droits avec rigueur, les étrangers ne peuvent pour cela exiger cette déférence comme un droit, si ce n'est en vertu d'une convention *d*), dont le voisinage même ne saurait tenir lieu *e*). S'arroger un semblable usage, ce serait violer le territoire, et exposerait à être traité en offenseur *f*).

a) En cas de naufrage ou danger sur mer, toutes les nations de l'Europe permettent des exceptions de cette règle. Il n'en est pas de même de la fuite devant l'ennemi ou de maladies contagieuses. — Question de savoir, si des pays fermés ou enclavés par le territoire d'un état étranger, peuvent exiger, comme obligation parfaite naturelle, le passage par ce territoire voisin, par terre ou par eau? p. e. le Portugal par l'Espagne, le royaume de Naples par le milieu et la partie supérieure de l'Italie, le souverain de la principauté de Leyen par le grand-duché de Bade, les nations avoisinantes la mer baltique par le Sond, les états d'Allemagne situés le long du Danube au moyen de ce fleuve par les états de l'Autriche et par ceux de la Porte. Il est des auteurs qui soutiennent à cet égard une servitude publique, dérivante de la situation des lieux, et par conséquent constituée par la nature même. WOLFF jur. gent. c. 3. §. 323. GÜNTHER, II. 255. J. N. HERTIUS diss. de servitute naturaliter constituta, cum inter diversos populos, tum inter ejusdem reip. cives. Giess. 1699, et dans ses Opusc. Vol. II. T. III. p. 105 — 154. Un pareil passage a été souvent stipulé par des traités, p. e. pour la Russie la sortie de la mer noire, dans le traité de paix de Kainardschy en 1774, art. 11.

b) G. L. BOEHMER diss. de jure principis libertatem commerciorum restringendi, §. 16. sqq., et dans ses Electis jur. civ. T. III. exerc. 19. GÜNTHER, II. 216 — 229. MOSER's Versuch, VI. 37.

c) On peut citer comme exemples: l'enrôlement pour le service d'une puissance étrangère, l'engagement des sujets pour aller s'établir dans des colonies étrangères, des entreprises de commerce, des collectes pour des loteries étrangères et autres jeux de hasard, les spéculations des faiseurs de tours ambulans, des charlatans de toute espèce, etc.

d) GROTIUS de J. B. et P. lib. II. c. 2. §. 22. VATTEL droit des gens, l. II, ch. 10, §. 237 et suiv.

e) GÜNTHER, II. 230 et suiv.

f) GÜNTHER, II. 234 et suiv. — Si la propriété du territoire est contestée, l'usage que l'un des contestans indépendans en fait d'autorité, ne sauroit être envisagé comme violation du territoire. MOSER's Versuch, V. 379. Du même, Beyträge, V. 324.

§. 136.

Continuation.

L'usage reconnu aujourd'hui entre les nations de l'Europe, permet, en tems de paix, 1° presque partout aux étrangers non suspects l'entrée du territoire, le passage ou le séjour temporaire *a*), seulement qu'il leur impose souvent des formalités plus ou moins rigides *b*), et qu'il les soumet à la surveillance de la police et aux lois du pays, en tant que ces dernières leur sont applicables. Mais ce même usage ne permet 2° que sur une réquisition préalable, et une concession spéciale, le passage de troupes étrangères et des vaisseaux ayant à bord des ammunitions de guerre, le transport des criminels ou des prévenus de crime par des gens armés *c*). 3° Des lois ou même des conventions *d*) accordent, suivant l'intérêt supposé de l'état, liberté, ou portent restrictions ou défense, au commerce actif ou passif, soit entier soit en

partie.   Ceci a nommément lieu pour l'admission
des navires marchands et des paquebots, qui sont
partout reçus avec moins de difficulté que les vaisseaux de guerre, qu'on ne souffre, s'il n'y a danger évident de naufrage, que très rarement dans le
territoire maritime, et alors en petit nombre seulement *e*).   4° Par rapport à la faculté d'acquérir
et de posséder des biens - fonds, les étrangers
n'éprouvent dans beaucoup d'endroits que peu
d'obstacles, dans d'autres on leur en oppose plus
ou moins *f*), là surtout où les lois sur l'indigénat
sont sévères (§. 79).   5° Enfin on accorde le plus
souvent l'exterritorialité aux souverains étrangers,
pendant leur séjour temporaire dans le pays *g*).

a) Voyez les écrits dans v. KAMPTZ neuer Lit. des VR., §.
118 f. — Les puissances européennes n'ont pas toujours
cette déférence dans leurs possessions hors de l'Europe, particulièrement dans leurs colonies. MOSER's Versuch, VI.
42 ff.

b) P. e. des passe-ports, visites, cartes de sûreté ou de police. On use de plus de rigueur contre ceux qui veulent
visiter des fortifications, des arsenaux etc. MOSER's Versuch,
VI. 45. De même, s'il règne des maladies contagieuses,
où l'on exige la quarantaine. GÜNTHER, II. 220. Ordonnance d'Espagne de 1791, concernant l'entrée et le séjour
des étrangers en Espagne, dans de MARTENS recueil, V. 8
— 18, qui fut modifiée postérieurement, sur l'intervention
de plusieurs puissances. — L'*incognito* n'est ordinairement
accordé que pour des raisons particulières. MOSER's Versuch, VI. 44. J. C. DRESLER epist. de juribus principis *incognito* peregrinantis odiosis. Martisb. 1750. 4. Comparez ci - haut §. 106 et 115.

c) L'on a établi ce principe dans plusieurs traités. Adr. KLUIT
historiae federum Belgii federati primae lineae, II. 459.

Traité entre le Portugal et l'Espagne, de 1715, art. 19. — Voyez aussi plus haut §. 88.

d) Traité de paix de Westphalie de 1648, J. P. O. art. 9, §. 1 et 2.　On en trouve même quelquefois des exemples dans des lois d'état, p. e. dans la Magna charta de la Grande-Bretagne de Henri VII, de 1224, art. 30, dans de MARTENS Samml. der wichtigsten Reichsgrundgesetze, I. 728.

e) Le plus souvent on n'en admet que trois à-la-fois.　Traité de paix d'Utrecht de 1713, art. 7.　Six sont admis, d'après le traité de paix entre la France et le Portugal, de 1713, art. 7.　Suivant le traité entre la Grande-Bretagne et l'Espagne de 1667, art. 16, il n'en doit être reçu qu'un seul. Dans le traité entre la Grande-Bretagne et le Portugal, du 19 févr. 1810, art. 8, il est stipulé qu'un nombre quelconque de vaisseaux de guerre, de l'une et l'autre puissance, pourront être admis à la fois dans leurs ports respectifs. Voyez le recueil de Mr. de MARTENS, Supplém. V. 248. Le Danemarck a fait, à cet égard, plusieurs traités avec d'autres états maritimes. —　Pour ce qui est des difficultés dans des possessions hors de l'Europe, voyez GÜNTHER, II. 221.　MOSER's Beyträge, V. 481.

f) Traités, entre la Russie et l'Autriche de 1785, art. 24; entre la Russie et le Portugal de 1787, art. 56; entre la France et l'Autriche du 30 août 1810.　Ordonnance de la Bavière du 13 nov. 1810, dans le journal intitulé: Der Rheinische Bund, Heft L, S. 218 et 307.

g) Voyez des écrits dans v. KAMPTZ neuer Lit. des VR., §. 117.

§. 137.

4° aux servitudes publiques.

Aussi 4° tout état indépendant est le maître de charger son territoire de *servitudes publiques,* en faveur d'autres états.　On appelle servitude publique *a*) le droit d'un état, ou d'un systême d'états confédérés, fondé sur un titre spécial, qui restreint, en leur faveur, la liberté d'un autre état ou systême d'états confédérés, sans cependant porter atteinte à la souveraineté de ces derniers. La servitude est *active* du côté de l'état à qui elle est due, *passive* du côté de celui qui y est assujetti *b*). Des servitudes peuvent compéter à des états européens, tant sur d'autres états de l'Europe que sur des états dans une autre partie du monde, et pareillement à ces derniers tout aussi bien qu'à des états européens. Nous ne manquons pas d'exemples de servitudes publiques, anciennes et nouvellement constituées *c*).

a) En opposition à la servitude particulière. — Voyez les écrits allégués dans Pütter's Literatur des teutschen Staatsrechts, III. 819, et dans ma Neue Literatur des t. Staatsr., S. 689. C. J. C. Engelbrecht tr. de servitutibus juris publici. Helmst. 1715. rec. c. praef. C. G. Buderi. Lips. 1759 4. De Steck Eclaircissemens de divers sujets intéressans (1785), n. 6. (J. F. v. Tröltsch) Von Freiheiten und Immunitäten in fremdem Gebiete; d'ans Siebenkees Beyträgen. Th. I—VI. N. T. Gönner's Entwickel. des Begriffs und der rechtl. Verhältnisse deutscher Staatsrechtsdienstbarkeiten. Erl. 1800. 8. Moser's nachbarl. Staatsr., 239 ff. Günther's Völkerr., II. 251. v. Martens Völkerr., §. 111. Majer's weltl. Staatsr., III. 27 ff. Pütter's hist. Entwickelung der Staatsverfassung des t. Reichs, III. 277 ff.

b) Les *divisions* des servitudes, telles que le droit civil les admet, en réelles et personnelles, en *urbanae* et *rusticae*, en *continuae* et *discontinuae*, ne sont point applicables au droit des gens. Celles en affirmatives et négatives, en unilatérales et réciproques, sont justes, mais peu utiles.

c) Voyez des exemples d'ancienne date, dans les livres allégués de Moser et Majer, ainsi que dans v. Römer's Völkerrecht der Teutschen, S. 224 ff. et son Kursächs. Staatsrecht, II. 96. 673, dans Reuss Staatskanzley, IV. 255, et dans le livre cité de Gönner, S. 11 ff. 92 ff. F. Guil. Pestel diss.

de servitutibus commerciorum. Rint. 1760. 4. — Du droit de
tonnage de la ville de Brême, voyez v. Bülow's et Hagemann's pract. Erörterungen, I. 1 — 38. Sur le droit appelé
die Wildhämmelei, en territoire étranger, voyez J. R. v. Roth's
Abhandlungen aus dem teutsch. Staats- u. Völkerr. (Bamb.
1804. 8.), S. 233. En vertu du traité de paix de Munster
de 1648, art. 14. la rivière de l'Escaut dut être tenue close.
Schmauss C. J. G. I. 619. La France avait promise à la
Grande-Bretagne, dans plusieurs traités depuis celui d'Utrecht
de 1713, de ne pas fortifier Dunkerque; ce qui fut abrogé
et supprimé par le traité de paix conclu à Paris en 1783,
art. 17. Les Provinces-Unies des Pays-Bas eurent le droit
de mettre garnison dans les places de barrière des Pays-
Bas autrichiens, conformément au traité de barrière de 1715.
— Des exemples de nouvelle date, sont: 1° L'octroi de la
navigation du Rhin, depuis 1804. Traité de paix de Lunéville de 1801, art. 6. Reichs-Deputations-Hauptschlufs
de 1803, §. 39. Acte de la confédération du Rhin, de 1806,
art. 2. Mon Oeffentliches Recht des teutschen Bundes, §.
473. et suiv. 2° L'obligation de la Bavière de fortifier
Augsbourg et Lindau etc., stipulée dans l'Acte de la confédération du Rhin, de 1806, art. 37. 3° La souveraineté
stipulée pour la Bavière, sur toute la grande route de Lindau jusqu'à Memmingen; ibid. art. 24. 4° La route de
communication à travers les états des princes de Salm, pour
le grand-duché de Berg, stipulée ibid. art. 24. 5° Le droit
de flottage sur la rivière de la Sinn, dont sont convenus les
Grand-ducs de Francfort et de Wirzbourg. Rheinischer
Bund, Heft XXIV, S. 392. 6° La poste qui fut accordée
au royaume de Westphalie, dans le pays d'Anhalt; ibid.,
Heft XX. 307. XXIV. 124. 7° Des exemples dans le traité
conclu entre le royaume de Wirtemberg et le grand-duché
de Bade, le 31 déc. 1808, art. 1, lit. c, art. 4. Badisches
Regierungsblatt, 1809, n° IV. 8° Plusieurs servitudes publiques, dans les royaumes de Prusse et de Saxe, tant
entr'eux qu'en faveur de la France, avaient été stipulées
dans la convention d'Elbing du 13 oct. 1807, arrêtée entre
la France et les rois de Prusse et de Saxe, en exécution de
l'art. 16. de la paix prussienne de Tilsit de 1807. Rheinischer Bund, Heft XVI, S. 37. 9° La liberté de la navigation sur la Vistule, dans les territoires de Varsovie, de

la Prusse et de Dantzick, avait été convenue dans la paix
de Tilsit, entre la France et la Prusse, de 1807, art. 20;
de même, sur la Netze et le canal de Bromberg, depuis
Driesen jusqu'à la Vistule, ibid. art. 17. 10° Le droit de
garnison dans les places de Ferrare et de Commacchio, accordé à l'Autriche, dans l'Acte final du congrès de Vienne,
art. 103.

§. 138.

Principes concernant les servitudes publiques.

1° Pour qu'un droit puisse être réputé servitude *publique*, il est essentiellement nécessaire
que les deux parties contractantes soient des états
indépendans a). 2° Il est également essentiel,
que celui auquel le droit appartient, soit, quant
à son exercice, *indépendant* de l'état chargé de
la servitude *b*). 3° Toute servitude publique est
réelle c), de côté et d'autre. 4° Objets en peuvent être, non-seulement des droits de souveraineté, mais aussi des droits régis par les lois civiles,
pourvu que la servitude accorde en même tems la
souveraineté sur l'exercice de ces mêmes droits *d*).
Les *droits particuliers* seuls au contraire, et soumis à la souveraineté du pays, qui appartien-
draient à un souverain étranger, ou à la chambre
des finances d'un état étranger *e*), p. e. des fonds
de terre, rentes, droit de pâturage, etc., ne lui
appartiennent jamais en qualité de servitude publique. 5° Les droits, même ceux de régale, et
les immunités qui sont concédées par le droit public intérieur à certains sujets ou à certaine classe

de sujets, ne peuvent pas non plus être considérés comme servitudes passives de l'état *f*).

a) Par le traité d'alliance de 1793, art. 6—8 et 11, (de MARTENS recueil, V. 222.) la république de Pologne s'engagea moins à une servitude publique, qu'à une vraie dépendance de la Russie, de manière qu'elle devint par-là un état mi-souverain. — N'importe, que l'état auquel est due la servitude publique, en retire l'avantage immédiatement par lui-même, ou bien indirectement, lorsque p. e. la jouissance appartient à un de ses sujets. (De STECK) Essais sur divers sujets de politique (1779. 8.), p. 3 — 12.

b) REUSS Staatskanzley, XVII. 32 ff. NETTELBLADT's Erörterungen, 365. — L'opinion contraire est défendue, dans WESTPHAL's Staatsrecht, S. 555, dans SCHNAUBERT's Staatsrecht der gesammten Reichslande, §. 113, et dans le livre allégué de GÖNNER, §. 84—90.

c) ENGELBRECHT, p. 232. sqq. GÖNNER, §. 78.

d) J. R. v. ROTH's Abhandlungen aus dem t. Staats- und Völkerr., Abtheil. II. Num. IX. Cette thèse n'est pas adoptée par GÖNNER, §. 9.

e) REUSS Staatskanzley, IV. 237. XVII. 32 ff. GÖNNER, §. 27 ff.

f) P. e. les droits de juridiction patrimoniale, de chasse, de pêche, le passage des marchandises par le territoire, l'immunité de la douane, du péage, des droits de barrière, de ceux de retraite et de détraction ou transfert. v. ROTH's Staatsrecht deutscher Reichslande, II. 219.

§. 139.

Continuation.

6° Une servitude publique ne peut être fondée que sur un *titre spécial a*). Donc la règle ou la présomption est toujours en faveur du gouvernement du pays *b*). 7° Toute servitude étant une exception de la règle, elle s'interprète par les

principes de l'interprétation *stricte c*).   8° Elle
est *éteinte* par des conventions contraires, par la
perte de la chose, par consolidation, et enfin le
terme écoulé pour lequel elle avait été constituée *d*).

a) ENGELBRECHT, p. 167. sq. —   Il est des auteurs qui admettent des servitudes publiques *naturelles*, p. e. HERTIUS,
ENGELBRECHT, etc. —   Les *simples usages* des nations, ainsi
que le *cérémonial des états*, ne peuvent pas être réputés
servitudes publiques.   De NEUMANN medit. jur. priv. princ.
T. IV. lib. 2. tit. 3. —   Cependant la *possession*, au sujet
des servitudes publiques, ne laisse pas d'être efficace de droit.
ENGELBRECHT, p. 332. sqq.   GÖNNER, §. 91.

b) Reuss Staatskanzley, I. 360. XVII. 32 f.   GÖNNER, §. 51—54.

c) Traité de paix de Westphalie de 1648, J. P. O. V. 44.
I. 99. D. de V. O.   GÖNNER, §. 80 ff.

d) ENGELBRECHT, p. 584. sqq.   GÖNNER, §. 94 ff.

§. 140.

*5° — 7° Aliénation, engagement, délaissement de la pro-
priété d'état.*

Du droit de la propriété d'état dérive 5° le
droit de l'état d'aliéner une portion de son territoire en entier, ou seulement un droit spécial
compris dans sa propriété; par conséquent aussi
6° celui d'*engager* (d'hypothéquer ou de donner
en nantissement) des choses à lui appartenantes.
7° Aussitôt qu'un état *délaisse* ou abandonne une
partie de la propriété, p. e. une île, elle cesse de
faire partie de son territoire, et n'appartient à personne (*res nullius*).   Dès-lors il est loisible
à tout autre état de se l'approprier et de la sou-

mettre à sa domination *a*). Cependant il faut une déclaration claire, soit expresse soit tacite, pour faire cesser le droit du premier; une simple conjecture ou supposition ne pouvant équivaloir à une pareille déclaration, elle ne saurait y suffire, et moins encore à la perte de la chose par prescription *b*).

a) Grotius de J. B. et P. lib. II. c. 5. §. 19. n. 1. Günther, II. 64 ff. J. H. Feltz diss. excerpta controversiarum illustrium, de rebus pro derelictis habitis. Argent. 1708. 4. D. F. Hoheisel diss. de fundamentis in doctrina de praescriptione et derelictione gentium tacita. Hal. 1723. 4. — Une nation ayant simplement quitté un pays, peut-elle pour cela être censée l'avoir abandonné? Voyez Günther, II. 68. — Une nation, après avoir quitté un pays, peut-elle en conserver la propriété et la domination, par la seule déclaration de le vouloir, p. e. en y laissant des écriteaux de souveraineté? Günther, II. 69. 14 f. De Martens recueil, III. 252. — Sur des évènemens de cette espèce, conférez J. J. Moser's NordAmerika nach den Friedensschlüssen vom J. 1783. Leipz. 1784. 1785. Bd. I—III. gr. 8. Mémoires des Commissaires de S. M. Très-chrétienne et de ceux de S. M. Britannique, sur les possessions des deux couronnes en Amérique. Amsterd. 1755. T. I—III. 8.

b) Les publicistes sont partagés à ce sujet. Voyez Günther, II. 70 f.

CHAPITRE II.
DROIT DES TRAITÉS.

§. 141.
Définition.

En vertu de l'indépendance de sa volonté, l'état peut renoncer à ses droits primitifs et a ceux postérieurement acquis, ou bien les limiter à son gré. Les rapports, droits et obligations, résultans de-là, sont appelés *arbitraires* ou *positifs;* ils ne peuvent être fondés que sur une déclaration libre et effective, expresse ou tacite, donnée de bouche ou par écrit *a*). De simples *suppositions* ou *conjectures*, ne peuvent établir entre des états qu'une simple probabilité, jamais une certitude, et bien moins encore des droits parfaits (§. 3, note f). Le droit des gens ne reconnaît pas non plus le consentement *fictif* (*consensus fictus*) de la législation civile.

L'état qui veut acquérir un droit par les propositions affirmatives d'un autre état, doit *accepter* ces propositions. De ce consentement réciproque déclaré, concernant le même objet, il résulte une obligation conventionnelle *b*), un contrat entre deux ou plusieurs états, un *traité public* des gens (*pactum gentium publicum*); appelé ainsi, parce que les parties contractantes sont des peuples indépendans, ou des états régis par le droit *public c*).

C'est ainsi que les nations indépendantes règlent leurs intérêts, qu'ils déterminent leurs droits et obligations respectifs. Les états mi-souverains ou dépendans (§. 33), n'ont ordinairement qu'une capacité limitée de contracter *d*); et même des états indépendans peuvent restreindre cette faculté, par des traités d'alliance avec quelque puissance étrangère. Les individus ou communautés subordonnés à l'état, p. e. les villes, et même les représentans du peuple ou les Etats, ne peuvent former avec un état étranger que des conventions privées, toujours soumises à la surveillance de l'état dont ils font partie *e*).

a) P. J. Neyron, dans sa dissertation de vi foederum (Goett. 1778. 4.), §. 23, et Schmalz, dans son europ. Völkerrecht, S. 52 f., nient la validité des traités publics passés sans écrit.

b) Voyez des écrits sur les traités publics dans v. Ompteda's Literatur, II. 583 ff. Voyez aussi Grotius, lib. II. c. 15. Encyclopédie méthodique; économie politique et diplomatique, T. IV. (à Paris 1788. 4.) p. 353 — 361. Moser's Versuch, VIII. 53 — 391. Ueber Völkerverträge und ihre Dauer; dans le journal allemand intitulé Minerva, juin 1813 (à Leipsig, in 8°), p. 423—439. — On peut voir ci-après, dans le Supplément, les listes et recueils des principaux traités publics.

c) La dénomination de *traité public*, dans son acception générale, comprend les *traités publics des gens* ou puissances (traités publics proprement dits) et les *traités fondamentaux des états* (*pacta civitatum fundamentalia*). — Les conventions formées entre l'état et des particuliers étrangers, ainsi que celles sur des objets privés, conclues entre l'état et ses sujets, de même que les contrats particuliers passés par le prince régnant en son personnel, sont régis par le droit privé, positif ou naturel. Comparez ci-haut, §. 2, et ci-après, §. 259, note a. Grotius, II. 15. 1. sq. Vattel, liv. II. ch. 12. §. 154. — Par indirecte l'état acquiert, moyennant l'obligation conventionnelle qu'un de ses sujets a formée avec un sujet ou un état étranger, le droit de protéger son citoyen dans l'exercice de ses droits conventionnels.

d) Tels furent jadis les Etats de l'Allemagne. (Voyez la paix de Westphalie en 1648, J. P. O. art. 8. §. 2., la capitulation de l'Empereur, art. 6. §. 4. 5.), et davantage encore la ci-devant république de Pologne, par son traité avec la Russie en 1793, art. 6—8 et art. 11. De Martens recueil, V. 222.

e) Comparez Scheidemantel's allgem. Staatsrecht, Th. I. §. 196.

§.   142.

Conditions essentielles pour la validité d'un traité public.

1° Pouvoir des personnes agissantes.

Les traités publics ne peuvent être valablement conclus que par *le représentant de l'état envers l'étranger a*) (d'ordinaire le gouvernant),
soit immédiatement par lui, soit par l'entremise
de plénipotentiaires, ainsi que d'une *manière con-
forme aux lois constitutionelles de l'état b).* Le
traité passé par un plénipotentiaire, est valable, si
celui-ci n'a point agi hors de ses pleins-pouvoirs
ostensibles *c*); et une *ratification* postérieure n'est
requise que dans le cas où elle aurait été expressément réservée dans les pleins-pouvoirs, ou bien
stipulée dans le traité même, comme cela se fait
ordinairement aujourd'hui *d*) dans toutes les conventions qui ne sont point, telles que les arrangemens militaires, nécessitées par l'exigence du
moment. La ratification donnée par l'une des
parties contractantes, n'oblige point l'autre partie
à donner également la sienne *e*). Quant au commencement de la validité du traité, c'est du moment de sa signature, et non de celle des ratifications qui l'ont suivi *f*), que datent ses effets, sauf
toutefois les stipulations particulières. Une simple *sponsion*, un engagement formé pour l'état
par qui que ce soit, fût-ce même par le représentant de l'état ou par son mandataire, sans qu'ils
y aient été autorisés, n'est obligatoire qu'autant

qu'il est ratifié par l'état *g*). La question de savoir, si un traité passé au nom de l'état entre le gouvernant et l'ennemi, pendant que le premier se trouve prisonnier de guerre, si et jusqu'à quel point un tel traité est obligatoire pour l'état, ou s'il peut être regardé au plus comme une sponsion, a été le sujet de grandes contestations *h*).

a) Pendant une révolution, les autorités représentantes, en tant qu'elles ne se trouvent point dans la possession paisible de leurs attributions, ne peuvent former que des traités provisoires.

b) La constitution de l'état peut exiger la concurrence, le mandat ou la ratification d'une diète, d'un sénat, d'une assemblée du peuple, des représentans de la nation, des Etats, etc.

c) Grotius lib. II. c. 11. §. 12. Jo. Gerhard dissertationes acad., P. IV. n. 11. Jan Harm Lohman diss. de diverso mandatorum genere quibus legati constituuntur, et obligatione quae ex iis oritur (Lugd. Bat. 1750), c. 4. §. sqq. Voyez l'opinion contraire, dans Bynkershoek quaest. jur. publ. lib. II. c. 7. — Un mandat ou une instruction secrète ne viennent point en considération, le plénipotentiaire cependant n'en doit pas moins compte à son état. M. Hasse diss. de legato violati mandati reo. Viteb. 1717. 4.

d) Vattel, liv. II, ch. 14, §. 156. F. L. Waldner de Freundstein diss. de firmamentis conventionum publicarum, cap. 13. p. 126. Lohman diss. cit. cap. 4. §. 6. sqq. — Un savant, Bynkershoek quaest. jur. publ. lib. II. §. 7, a soutenu que la ratification était généralement requise aujourd'hui. De même, Schmalz dans son europ. Völkerrecht. p. 51. Voyez des écrits sur cette matière, dans Lipenii bibl. jurid. voc. ratihabitio et ratificatio, T. II. p. 242. Schott supplem. p. 411. et de Senkenberg supplem. p. 344. — L'histoire ancienne, moyenne et moderne, fournit des exemples de traités non-ratifiés. Grotius lib. II. c. 15. Telle la convention formée à la Haye entre l'Autriche, l'Angleterre, la Prusse et les Provinces-Unies des Pays-Bas, le 10 déc. 1790,

dans

dans de MARTENS recueil, III. 342. de HERZBERG recueil des déductions etc. T. III. p. 225. note *. De même, le pacte de soumission passé le 2 sept. 1796 entre la ville libre et impériale de Nuremberg et la Prusse, dans HÄBERLIN's Staatsarchiv, Heft VI, S. 178. T. L. U. JÄGER's Magazin für die Reichsstädte, Bd. VI. (Ulm 1797. 8.), Num. 18. Le traité de paix entre la Russie et la France, du 20 juillet 1806, dans de MARTENS supplém. IV. 305. Le traité entre l'Autriche et la Bavière, du 23 avril 1815, dans mes Acten des wiener Congresses, Bd. VIII, S. 129 ff. 149 ff. — Sur la question, discutée entre la France et l'Angleterre, de savoir si la convention faite au couvent de Zeven (ou Séven) le 10 sept. 1757, doit être regardée comme un traité public, ou seulement comme un arrangement militaire, voyez MOSER's Versuch, Th. X. Bd. I. S. 185 — 198, et Staatsschriften des Grafen von LYNAR, Th. II (Hambourg 1797), p. 71 et suiv.

e) Quelques - uns soutiennent l'opinion contraire. Voyez v. MARTENS Einleitung in das europ. Völkerrecht, §. 42. Jo. Zach. HARTMANN pr. de variatione a pactis gentium ante ratificationes, quae vocari solent, illicita. Kilon. 1736.

f) De MARTENS essai concernant les armateurs (Goett. 1795. 8.), §. 41. not. c. §. 61. note y.

g) GROTIUS, lib. II. c. 15. §. 3. 16. 17. VATTEL, liv. II, ch. 14, §. 212. Jo. Cph. HOMMEL, s. resp. J. G. RIEDESEL L. B. ab Eisenbach, diss. de sponsionibus ministrorum. Isen. 1723. 4. De MARTENS recueil, IV. 568. Voyez des écrits dans v. OMPTEDA's Literatur, II. 585. et dans v. KAMPTZ neue Lit. §. 244. — Celui qui a fait une sponsion (*sponsor*), est tenu de tâcher de son mieux à engager l'état à ratifier la promesse donnée pour lui, mais à rien de plus. En cas que la sponsion n'est point agréée, et qu'il y a des prestations déjà faites en vertu d'elle, tout doit être remis dans l'état antérieur. Voyez un exemple dans SCHMALZ europ. Völker-recht, p. 50.

h) GROTIUS, lib. III. c. 20. PUFENDORF de J. N. et G. lib. 8. c. 2. §. 2. SCHEIDEMANTEL's allgem. Staatsrecht, Th. I, §. 197 f. C. S. EISENHART diss. de pactis inter reges victores et captivos. Helmst. 1710. 4. Car. Lud. L. B. de DANCKELMANN diss. de pactis et mandatis principis captivi. Hal. 1718. rec. 1741. 4. Frid. PLATNER diss. de pactis principum captivorum. Lips. 1754. 4. B. P. van WESELN-SCHOLTEN (praes. Const. CRAS) diss. de foedere Madritano, quod Franciscus I. rex cum Carolo V. imp. captivus fecit. Amstelod. 1784. 4. Comparez aussi VATTEL, liv. 2, ch. 16, §. 257, et SCHMALZ l. c. p. 55.

§. 143.

2° *Consentement réciproque et libre.*

Le *consentement libre* et *réciproque*, expresse ou tacite (§. 3), des différentes parties contractantes, est aussi une condition essentielle pour la validité d'un traité public. En conséquence, de simples négociations, des communications purement préparatoires, ne sont, d'après leur nature même, nullement obligatoires. Il n'y a point de vrai consentement non plus, s'il a été donné par erreur, ou si la partie a été surprise par dol, pourvu que dans ce dernier cas elle ait été uniquement déterminée par les manœuvres pratiquées; la lésion de l'une des parties en cas d'échange, résultante de la différence de valeur en argent des objets échangés, ne vient point en considération *a*). — Pour que le consentement soit *réciproque*, il faut que la promesse faite par l'une des parties, soit acceptée par l'autre; les formes et l'époque de cette acceptation sont indifférentes, à moins que le traité n'en dispose expressément *b*). L'acceptation peut avoir lieu avant la promesse ou après, pourvu que dans l'intervalle l'autre partie ne se soit point retractée d'une manière légitime; elle peut se faire par un acte rédigé en commun, et signé par les différentes parties contractantes, par une déclaration et une réponse formelles *c*), ou

par un édit, un ordre, une ordonnance, des lettres patentes etc., adressés, en vertu de la convention, aux sujets de l'un ou de l'autre état *d*). —
Le consentement est *libre*, s'il n'a point été ex-
torqué par une violence injuste quelconque; la
violence exercée seulement pour la défense d'un
droit attaqué pourvu qu'elle n'ait été poussée plus
loin que l'exercice de ce droit l'exige, ne vicie
point le consentement *e*). Un acte de violence
provenant d'un tiers, ne serait une cause de nullité du traité, qu'autant que l'état envers lequel
l'engagement aurait été pris, y aurait coopéré de
mauvaise foi *f*).

a) Bynkershoek quaest. juris publ. lib. I. c. 10. N. H. Gundling lib. sing. de efficientia metus, tum in promissionibus
liberar. gentium, etc. Hal. 1711. et dans ses Exercit. acad.
T. II. n. 2. Christ. Otto van Boeckelen de exceptionibus
tacitis in pactis publicis. Groening. 1750. 4. et dans les
Opuscula de l'auteur. A. F. Rossmann von den Ausflüchten
im Völkerrecht (dans les Erlangische gelehrte Anzeigen, 1744,
Num. 57. 58. et dans J. C. Siebenkees jurist. Magazin, Bd. I,
Num. 4, S. 40 ff.); §. 26. Schmalz l. c. p. 55 et suiv.

b) Quelques-uns soutiennent qu'un traité public, pour être
obligatoire, doit être *écrit*. Voyez ci-haut §. 141, not. a.

c) Voyez des exemples dans de Martens recueil, III. 103. 166.
248. IV. 565. Moser's Versuch, X. 2. 377.

d) Comme le traité de commerce, conclu entre l'Autriche et
la Russie en 1785. De Martens recueil, II. 620. 632.

e) Dans un traité de paix p. e., par lequel le vainqueur ter-
mine une guerre commencée pour une juste cause. — Une
opinion particulière (dans le journal *Minerva*, juin 1813,
p. 425) déclare nul un traité conclu avec une nation sub-
juguée, non pour être imposé par la force, mais comme
passé avec une partie censée ne pas jouir de ses droits et
par conséquent incapable de consentement.

f) Les actes de violence d'une part, et leur cause légitime
de l'autre, étant souvent bien loin de l'évidence, et exigeant
par là un examen et des preuves suffisantes, l'application de
ces principes aura toujours de grandes difficultés. La politique peut même empêcher, par cette raison, d'attaquer la
validité d'un traité pour cause de violence.

§. 144.

3° *Possibilité de l'exécution.*

Il faut encore pour qu'un traité oblige les
parties contractantes, que *les promesses données
de part et d'autre puissent être remplies a)*. Il ne
doit y avoir impossibilité de l'exécution, ni physique ni morale. Une clause physiquement impossible à exécuter serait celle, à laquelle celui
qui s'y serait engagé ne pourrait nullement satisfaire, faute de moyens physiques dépendans de
lui. Il y aurait impossibilité morale, si l'accomplissement de la promesse devait entraîner la lésion des droits d'un tiers *b)*. Ceci n'empêche pas
cependant qu'un état ne puisse promettre d'employer ses bons offices, pour engager une tierce
puissance à faire quelque sacrifice. Lors de l'impossibilité de l'exécution d'un traité, le prometteur doit les dommages et intérêts au stipulant,
quand l'impossibilité à lui connue était ignorée
de celui-ci à l'époque de la conclusion du traité *c)*; il doit de même réparation, quand, le traité
conclu, il a amené lui-même l'impossibilité. Un
préjudice, quoiqu' évident, résultant de l'exécution
du traité pour le prometteur, ne constitue point

l'impossibilité morale, quand même ce préjudice le menacerait de la perte de son existence politique, de celle de son indépendance, ou du bouleversement de sa constitution *d*). Un traité est parfait du moment de sa conclusion, sans que l'exécution subséquente ajoute à sa validité.

a) C. E. Wächter diss. de modis tollendi pacta inter gentes (Stuttg. 1779. 4.), §. 25. 26.

b) Cette lésion aurait lieu lors de la collision d'un engagement nouvellement pris, avec les dispositions d'un traité antérieurement conclu avec une autre puissance; voyez le traité d'alliance générale et défensive entre la France et les cantons helvétiques, conclu à Soleure le 28 mai 1777, art. 8, dans le recueil de Mr. de Martens, I. 606. De même, s'il eût été promis la cession d'un droit envers un tiers, inaliénable par sa nature; tels que les droits non-transmissibles résultans d'une alliance formée avec un tiers état, à moins que cet état n'y ait consenti. Comparez Wächter l. c. §. 30—37.

c) Ceci peut avoir lieu, quand l'impossibilité morale est la suite d'un traité conclu antérieurement avec une autre puissance.

d) L'état peut-il éviter l'exécution, en se prévalant du droit de nécessité? — L'opinion, qu'il soit loisible à un état de ne point remplir ses engagemens, pour cela seul qu'ils lui portent plus de préjudice qu'ils ne sont avantageux à l'autre partie, est soutenue par Cicéron, et nouvellement par Wächter l. c. §. 28 et suiv.

§. 145.

Inviolabilité des traités.

L'intérêt de l'état peut exiger impérieusement des traités publics avec des puissances étrangères. Dans ce cas, il est d'une nécessité morale de traiter. Or il est clair qu'il ne pourrait se former de convention, s'il était loisible à chaque partie

contractante de se désister à son gré de ses engagemens. L'*inviolabilité,* la *sainteté a*) des traités publics (*sanctitas pactorum gentium
publicorum*), doit donc être chez toutes les nations une loi exigée par le but de l'état *b*). Cette
loi est également sainte pour tous les membres et
parties de l'état, car c'est au nom de tous que les
traités sont conclus; elle ne cesse d'être obligatoire qu' avec l'entier anéantissement de l'état
(*pacta aeterna et realia*), de sorte que des
changemens qui surviennent dans la constitution
de l'état, ou dans la personne du gouvernant, n'y
peuvent porter préjudice. L'état, éternel dans
sa fin, s'énonce par la personne de chaque gouvernant *c*). Celui qui prétend restreindre les effets d'un traité public, ou de quelques-unes de ses
dispositions, pour la durée du règne d'un prince
ou des princes d'une même dynastie *d*), ou bien
pour celle d'une certaine constitution, doit prouver son assertion *e*).

a) Il est presqu' inutile de dire que cette sainteté n'a aucun
rapport à la religion, et que, par conséquent, le principe
posé est absolument indépendant des confessions et des idées
religieuses des différens peuples.

b) Voyez Leviathan, or the Matter, Form et Power of a
Common-Wealth, by Thom HOBBES (Lond. 1651. fol.), p. 68.
Corn. van BYNKERSHOEK quaest. jur. publ. lib. II. c. 10. dans
ses Operib. omn. T. II. p. 256. G. S. TREUER de auctoritate et fide gentium. Lips. 1747. 4. WÄCHTER diss. cit. §. 39.
Henr. FAGEL diss. de foederum sanctitate (Lugd. Bat. 1785.
4.), cap. 2, p. 14. sqq., voy. particulièrement p. 23. sqq.
et cap. 4. p. 59. sqq. GARVE's Anmerk. zu Cicero von den

Pflichten, Bd. I. (5. Aufl. 1801), S. 71. Kant's metaphys.
Anfangsgründe der Rechtslehre, S. 99 f. Grolman über die
Rechtsgültigkeit der Verträge; dans son Magazin für die
Philosophie des Rechts und der Gesetzgebung, Bd. I, Heft 1.
Ignaz Rudhart's Untersuchung über systemat. Eintheilung
und Stellung der Verträge (Nürnb. 1810. 8.), §. 26 f. et 36.
v. Ompteda's Lit., §. 270. v. Kamptz neue Lit., §. 242.

c) „Ἐμμέσως, id est, per interpositam civitatem“. Grotius
de J. B. et P. II, 14. 11. — Henr. Fagel diss. cit. cap. 3.
p. 41. sqq. cap. 4. §. 4. sqq. p. 63. sqq. — Voyez de
l'obligation du gouvernant de remplir les engagemens pris
au nom de l'état par son prédécesseur, mon Oeffentliches
Recht des teutschen Bundes, §. 189. — Wächter, diss. cit.
§. 84., prétend que des *traités d'alliance* (*Bündnisse*)
ne soient obligatoires, ni pour le successeur dans la régence, ni pour le survivant de deux monarques alliés.

d) Pacte de famille des Bourbons, conclu entre la France et
l'Espagne en 1761. De Martens recueil, I. 1 suiv.

e) Henr. Fagel diss. cit. cap. 4. §. 7. pag. 66. sqq. Wächter
diss. cit. §. 73. — Voyez des exemples mémorables de la
violation des traités, dans la dissertation précitée de H. Fagel,
e. 2. §. 2.

§. 146.

De l'objet des traités publics, et de leurs différentes espéces.

Toutes actions ou choses, soumises à la
disposition de l'état, peuvent être l'*objet* des traités publics. Les différentes modifications, les
conditions à ajouter, dépendent de la volonté des
parties. Les traités peuvent par conséquent *dif-
férer* de beaucoup de manières. Ils peuvent être
conclus par les souverains personnellement, comme en 1815 la *Sainte-Alliance a)*, ou par leurs
plénipotentiaires. On peut les former ou par une
déclaration expresse ou tacitement; ils peuvent

dépendre d'une condition (résolutoire ou suspensive), exprimer le but pour lequel ils sont uniquement conclus (*sub modo*), renfermer un terme (*ex die* ou *in diem*), être unilatéraux et synallagmatiques, à titre onéreux ou non *a*), révocables ou, ce qui fait la règle, irrévocables. Enfin l'on distingue les traités principaux et accessoires (*pacta principalia et minus principalia, accessoria, adjecta, subsidiaria*), les traités préliminaires (provisoires, formés *ad intérim, conventiones praeparatoriae s. praeliminares*) et définitifs *c*).

a) La *Sainte-Alliance* ne paraît être, suivant l'expression de Bossuet, que la morale chrétienne appliquée au gouvernement des hommes, et à la politique à observer entre les souverains (§. 2, note e). Elle fut conclue, à Paris le 26 septembre 1815, personnellement entre les monarques de l'Autriche, de la Russie, et de la Prusse. Presque tous les états chrétiens de l'Europe y ont accédé, par des actes d'adhésion formels. Seulement le Prince-Régent de la Grande-Bretagne s'y est refusé pour la forme, mais point quant aux principes établis dans cette convention, et pour la seule raison qu'elle est conclue directement entre les souverains, tandis que la constitution britannique exige que les traités soient contresignés par un ministre qui est responsable; voyez sa lettre du 6 octobre 1816, dans le Journal de Francfort de 1816, n° 302. La Sainte-Alliance, dont les principes sont énoncés plus haut §. 2, note d, et ci-après §. *ult.*, se trouve imprimée dans le Politisches Journal du février 1816, p. 133, dans de Martens recueil, Supplém. T. VI, p. 556, et dans W. T. Krug la sainte Alliance, oder Denkmal des von Oestreich, Preussen und Rufsland geschlossenen heiligen Bundes. Leipz. 1816. 8. Betrachtungen über das heilige Bündnifs. Hamb. 1816. 8. Il est intéressant de joindre à ce traité les „Considérations sur les vrais intérêts de l'Europe, relativement à la Ste. Alliance", publiées pour la première fois à St. Pétersbourg, dans la gazette ,,Le Conservateur impartial‘‘ du 14 mars 1817; aussi dans le Journal de Francfort de 1817, n° 98, et dans la Allgemeine Zeitung de 1817, n° 101 et 110.

b) Voyez Günther's europ. Völkerrecht, II. 91 ff. 107 ff. — De ce nombre sont principalement les traités de vente, d'échange, de cession, ceux qui ont pour objet la démarcation des frontières, ou de remédier au morcellement et mélange des territoires.

c) Moser's Versuch, VIII. 55.

§. 147.

D e s   a r t i c l e s.

Les traités renfermant différentes dispositions (*pacta composita*), sont ordinairement divisés en plusieurs *articles*, connexes ou non, qui sont, suivant leur contenu, ou principaux ou accessoires. Ces articles peuvent être insérés dans *l'acte principal*, ou bien lui être annexés, comme supplémens ou appendice, en forme de *convention additionnelle*, ou d'*articles séparés a*). Toutes ou partie des dispositions des traités, doivent quelquefois être tenus secrets *b*), du moins pendant un certain tems (traités *secrets*, articles *séparés et secrets*, ou *additionnels* et *secrets*), lequel expiré ils deviennent *patents*.

a) Voyez p. e. les articles séparés des traités de paix conclus à Utrecht en 1713. Voy. Schmauss corp. jur. gentium, II. 1371. 1401. 1416. 1428. seq. 1465.

b) Articles secrets du traité de paix de Campo-Formio en 1797. De Martens recueil, VII. 215. Articles séparés et secrets des traités d'alliance de la Prusse avec la Russie, fait à Kalisch le 28 févr. 1813, et avec la Grande-Bretagne, conclu à Reichenbach le 14 juin 1813 ; de la Grande-Bretagne avec l'Autriche, la Russie et la Prusse, signés à Tœplitz le 9 sept. 1813 ; de l'Autriche avec les rois de Bavière et de Wirtemberg en 1813 ; dans mes Acten des wiener Congresses, Bd. VII, S. 280—282, Bd. I, Heft 2, S. 89 et 93. D'autres exemples récens se trouvent dans le recueil de Mr. de MARTENS, Supplém. V. 612. 646. 653. 665.

§. 148.

Des traités d'alliance en particulier.

Il y a des traités qui ne stipulent que des prestations détachées et transitoires. Ceux-ci portent plus particulièrement et dans le sens strict le nom de *traités* (accords, conventions, pactes, arrangemens). Il y en a d'autres compris sous la dénomination génerale *d'alliances* ou de *ligues a)* (*foedera*), destinés à établir des obligations entières et continues, et appelés ainsi, parce que les parties contractantes s'allient ou s'unissent pour des vues communes, que par conséquent ils forment une espèce de société (*pactum sociale*). Les alliances sont formées à perpétuité, du moins sans terme (*perpetua, aeterna*), ou pour un tems limité (*temporaria*). Une alliance est *inégale* (*foedus inaequale*), lorsque l'un des alliés seulement est restreint dans l'exercice de l'un ou de plusieurs de ses droits de souveraineté *b)*.

a) Appelés aussi *fraternitates* par les Romains, par César, Cicéron et Tacitus. — Voy. des écrits sur les alliances, dans v. OMPTEDA's Literatur, II. 585—594, et dans v. KAMPTZ neuer Lit., §. 245.

b) **P. e.** s'il lui est défendu de former, sans le consentement de son allié, de nouvelles alliances, ou de faire la guerre, de la terminer, de changer sa constitution, etc. — L'alliance est *inégale* dans un autre sens, si l'engagement pris par l'un des alliés n'est point l'équivalent de la promesse de l'autre. Henr. FAGEL diss. cit. cap. I. §. 10. — Sur la distinction des alliances en *personnelles* et *réelles*, voyez ibid. cap. I. §. 5 — 8.

§. 149.

Alliances pour la paix, et pour la guerre.

Les alliances sont nommées, d'après leurs différens objets. Sous ce point de vue, elles sont ou alliances de *paix*, ou de *guerre*. Du nombre des premières sont d'abord les *traités* d'*amitié*, par lesquels non-seulement l'entier accomplissement de toutes obligations parfaites est assuré ou confirmé, mais qui élèvent aussi au rang d'obligations parfaites les devoirs imposés par le droit naturel interne ou la morale, tendans à établir dans la société des relations amicales et officieuses; puis sont de ce nombre, les *traités* de *commerce*, et les *conventions* de *monnaies* destinées particulièrement à fixer un titre commun des monnaies. Par les *alliances* de *guerre*, les parties contractantes se promettent réciproquement aide et assistance contre les ennemis du dehors; on les appelle *alliances* dans le sens strict *a*). Ces alliances sont sousdivisées, de la manière suivante: alliances *défensives*, lesquelles ont pour objet de se défendre en commun contre des agressions hostiles; alliances *offensives b*), s'il s'agit d'attaquer ensemble une tierce puissance; traités de *neutralité*, si elles tendent à établir, en cas de guerre, la neutralité pour les parties contractantes ou pour l'une d'elles, soit que le traité soit conclu entre des puissances non comprises dans la guerre, ou bien avec l'une des puissances belligérantes; traités de *subside*, par lesquels l'une des parties se stipule, pour le cas d'une guerre, l'assistance de l'autre, limitée en quantité et en qualité (§. 272); enfin, traités de *barrière (foedera limitum custodiendorum)*, dont l'objet est la garde et défense des frontières de l'état *c*).

a) Moser's Versuch, X. 1. S. 1 ff. Galiani's Recht der Neutralität, S. 160 ff. Vattel, liv. III, ch. 6. Henr. Hoeufft diss. de jure quiescendi in bello (Lugd. Bat. 1768. 4.), §. 22 — 33. Mémoires sur les alliances entre la France et la Suède; par M. Rousset. 1745. — Voyez des exemples de traités d'alliance de la France avec la Prusse et l'Autriche, conclus en 1812, et avec le Danemarck, en 1813, dans le recueil de Mr. de Martens, Supplém. V. 414 — 431 et 589. Convention d'alliance de la Russie avec la Prusse, conclue à Kalisch et à Breslau le 28 (16) févr. 1813; dans Schoell histoire des traités, T. X (Paris 1818), p. 545. Conventions d'alliance de la Grande-Bretagne avec la Russie et la Prusse, signées à Reichenbach le 15 et le 14 juin 1813; de Martens recueil, Supplém. V. 568. 571. et de ces trois puissances avec l'Autriche, datées de Tœplitz le 9 sept. 1813; ibid. V. 596—610. Traité d'alliance de l'Autriche avec la Bavière, conclu à Ried le 8 oct. 1813; ibid. V. 610; et avec le roi de Wirtemberg, signé à Fulda, ibid. 643. Traité d'alliance entre la France et le Danemarck, signé à Copenhague le 10 juillet 1813; ibid. V. 589. De même, entre l'Autriche, la Russie, la Grande-Bretagne et la Prusse, conclu pour 25 ans, à Chaumont le 1 mars 1814; dans mes Acten des wiener Congresses, Bd. I, Heft 1, S. 1 ff. Confirmation de ce dernier traité, dans les traités d'alliance, conclus à Vienne le 25 mars

1815, art. 4, et à Paris le 20 nov. 1815, art. 3; dans de Martens supplém. VI. 115. 736. Enfin, la Sainte-Alliance (§. 146).

b) Les alliances offensives sont justes, quand elles ont pour objet une juste guerre. De ce nombre sont spécialement celles formées pour l'exercice du droit de prévention, n'emportant au fond que la défense de droit.

c) Pet. Frid. Guil. L. B. de Hohenthal diss. de foederibus finium. Lips. 1763. 4.

§. 150.
Des traités de commerce.

A l'effet de protéger, d'étendre, ou de restreindre la liberté naturelle du commerce, les puissances de l'Europe forment souvent, surtout depuis le commencement du seizième siècle, des *traités* de *commerce a)*, ou entre elles-mêmes, ou avec des nations non-européennes. Ordinairement ces traités ont pour but, la liberté, la sûreté, et la facilité du commerce et de la navigation commerçante. Ils assurent et protègent le franc trafic des sujets d'un état, ou imposent certaines obligations qui en restreignent ou étendent la liberté naturelle. Quelques traités de commerce ressemblent au contrat de société, comme la ci-devant ligue anséatique; d'autres ne présentent au fond que des traités d'amitié. Les points de vue principaux sous lesquels se forment aujourd'hui les traités de commerce, sont les principes à suivre tant en tems de paix qu'en tems de guerre, durant les guerres qui peuvent se faire non-seulement entre les parties contractantes elles-mêmes, ou entre l'une d'elles avec de tierces puissances, mais aussi entre des états étrangers aux deux parties.

a) On trouve beaucoup de traités de commerce dans les Recueils des traités publics. Un recueil particulier pour l'Angleterre, est le suivant: A Collection of all the marine treaties between Great-Britain and other Powers. 1779. 8. Voyez des extraits des traités de commerce de la Hollande, dans Adr. Kluit historiae federum Belgii federati primis lineis, T. I. cap. 4. Une indication des traités de commerce, conclus jusqu'en 1782 entre les principales puissances de l'Europe, et du plus essentiel de leur contenu, se trouve dans le cinquième chapitre de J. C. W. v. Steck's Versuch über Handels- und Schiffahrtsverträge. Halle 1782. 8. Des collections de traités de commerce conclus par différens états, et des écrits y relatifs, sont indiqués dans v. Kamptz neuer Lit., §. 256. — Ecrits sur cette matière: Jo. Jac. Mascov diss. de foederibus commerciorum. Lips. 1735. 4. Mably droit public de l'Europe, T. II. ch. 12. Théorie des traités de commerce, par M. Bouchaud. à Paris 1777. 8. Le précité Versuch de M. de Steck. Le même, von den Handlungsverträgen des russischen Reichs; dans ses Versuche von 1783, S. 61—84. Le même, von den Handelsverträgen der osmanischen Pforte, dans ses Versuche von 1772, p. 86—118. Le même, von dem *Assiento*-Vertrag, ibid. p. 1—13. Le même, von dem Sundzoll, dem odenseeischen Vertrag und dem brömsebroischen Friedensschluss, ibid. p. 39—48. Le même, von den wechselseitigen Vortheilen der Kronen Grossbritannien und Portugal aus ihrem Handlungsvertrag von 1703, dans ses Ausführungen (1784), S. 9 ff. Moser's Versuch, VII. 454 ff. 677.

§. 151.

Des traités de commerce conclus pour le tems de paix.

Ces traités formés sous la supposition de relations *amicales*, portent principalement sur l'exportation, l'importation et le passage des différentes espèces de marchandises, sur les impôts commerciaux, surtout les douanes, le péage, etc., sur les droits, privilèges et charges des sujets de l'état faisant séjour à l'étranger pour cause de commerce, relativement à leur négoce, la juridiction à exercer sur eux, l'exercice de la religion, leurs impôts, l'immunité de leurs biens de la saisie, ainsi que des droits de retraite et de détraction ou de transfert, leurs droits de succession, le droit de varech, etc. On a discuté, de tems à autre, sur le sens et l'étendue de la clause souvent admise dans les traités de commerce, ,,que les sujets commerçans de l'un des états seraient assimilés, sur le territoire de l'autre, aux habitans ou naturels du pays‟, ou bien ,,aux sujets de la nation la plus favorisée‟ *a*).

a) Voy. v. Steck's Versuch über Handelsverträge, S. 23 ff. De Martens essai concernant les armateurs, §. 57 et suiv.

§. 152.

De ceux conclus pour le tems de guerre.

Pour le cas d'une *guerre* à éclater *a*), d'abord entre les parties contractantes, on traite ordinairement sur la liberté et les conditions du séjour des sujets commerçans de l'un ou de l'autre état dans le pays de l'autre; ou bien on leur fixe un délai, à compter d'une époque déterminée, à l'expiration duquel, et sous telle ou telle supposition, ils seront obligés de quitter le territoire ennemi; on détermine les cas dans lesquels leurs biens seront sujets à la saisie, etc. Pour le cas de guerre de l'une des parties contractantes avec une tierce puissance, les déterminations roulent sur les droits de la neutralité du commerce des sujets de l'autre partie, principalement sur les marchandises qui passeront pour neutres, et celles qui seront regardées comme contrebande de guerre, sur le droit de visite des bâtimens neutres en pleine mer par les vaisseaux de guerre de la puissance belligérante, sur leur exemption de l'embargo dans son territoire maritime, sur les mesures à prendre par le gouvernement neutre, dans ses propres parages, contre les vaisseaux non-seulement du contractant belligérant, mais aussi de son ennemi, etc. *b*). Quelquefois enfin il se forme des alliances pour le cas d'une guerre également étrangère aux deux parties contractantes, sur la maintenue, même avec force armée en cas de besoin, de la liberté et de la neutralité de leur commerce en pleine mer.

a) Voyez des écrits dans v. Ompteda's Literatur, II. 598 f. Essais sur divers sujets relatifs à la navigation et au commerce, pendant la guerre, par Mr. de Steck. à Berlin 1794. 8.

b) Comparez la convention formée, en 1744, entre la Grande-Bretagne et la France, dans le Mercure hist. et polit. 1744, T. I. p. 560.

§. 153.

Effets et confirmation des traités.

Un traité valable n'impose non - seulement aux parties contractantes *l'obligation parfaite* de remplir

remplir leurs promesses réciproques, et leur donne le droit d'en exiger l'accomplissement l'une de l'autre, mais il leur confère aussi le droit, non moins parfait, d'empêcher tous les tiers qui n'y auraient point un intérêt né et actuel, de porter préjudice à son exécution. L'exercice de ces droits ne dépend ni de la confirmation, ni du renouvellement ou rétablissement, ni d'un affermissement quelconque du traité. La *confirmation* peut néanmoins être utile, lorsqu'il y a des différends ou des doutes élevés ou à craindre sur sa validité, ou sur sa durée *a*). L'assurance donnée souvent par les monarques lors de leur avènement au trône, de remplir ces obligations contractées par leurs prédécesseurs, est de pure forme, cependant elle peut valoir une déclaration générale d'amitié. Quelquefois le renouvellement et la confirmation d'un ancien traité, n'ont d'autre but que de le rappeller aux parties par lesquelles il a été passé. De la clause ,,qu'un ancien traité doive être censé faire partie du présent, comme s'il y était inséré mot à mot'' *b*), il ne s'ensuit pas que l'ancien traité devienne entièrement partie intégrante du nouveau; cette clause, sauf les dispositions particulières, n'a d'autre effet, que de donner, seulement entre les parties contractantes, force obligatoire à l'ancien traité, ou du moins de la faire reconnaître par elles s'il devait l'avoir déjà auparavant *c*).

a) Ceci a lieu parfois lors de plusieurs traités conclus successivement sur le même objet. Dans ce cas l'on confirme ordinairement les anciens traités par clause expresse, en tant qu'on veut assurer leur validité. Voyez la paix de Hubertsbourg de 1763, art. 5 et 12. Moser's Versuch, Th. X, Bd. 2, S. 601 f.

b) Comme p. e. les traités de paix de Westphalie, de Breslau, de Berlin, de Dresde, et de Hubertsbourg, l'ont été dans celui de Teschen (1779), art. 12; et la convention entre l'Autriche, le Palatinat et le duché des Deux-Ponts, ibid. art. 7. De Martens recueil II. 5. 6.

c) Elle n'oblige point p. e. les garans de la nouvelle convention; du moins leur garantie ne comprend que la nouvelle sanction de l'ancien traité, en tant qu'elle est faite et a pu se faire par les contractans. D'après ce principe, l'on décidera la question de savoir, si la Russie, par la garantie de la paix de Teschen, est devenue garante de toutes les dispositions de la paix de Westphalie. Voyez les écrits indiqués dans v. Kamptz neuer Lit. des VR., S. 81 f.

§. 154.

Renouvellement et rétablissement des traités.

Le *renouvellement* des traités (*renovatio pactorum*) est une prorogation de leur validité au-delà du terme stipulé *a*). Il est sujet aux mêmes conditions qui sont essentiellement requises pour la première conclusion. Le renouvellement ne se présume point, cependant il peut avoir lieu tacitement si, le terme écoulé, les parties continuent sciemment et de propos délibéré à remplir les obligations conventionnelles, et à en accepter l'accomplissement *b*). Il peut embrasser le traité en entier, ou quelques dispositions seulement *c*). — Il y a *rétablisse-*

ment d'un traité (*restitutio*), lorsqu'il a déjà cessé d'être en force, et qu'une nouvelle convention le fait revivre. Cette stipulation, qu'on appelle aussi quelquefois renouvellement, est souvent admise dans les traités de paix, pour les conventions interrompues par la guerre *d*). Pour que le renouvellement ou le rétablissement d'un traité s'étende, hors les parties principalement obligées, sur d'autres qui ne le sont qu' accessoirement, comme p. e. les garans, il faut leur consentement particulier.

a) Les traités de subsides sont ceux qui sont le plus souvent renouvelés. — Très-souvent on confond la confirmation, le renouvellement, et le rétablissement des traités. WALDNER diss. ad §. seq. cit. §. 12. p. 124. Quelquefois on cumule dans les traités les deux premières, ou même les trois expressions, pour éviter toute incertitude. Paix de Hubertsbourg de 1763, art. 5 et 12. Paix d'Aix-la-Chapelle de 1748, art. 3.

b) Question, si dans ce cas le traité est censé renouvelé pour le même espace de tems pour lequel il était primitivement conclu? VATTEL, liv. II. ch. 13. §. 199.

c) Le renouvellement de quelques stipulations seulement, pourvu qu'elles puissent subsister isolées, n'emporte point le renouvellement du traité en entier.

d) G. F. v. MARTENS über die Erneuerung der Verträge in den Friedensschlüssen der europäischen Mächte. Gött. 1797. 8. *Du même*, recueil, Supplém. V. 681.

§. 155.

Des moyens d'assurer l'exécution des traités.

Afin d'éloigner autant que possible toute inquiétude sur l'exécution des obligations contractées, celle-ci peut être *assurée* et *affermie* par des *conventions particulières* et *accessoires a)*, ou garanties dans le sens général (*pacta cautionis*), formées ou entre les parties contractantes seulement, ou avec une tierce puissance. Les moyens de sûreté en usage aujourd'hui, sont le *nantissement*, les *otages* et la *garantie*. L'affermissement des promesses par *serment*, est presque sans exemple depuis le 17ème siècle *b)*. L'*amende* conventionnelle et le *cautionnement*, seraient aujourd'hui d'une application difficile dans les contrats entre des états; et les anciens *conservateurs* enfin (*warrant, guarandi*), c'est-à-dire des citoyens, des attachés par le lien de protection (*jus advocatiae*), ou des vassaux distingués et puissans qui, en promettant force armée contre leur propre souverain, protecteur ou seigneur, se rendaient caution de ses engagemens *c)*, ne sont plus admis depuis le moyen-âge *d)*. Il en est de même de l'*excommunication majeure e)*, de l'*otage* (*obstagium*), de la honte d'être, en cas d'inexécution, diffamé par des *invectives* ou des *peintures ignominieuses*, et de toutes autres espèces de peines conventionnelles *f)*.

a) VATTEL, liv. II, ch. 16, §. 235 — 261. F. L. WALDNER de FREUNDSTEIN diss. de firmamentis conventionum publicarum. Giessae 1709 (1701), rec. ib. 1753. 4. C. F. WOLLER diss. de modis, qui pactionibus publicis firmandis proprii sunt, scil. de guarantia pacis et obsidibus. Vindob. 1775. 4.

b) Le seul exemple peut-être, du tems moderne, c'est l'alliance entre la France et la Suisse formée et assermentée des deux parties, en 1777, dans l'église cathédrale à Soleure. Moser's Versuch, VIII. 287 f. Assermentés furent encore: le traité conclu entre François Ier et l'Empereur Charles-Quint à Madrid en 1526; la paix de Cambray en 1529, art. 46; la paix de Château-Cambresis en 1559, art. 24; la paix de Münster conclue en 1648 entre l'Espagne et les Provinces-Unies des Pays-Bas; la paix des Pyrénées de 1659, art. 124; celle conclue à Aix-la-Chapelle en 1668 entre la France et l'Espagne; la paix de Ryswik de 1697, art. 38. Conférez Grotius lib. II. c. 15. Franc. Fagel diss. de guarantia foederum, c. 2. Waldner diss. cit. cap. 7. §. 75. Leonh. Hoffmann diss. de conservatione foederis jurejurando firmati. Jen. 1720. 4. — Plusieurs princes catholiques furent absous d'un pareil serment, p. e. Ferdinand le Catholique par le Pape Jules II (Rousset Supplément, T. III, P. I. p. 17.); François Ier par Léon X et Clément VII (Négociations secrètes touchant la paix de Munster, T. I. p. 20. Glafey's Vernunft- und Völkerrecht, S. 466), Henri II par le légat du Pape, Caraffa (Vattel, liv. II, ch. 15, §. 225). Cet abus donna lieu à insérer dans plusieurs traités la clause: „que le promettant ne tendrait point à obtenir la libération du serment, ni par lui-même, ni par d'autres, et qu'il n'accepterait pas non plus la dispense si elle lui serait offerte". Voyez des exemples dans Schmauss corp. jur. gent. 1165. Lamberty, I. 571. Rousset intérêts et prétentions, II. 13. 23. Faber's StaatsCanzley, XC. 215.

c) Voyez les traités de paix d'Arras, entre Maximilien Ier et Louis XI en 1482; de Senlis, entre Maximilien et Charles VIII, en 1493; d'Orléans, entre Louis XII et l'Angleterre, en 1514. Conférez aussi Fagel l. c. p. 26. seqq. (Neyron) Essai sur les garanties, p. 100.

d) A leur place, on choisit pour conservateurs des tierces puissances. De là les garanties en usage aujourd'hui, dont le traité de Blois en 1505 offre le premier exemple. Du Mont corps dipl. T. IV. P. I. p. 74. Franc. Fagel l. c. p. 29. sq. v. Steck's Versuche (1772), Num. 5, S. 48 ff.

e) Charles-Quint et François Ier tâchèrent encore d'affermir par ce moyen le traité de Cambray en 1529, art. 46, quoique les Papes Boniface VIII et IX (1302 et 1390) avaient défendu cette clause. De Gudenus cod. dipl. T. V. p. 336.

f) Voyez des exemples dans ma Comment. de pictura contu-
meliosa (Erlang. 1787. 4.), §. 6., et dans les Mémoires sur
l'ancienne chevalerie, par M. de la Curne de Sainte-Palaye,
T. I, p. 382 et suiv.

§. 156.

Particulièrement par le nantissement et les otages.

Le promettant donne parfois, pour la sûreté
de l'autre partie, un *gage* quelconque *a*), ordinairement un morceau de son territoire *b*),
dont il confère la possession et l'usage, plus ou
moins étendu, au stipulant. L'hypothèque, qui
ne donne point la possession du gage de sûreté,
ne vient que très-rarement dans les traités publics *c*). Des *otages* (*obsides*) ont été donnés
ou pris *d*) de tout tems. Ils ne sont enlevés
par force qu'en tems de guerre *e*), et cet enlèvement donne fort souvent lieu à des représailles. On les donne de libre volonté pour la
sûreté d'un droit conventionnel, le plus souvent
dans les arrangemens militaires, et dans les traités de paix *f*). Tout procédé envers les otages,
plus rigoureux que ne l'exige leur arrestation,
serait injuste *g*); ils ne sont tenus que du sacrifice de leur liberté.

a) Vattel, liv. II, ch. 16, §. 241 — 243.

b) N. H. Gundling de jure oppignorati territorii; dans ses
Exercit. acad. Vol. I. p. 31. sq. — L'on voit des exemples,
pris particulièrement dans l'histoire des Provinces-Unies des
Pays-Bas, dans Günther's Völkerrecht, II. 153. Franc.
Fagel diss. cit. cap. 3. p. 16. sq. Par le traité de Paris
du 8 sept. 1808, la Prusse engagea à la France ses for-

teresses situées sur l'Oder, Stettin, Custrin et Glogau, jusqu'au payement des 140 millions de francs de contribution;
voy. Büsch Welthändel, mit Bredow's Fortsetzung, S. 134. —
Des effets mobiliers ont quelquefois aussi servi de gage. Le
royaume de Pologne p. e. engagea à la Prusse une couronne
et quelques autres bijoux.

c) Voy. des exemples dans Günther, II. 154. Vattel, §. 244.
Schmauss C. J. G. II. 1140. art. V. 1150. art. III.

d) Voy. les écrits indiqués dans v. Ompteda's Literatur, II.
646 ff., et dans v. Kamptz neuer Lit., S. 276 f. — Vattel,
liv. II, ch. 16, §. 311 — 324. Franc. Fagel diss. cit. cap. IV.
p. 17. sqq. Waldner diss. cit. c. 8. p. 89. Moser's Versuch, Th. IX, Bd. 2, S. 457. Wächter diss. cit. §. 94.
Woller diss. cit.

e) v. Martens Einleit. in das europ. Völkerrecht, §. 291. Note b.
Vattel, §. 248.

f) Traité de paix d'Aix-la-Chapelle, en 1748, art. 9. Wenck
cod. jur. gent. II. 352.

g) Ainsi le dit Scipion dans l'histoire de Livius, XXVIII, 34.
Voy. Grotius lib. II. c. 15. §. 7. c. 21. §. 55. C. H. Breuning diss. de fuga obsidum. Lips. 1766. 4. de Steck ob-
servatt. subsecivae, c. 22. Vattel, §. 247. Fagel l. c. §. 9.
p. 22.

§. 157.

G a r a n t i e.

L'une des plus usitées des conventions dont
nous nous occupons, est la *garantie a*) proprement dite, par laquelle un état promet de prêter secours à un autre état, dans le cas que
celui-ci serait lésé ou menacé d'un préjudice
dans l'exercice de certains droits *b*), par le fait
d'une tierce puissance. La garantie est toujours
promise par rapport à une tierce puissance, de
la part de laquelle il pourrait être porté pré-

judice à des droits acquis. Elle peut donc être
admise, comme moyen de sûreté, dans toute obligation existante entre deux ou plusieurs états *c*),
hors le garant; nommément dans celles résultantes du voisinage et de la situation ou possession des territoires, de la souveraineté, de la
constitution de l'état, du droit de succession au
trône, etc. *d*). Elle est la plus usitée cependant
dans les traités de paix *e*). La formation du
contrat de garantie dépend de la libre volonté
du garant, et de la puissance à qui elle est promise. La promesse peut être faite non-seulement
à la puissance dont elle garantit les droits, mais
aussi, en faveur de celle-ci, à une tierce puissance *f*). De même, l'obligation de conclure
le traité de garantie avec une puissance, peut
être établie par un traité avec une autre. Le
consentement de celui contre lequel la garantie
est stipulée, n'est point requis pour sa validité;
cependant il peut être utile qu'il en ait connaissance.

a) Voy. les écrits qui sont indiqués dans v. Ompteda's Literatur, II. 594 f., dans v. Kamptz neuer Lit., §. 249 et 328,
et dans ma Neue Literatur des t. Staatsr., §. 1667. —
Vattel, liv. II, ch. 16, §. 235 et suiv. Moser's Versuch,
VIII. 335 ff. Franc. Fagel diss. de garantia foederum (Lugd.
Bat. 1759. 4.), p. 29. sqq. Woller diss. ci-dessus §. 155 cit.
Essai historique et politique sur les garanties (par P. J. Neyron). à Goett. 1777. 8. H. G. Scheidemantel, die Garantie
nach Vernunft und teutschen Reichsgesetzen. Jena 1782. 8.,
et dans son Repertorium des teutschen Staats- und Lehnr.
Bd. II, S. 156—166. C. D. Erhard pr. de sponsoribus

juris gentium. Lips. 1787. 4.   (Conférez cependant ma Kleine jurist. Biblioth., St. XV, S. 293.)

b) Si la garantie porte en termes généraux sur toute lésion de droits quelconques, c'est une alliance.   Voy. FAGEL diss. cit. cap. 7. §. 5. p. 34. — L'expression de garantie dans le sens *général*, comprend tous les traités dont le but est d'assurer l'exécution d'un autre traité — ERHARD, dans le programme précité, donne un recueil des différentes définitions usitées de l'expression de garantie dans son sens limité; toutes ces définitions paraissent insuffisantes.

c) Voyez sur la garantie des traités réglans les droits de la religion et de l'église, v. STECK's Abhandlungen aus dem teutschen Staatsrecht, Num. 7, et ses Observationes subsecivae, obs. 8.

d) Sur la garantie des provinces ou territoires, voyez MOSER's Versuch, V. 455 ff., et des exemples dans mes Acten des wiener Congresses, Bd. I, Heft 1, S. 96, Heft 2, S. 90, 93 et 95, Bd. V, S. 545 et suiv., Bd. II, S. 281. — Quelquefois l'existence politique ou la souveraineté et l'indépendance d'un état a été l'objet de la garantie. Voyez des exemples ibid. Bd. IV, S. 429 et 436, Bd. VI, S. 577, et dans mon Uebersicht der diplomat. Verhandlungen des wiener Congresses, S. 551. — De la garantie d'un territoire disputé, voy. MOSER l. c. V. 458. — La constitution de l'état (voyez ci-dessus §. 51, note c); le droit de succession au trône, même des emprunts, sont souvent garantis. La Russie se porta garante, en 1776, d'un emprunt de 500,000 ducats fait par le gouvernement de la Pologne. L'Autriche se fit garantir sa sanction pragmatique de l'an 1713, par l'Espagne dans la paix de Vienne en 1725, art. 12, par la France dans la paix de Vienne de 1738, art. 10, et par l'Empire germanique en 1732; voy. PACHNER's von EGGENSTORFF Samml. der Reichsschlüsse, Th. IV, S. 368 ff. De même, l'Espagne se fit garantir l'ordre de succession au trône, par l'Autriche, dans la paix de Vienne en 1725, art. 12.

e) Voy. H. de COCCEJI exercitatt. T. II. n. 31. p. 597. MOSER's Versuch, Th. X, Bd. 2, S. 552 — 600. De la garantie des traités de paix, voy. ARCHENHOLZ Minerva, Febr. 1812, S. 265—275. — Joignez y des écrits sur la garantie du traité de Westphalie (1648), dans v. OMPTEDA's Lit. II. 619 f.,

dans Pütter's Lit. des t. Staatsr. III. 90 u. 866, dans ma
Neue Lit. §. 1660, et dans v. Martens Einleit. in das europ.
Völkerrecht, §. 57, Note e.

f) Exemples, dans la paix de Teschen en 1779, art. 8, et dans
celle d'Aix-la-Chapelle de 1748, art. 22. Voy. aussi Faber's
europ. StaatsCanzley, Th. 99, S. 277. Dans le concert fait
à la Haye en 1659, art. 5, la France, la Grande-Bretagne,
et les Provinces-Unies des Pays-Bas se promirent mutuellement la garantie d'une paix qu'ils voulaient amener entre
la Suède et le Danemarck. Voy. Du Mont corps dipl.
T. VI. P. 2. p. 253.

§. 158.

Continuation.

Lorsque la garantie est destinée à assurer
l'inviolabilité d'un traité, elle forme toujours
une obligation et un traité accessoires (*pactum
accessorium*), même quand elle ferait partie de
l'acte de la convention principale *a*). Elle peut être
promise non-seulement par une tierce puissance,
mais aussi par l'une des parties contractantes en
faveur d'une autre, et vis-à-vis du reste ou
de quelques-uns seulement des contractans *b*).
Dans ce dernier cas, la garantie est ou unilatérale ou réciproque *c*). La garantie réciproque
est commutative ou non, selon que les promesses faites par les deux parties sont, ou ne sont
pas d'une étendue égale *d*).

a) Le traité de garantie peut être inséré dans l'acte dressé
sur le traité principal, comme dans la paix de Teschen de
1779, art. 7, 8, 9 et 16, et la promesse de garantie à la
fin de ce traité. Il peut au contraire être dressé à cet effet
un acte séparé, comme l'ont fait l'Empereur et l'Empire
d'Allemagne en 1751, pour garantie de la paix de Dresde

de 1745. Voy. Gerstlacher's Handbuch der teutschen Reichsgesetze, I. 190 f. La paix de Teschen fut également suivie
d'un traité de garantie à part. Voy. de Martens recueil,
II. 26. Les traités de paix conclus entre l'Empire d'Allemagne et la France, à Nimègue en 1679, art. 54, et à
Ryswik en 1697, art. 54, invitent toutes autres puissances
à se charger de leur garantie.

b) Dans la paix d'Aix-la-Chapelle en 1748, art. 23, les huit
parties contractantes se garantirent mutuellement le traité.
Dans la paix d'Oliva en 1660, art. 30, „*partes pacis cen-
tes omnes, tam principales quam foederatae*"
se garantirent leurs droits acquis. Voy. Du Mont corps
dipl. T. VI. P. 2. p. 508. De même dans la paix de Westphalie, en 1648. J. P. O. art. 17. §. 5. sq.

c) Réciproque entre la Prusse et l'Autriche, lors de la paix
de Dresde en 1745, art. 8. De même fut promise garantie
réciproque des deux territoires respectifs, et des territoires
des puissances comprises dans le traité, par l'art. 25 de la
paix conclue à Tilsit en 1807, entre la France et la Russie.
Garantie unilatérale de la France, par rapport à l'intégrité
des états autrichiens, dans la paix de Vienne en 1809, art. 14.
Voyez d'autres exemples de ce genre dans Scheidemantel,
§. 3, n. 4.

d) Voy. Moser's Versuch, V. 458.

§. 159.

F   i   n .

Les garanties sont générales ou spéciales, selon que tous les droits d'une espèce déterminée,
ou toutes les possessions d'un état, ou toutes les
stipulations contenues dans un traité, ou bien
une partie seulement de ces droits, possessions
ou stipulations sont garantis *a)*. Tantôt elles sont
stipulées pour toujours, tantôt pour un tems déterminé *b)*. Dans le cas d'une lésion relative à

l'objet garanti, ne fût-elle même qu'imminente encore, le garant, sur l'invitation qui doit lui en être faite *c*), est tenu de prêter le secours promis *d*), à mesure cependant que le provoquant en garantie aurait lui-même le droit de défense ou de se faire raison à soi-même *e*), et toujours sans porter préjudice aux droits d'un tiers *f*) (*salvo jure tertii*). Le garant n'a ni droit ni obligation de faire davantage que de prêter l'assistance promise. Si par là il ne peut parvenir à sauver l'objet garanti, la garantie n'étant point un cautionnement, il n'est tenu d'aucune indemnisation *g*). Il n'a pas le droit non plus de s'opposer à l'annullation, à l'extension ou aux changemens apportés au traité garanti avec le consentement des parties contractantes; mais ses obligations sont éteintes, lorsque et en tant que ces changemens ont essentiellement changé l'objet de sa garantie. Par la même raison la garantie ne s'étend point sur les clauses postérieurement ajoutées au traité, sauf toutefois les stipulations particulières. La garantie s'éteint de la même manière que tous les autres traités publics *h*). L'état en faveur duquel elle est stipulée, doit se comporter de manière à ne point perdre de droit et par sa faute les avantages de la garantie *i*).

a) Voy. Moser's Versuch, V. 457.

b) Moser's Versuch, V. 456.

c) Moser's Versuch, V. 462.

d) Moser's Versuch, V. 459. — Le garant est tenu d'employer tous les moyens convenables pour engager, ou même pour obliger, la partie qui contrevient à ses devoirs, à accomplir les stipulations du contrat.

e) Voy. Strube's rechtl. Bedenken, Th. I, Bed. 127. Fagel diss. cit. c. 7. §. 5.

f) Vattel, liv. II, ch. 16, §. 238.

g) Voy. Vattel, liv. II, ch. 16, §. 240. Franc. Fagel diss. cit. c. 7. §. 8. seqq. — Voyez aussi des précautions à prendre pour le mode d'assistance auquel on s'engage par la garantie, dans la déclaration par laquelle les Provinces-Unies des Pays-Bas accédèrent à la sanction pragmatique de l'Autriche; voy. cette décl. dans Rousset, recueil historique, T. VI. p. 442—452. Voy. aussi la paix de Westphalie, J. P. O. art. 17. §. 6., et la paix d'Oliva (1660), art. 35, §. 2. Voyez une formule contenant les précautions les plus utiles à prendre, dans Ulr. Obrecht Dissertatt. acad., Diss. VIII. c. 6.

h) Moser's Versuch, V. 460. Franc. Fagel l. c. c. 7. §. 15. sq. — Wächter (diss. cit. §. 95.) soutient que le garant, ayant formé une alliance défensive (voy. des exemples dans Schmauss C. J. G. II. 1013, art. 4., Schmauss Staatswissenschaft, I. 109. art. 2.) puisse à son gré se désister de son engagement.

i) Fagel diss. cit. c. 7. §. 14.

§. 160.

Bons offices et médiation de tierces puissances.

Hors les moyens ci-dessus énoncés d'assurer l'exécution des traités moyennant l'intervention d'un tiers, l'usage admet encore d'autres concours de tierces puissances. D'abord, 1° une tierce puissance peut par ses *bons offices (bona officia)* intercéder auprès des parties intéressées, à l'effet de les engager à conclure un traité, ou plutôt à entrer en négociations à cet effet. Les bons offices se prétent, ou de propre mouvement, ou sur la demande de l'une ou des deux parties, ou bien en vertu d'une promesse donnée *a*). L'acceptation peut en être refusée, s'ils étaient offerts spontanément, mais non lorsque les parties se sont engagées d'avance à les accepter *b*). La demande des bons offices, ou leur acceptation, ne confère point encore les droits d'un médiateur *c*). — *Médiateur (me-diator, pararius)* ou médiatrice sont 2° le souverain ou la puissance qui, dans les négociations d'un traité, prêtent conseil et secours aux deux parties, comme moyens de conciliation *d*). Quoique la médiation puisse être offerte tout aussi bien d'un propre mouvement que sur la demande de l'une ou des deux parties, et même d'une tierce puissance, elle n'existe cependant que par le consentement des deux parties et du médiateur *e*). Si elle est acceptée de toute part, le premier devoir du médiateur est l'impartialité. Ordinairement il est admis aux conférences des deux parties, et il prend plus ou moins part aux délibérations de l'une ou de l'autre, afin de hâter, d'une manière convenable, les résolutions. Cependant il ne peut jamais user de force à cet effet. La médiation enfin ne confère ni le droit, ni impose-t-elle l'obligation de garantir le traité conclu *f*).

a) Voy. MOSER's Versuch, VIII. 422 f. et Th. X, Bd. 2, S. 310. Institutions politiques, par le B. de BIELFELD, T. II. p. 152.

b) Comme dans la paix entre la France et la Prusse conclue à Bâle en 1795, art. 11, insérée dans le recueil de Mr. de MARTENS, VI. 498.

c) Voy. la déclaration faite par la Russie à la France en 1742, dans MOSER, même endroit.

d) Voy. G. L. TREUER diss. de prudentia circa officium pacificatoris inter gentes. Lips. 1727. 4. HEINICHEN über Friedensvermittlungen; dans le journal allemand intitulé *Minerva*, Oct. 1815, p. 1—12. De STECK sur la médiation d'honneur; dans ses Essais sur plusieurs matières, n° 1. Die bewaffnete Vermittlung; dans VOGT's europ. Staats-Relationen, Bd. V, Heft 1 (Frankf. 1805), Num. I. MOSER's Versuch, VIII. 421 ff. et Th. X. Bd. 2, S. 310. BIELFELD, l. c. v. OMPTEDA's Lit., II. 667. v. KAMPTZ neue Lit., §. 326.

e) Voyez p. e. la convention entre la France et l'Autriche sur la médiation pour la paix, signée à Dresde le 30 juin 1813; dans le recueil de Mr. de MARTENS, Supplém. V. 586.

f) Voy. FAGEL diss. cit. cap. 7. §. 4. — La garantie n'en peut pas moins être promise par le médiateur, comme p. e. dans la paix de Teschen en 1779, art. 8, et sur la fin. Traité entre l'électeur Palatin et celui de Saxe, conclu à Teschen en 1779, art. 5. De MARTENS recueil, II. 5. 8. 18.

§. 161.

De l'accession de tierces puissances.

Quelquefois il est offert, ou du moins laissé libre, à de tierces puissances *d'accéder à un traité* comme parties principales ou accessoires *a*). Si la tierce puissance déclare vouloir accéder, son accession est stipulée, dans le traité même, ou postérieurement dans la forme d'une convention particulière. Dans ce dernier cas, il est expédié d'un côté un acte d'accession, et de l'autre un acte d'acceptation *b*). De quelle manière que l'accession se fasse, le consentement ou la ratification de la tierce puissance est nécessaire, que d'ailleurs la validité de toutes ou de quelques-unes des stipulations en dépende, ou que l'accession ne soit demandée et accordée que pour raison de politique *c*). La tierce puissance ne pourrait être forcée d'accéder *d*), que lorsqu'il y aurait juste cause d'exercer la violence.

a) Voy. (J. C. W. v. Steck's) Ausführungen polit. und rechtl. Materien, Num. 2, S. 49 — 56. Moser's Versuch, VIII. 306 ff. X. 2. 416. Article séparé de la paix de Teschen (1779), par lequel la Saxe est reçue comme partie contractante. De Martens recueil, II. 9.

b) Voyez les actes d'accession des rois d'Espagne, des Deux-Siciles et de la Sardaigne à la paix de Vienne en 1738, dans Wench cod. jur. gent. I. 50. 149. 157. 165. Les actes d'accession à la paix d'Aix-la-Chapelle en 1748, ibid. II. 323. 326. 327. 329. 376. 382. 586. 590. 598. 404. Les actes d'accession et d'acceptation de la paix de Teschen en 1779, dans le recueil de Mr. de Martens, II. 14. 20. 23. 24. 27. Acte d'accession de l'Empire d'Allemagne à la paix de Teschen en 1779, dans Gerstlacher's Handbuch der t. Reichsgesetze, I. 208 ff. Actes d'accession de différens princes à la confédération du Rhin, de l'an 1806 jusqu'en 1808. Mon Staatsrecht des Rheinbundes, §. 33, not. b. Voy. des exemples plus anciens, dans Du Mont corps dipl. univ. T. VIII. P. 1. p. 539. et Rousset recueil, T. I. p. 212. 213.

c) Selon l'opinion de Mably (droit publ. de l'Europe, III. 164.), cette accession n'est qu'illusoire et vaine. De même, v. Steck S. 55.

d) Voyez des exemples, dans le second traité de partage de la monarchie espagnole, du 25 mars 1700, et dans la quadruple-alliance de Londres en 1718, 2ᵉ art. séparé, et remarquez ce qui s'en est suivi. De Steck l. c. p. 51 suiv. Voyez aussi les préliminaires de la paix d'Aix-la-Chapelle en 1748, art. 22, dans Moser's Versuch, Th. X, Bd. 2, S. 88.

§. 162.

§. 162.

Des tierces puissances comprises dans les traités, et de leur protestation.

Quelquefois aussi une *tierce puissance a)*, alliée surtout, est *comprise dans un traité;* ce qui a lieu le plus souvent dans les traités de paix. Les parties contractantes déclarent à cet effet que le traité lui soit commun *b)*, sans qu'il y ait même eu consentement exprès, antérieur ou subséquent, de sa part *c)*, et sans qu'elle en ait conféré le pouvoir aux parties *d)*. — D'un autre côté, une puissance *proteste* quelquefois contre un traité conclu par une autre, ou bien aussi par elle-même, moyennant un acte formel, auquel il est ordinairement répondu par une contre-protestation *e)*. Les effets en droit de pareilles déclarations, dépendent de ce qu'elles sont bien ou mal motivées.

a) Voy. de STECK, même livre, p. 45 — 49. MOSER's Grundsätze des europ. Völkerr. in Friedenszeiten, S. 555, et son Versuch, X. 2. 416 ff.

b) Comme dans la paix de Presbourg, en 1805, art. 6; dans les traités de la paix de Tilsit, celui de la Russie, art. 17, et celui de la Prusse, art. 5; dans la paix de Vienne de 1809, art. 2.

c) Voy. la paix de Hubertsbourg, de 1763, art. 2, et l'acte séparé y attenant, dans le recueil de Mr. de MARTENS, I. 68 et suiv.

d) Question de savoir, si la tierce puissance acquiert par-là des droits conventionnels? de même, si et jusqu'à quel point l'une des parties contractantes, ou toutes les deux, peuvent, à l'égard de la tierce puissance, se retracter de leur offre?

17

Voy. Grotius, lib. II. c. 11. §. 18. Pufendorf de J. N. et G. lib. III. c. 9. §. 8. De Mably droit public de l'Europe, T. III, p. 367. E. F. Klein's Grundsätze der natürlichen Rechtswissenschaft, §. 193. Höpfner's Naturrecht, §. 72. Frid. Lang diss. de nonnullis fundamentis obligationum ex pacto tertii quaesitarum. Gött. 1798.

e) Voyez les protestations qui ont été faites contre la paix d'Aix-la-Chapelle de 1748, dans Wenck cod. jur. gent. II. 321. 416. 419. 421. 422. Moser's Versuch, X. 2. 448 ff. — En 1651, le Pape Innocent X protesta, dans une bulle donnée à cet effet, contre la paix de Westphalie de l'an 1648. Bougeant histoire du traité de Westphalie, T. VI. p. 413. Herm. Conring animadversio in bullam Innocentii X. etc. Helmst. edit. 2. 1677. Voyez aussi Moser's Versuch, VIII. 320 ff. et mon Uebersicht der diplomatischen Verhandlungen des wiener Congresses, S. 468 ff. u. 483 ff. D'autres protestations du Pape contre des traités depuis 1707, sont indiquées ibid. S. 480. Ses protestations, contre quelques stipulations du congrès de Vienne, voyez ibid. S. 479 ff. et mes Acten des wiener Congresses, Bd. IV, S. 312, 319, 325, u. Bd. VI, S. 437 u. 441. — La protestation de l'Espagne contre quelques stipulations faites au congrès de Vienne, se trouve ibid. Bd. VI, S. 208 u. Bd. VII, S. 446. — La protestation enfin du gouvernement provisoire de Gênes contre la réunion de cet état au Piémont, ibid. Bd. VII, S. 420. 433.

§. 163.

De l'interprétation des traités.

Lorsqu'un traité public présente un sens douteux, il ne peut recevoir d'*interprétation authentique* que par une déclaration des parties contractantes, ou de ceux, à l'arbitrage desquels elles en ont appelé. La question préalable même, de savoir si le sens est douteux, ne peut être décidée que par une pareille convention. L'interprétation faite immédiatement par les parties contractantes, peut être revêtue de toute forme qui constitue en général la validité d'un traité public; elle peut se faire particulièrement dans un recez supplémentaire ou traité explicatif *a*). Le tiers, au jugement duquel l'interprétation est soumise, doit s'appuyer des règles générales de l'interprétation grammaticale et logique *b*).

a) Voy. MOSER's Versuch des europ. Völkerrechts, VIII. 523 ff.

b) Voyez de son application aux traités publics, VATTEL, droit des gens, liv. II, ch. 17, §. 262 — 415. (E. A. HAUS) Versuch über die ersten Grundsätze der Interpretation staats- und völkerrechtlicher Normen; dans CROME's und JAUP's Germanien, Bd. II, Heft 2 (Giessen 1809. 8.), S. 161 — 124. SCHMALZ l. c., p. 56 et suiv.

§. 164.

Fin de la validité des traités.

Les traités publics cessent d'être obligatoires *a*); 1° par le consentement réciproque des parties intéressées *b*); 2° lorsque l'une des parties, d'après la faculté qu'elle s'en est réservée, se désiste de la convention *c*); 3° lors de la stipulation d'un terme, à l'époque de son échéance *d*); 4° un certain but atteint, le traité n'ayant eu d'autre objet que de parvenir à ce but; 5° lors de l'existence d'une condition résolutoire exprimée dans le traité; 6° lorsque l'exécution d'un traité devient physiquement ou moralement impossible *e*).

a) Voy. C. H. BREUNING diss. de caussis juste soluti foederis ex jure gentium. Lips. 1762. 4. Car. Eberh. WÄCHTER

diss. de modis tollendi pacta inter gentes. Stuttg. 1779. 4.
Leonh. v. DRESCH über die Dauer der Völkerverträge. Landshut 1808. 8.   C. W. v. TRÖLTSCH Versuch einer Entwickelung der Grundsätze, nach welchen die rechtliche Fortdauer der Völkerverträge zu beurtheilen ist. Landshut 1809. 8. — Sur la question de savoir s'il y a lieu à la *restitution* contre un traité public, voyez J. H. BOECLER diss. de restitutione in integrum inter gentes. Argent. 1712. 4.

b) Le consentement est souvent donné, par mention expresse dans un nouveau traité sur le même objet. Voy. MOSER's Versuch, Th. X, Bd. 1, S. 603; WÄCHTER l. c. §. 71. sq.

c) Question de savoir, si les traités publics sont, purement, généralement révocables? — La plûpart des auteurs les jugent non moins irrévocables que les obligations conventionnelles entre des particuliers. *Justa imperia sunto.* Quelques-uns les croient révocables, selon que l'intérêt de l'une des parties l'exige, et cela ou généralement (WICQUEFORT, l'Ambassadeur et ses fonctions, liv. II, sect. 12, p. 126. Un critique dans la Leipz. neu. Lit. Zeit. 1810, Num. 17.), ou avec de certaines modifications, sur l'établissement desquelles cependant, ils ne peuvent que rarement s'accorder; en partie pas même sur leur propre système, comme P. J. NEYRON dans sa dissertation de vi foederum inter gentes. Goett. 1778. 4., et dans ses Principes du droit des gens, §. 210 et suiv.   Voyez aussi WÄCHTER l. c. §. 28. sq. 80—85. et 88.   DRESCH, dans son livre allégué, §. 44 et suiv. v. TRÖLTSCH l. c.   Dictionnaire universel des sciences, T. III. p. 406.   Encyclopédie méthodique; Economie politique et Diplomatique, T. IV. p. 355.

d) Voy. VATTEL, liv. II, ch. 13, §. 198.   WÄCHTER l. c. §. 68. Les traités d'*Assiento*, conclus autrefois par l'Espagne avec le Portugal, la France et l'Angleterre, furent toujours formés pour un certain nombre d'années.   Voy. la paix d'Aix-la-Chapelle, de 1748, art. 16.   ROUSSET recueil d'actes, négociations et traités, T. XX. p. 201.   SCHMAUSS corp. jur. gent., II. 1295. 1421. 1490.   WENCK cod. jur. gent., II. 357. 464.   v. STECK's Versuche (1772), S. 1—13.

e) Voy. le §. 144.   Henr. FAGEL diss. cit. cap. 4. §. 10. p. 70. SCHMALZ l. c. p. 64—68. — De ce que l'exécution du

traité devienne plus onéreuse pour l'une des parties, il ne
s'ensuit point encore l'impossibilité de l'accomplir; cependant
la partie préjudiciée peut demander les dommages et intérêts
de celui dont le fait illégal a été la cause des difficultés
survenues. — Une impossibilité de l'exécution résulte de
la véritable collision de plusieurs traités, dont nous avons
déjà parlé dans la note b au §. 144. Exemples: 1° Un état
a formé plusieurs traités d'alliance avec différens états, tous
ces états viennent à faire la guerre, leur prètera-t-il à tous
les secours stipulés, a) s'ils font la guerre à d'autres puissances? b) s'ils la font entr'eux-mêmes? Voy. GROTIUS,
lib. II. c. 15. §. 15. Henr. COCCEJI Grotius illustr. in notis
ad h. l. ibique Sam. Cocceji. VATTEL, liv. II. ch. 12. §. 166.
Henr. FAGEL diss. cit. c. 4. §. 12. 15. p. 72. 2° Trois états
ont formé une alliance défensive, une triple-alliance, deux
de ces états se font la guerre, le troisième que fera-t-il?
VATTEL, liv. III, ch. 6, §. 95.

§. 165.

Continuation.

Les traités cessent encore d'être obligatoires,
7° lors du changement essentiel de telle ou telle
circonstance, dont l'existence était supposée nécessaire par les deux parties a) (*clausula rebus sic stantibus*), soit expressément, soit
d'après la nature même du traité b). 8° Par la
défection de l'une des parties, qui refuse l'exécution du traité en question, ou même d'un autre
tout à fait différent, l'autre partie est libérée de
son côté c). Si elle a déjà fait des prestations en
accomplissement du traité, ou pris des arrangemens à cet effet, elle en doit être dédommagée.
9° Par l'entier accomplissement enfin des obligations qui font l'objet de la convention, elle est

bien éteinte, mais les conséquences qu'elle a effectuées, restent établies entre les parties contractantes, nonobstant les changemens survenus dans la situation des choses.

a) Voy. VATTEL, liv. II, ch. 17, §. 296. Henr. COCCEJI diss. de clausula rebus sic stantibus; dans ses Exercit. curios. T. II. n. 15. WÄCHTER diss. cit. §. 59—65. J. E. EBERHARD's Beyträge zur Erläuter. der teutschen Rechte, Th. I, Abh. 1, §. 5 ff., S. 8 ff. — D'une opinion différente est J. Wolfg. KIPPING de tacita clausula rebus sic stantibus ad publicas conventiones non pertinente. Helmst. 1739. 8. — Du nombre de ces circonstances ou suppositions sont d'abord: l'indépendance des deux parties (Henr. FAGEL diss. cit. cap. 4. §. 3. p. 62.); une constitution déterminée, un monarque d'une certaine dynastie (§. 145); dans les traités de subsides en particulier, il est ordinairement sousentendu, que la partie promettante n'ait pas besoin de toutes ses forces pour sa propre défense, WÄCHTER diss. cit. §. 86. — Enfin il est souvent de l'intention des parties, qu'un traité ne soit exécuté qu'autant qu'il ne survienne point d'inimitié entre elles; c'est pour cette raison, qu'après une guerre il est nécessaire et d'usage de renouveller les traités, si l'on veut les faire rentrer en vigueur. S'il n'y a point eu de telle supposition, la guerre ne fait pas cesser tous les traités antérieurs, les parties en guerre au contraire n'ont le droit de les rompre, qu'autant que le but légitime de la guerre l'exige. L'application de ces principes à des états indépendans ayant au reste beaucoup de difficultés, le plus sûr est ou de déterminer dans la paix, lesquels des traités resteront en vigueur ou seront réintégrés en tout ou en partie (voy. la paix de Hubertsbourg de 1763, art. 5 et 12), ou bien de conclure de nouveaux traités sur les mêmes objets. — Voyez sur la question ci-dessus agitée: SCHRÖDER elem. jur. nat. §. 1130. WÄCHTER diss. cit. §. 53—58. SCHMALZ l. c. p. 69. J. J. MOSER's vermischte Abhandlungen, num. I. P. C. A. LEOPOLD comm. de effectu novi belli quoad vim obligandi pristinarum pacificationum. Helmst. 1792. 4. L'écrit de Mr. de MARTENS cité au §. 154, et ceux de MM. DRESCH et de TRÖLTSCH allégués ci-haut §. 164. SCHMALZ europ. Völ-

kerrecht, p. 69. Comparez aussi §. 152. et ci-apres §.
250. — Les traités sur des contributions de guerre à
fournir, et les capitulations cessent d'être obligatoires, la
guerre, pour laquelle ils ont été conclus, terminée. Voyez
WÄCHTER, §. 90.

b) Voy. PUFENDORF de J. N. et G. lib. V. cap. 12. §. 20.
WEBER von der natürlichen Verbindlichkeit, Abh. 3, §. 90.
K. H. GROS Lehrbuch der philosoph. Rechtswissenschaft,
§. 216.

c) Voyez sur cette matière souvent contestée: GROTIUS de J. B.
et P., lib. II. c. 15. §. 15. SCHRODT system. jur. gent. p.
167. sqq. Henr. FAGEL diss. cit. cap. 4. §. 17 — 20. p. 68.
WÄCHTER diss. cit. §. 44 — 58. HÖPFNER's Naturrecht, §. 112.
GROS, même livre, §. 208. Note du cardinal CONSALVI remise au congrès de Vienne, en date du 14 juin 1815, dans
mes Acten des wiener Congresses, Bd. IV, S. 321 et suiv.
Déclaration des huit puissances signataires du traité de paix
de Paris de 1814, contre Napoléon Buonaparte après son
évasion de l'île d'Elbe, en date de Vienne le 13 mars 1815,
ibid. Bd. I, Heft 4, S. 51. et les écrits indiqués dans
v. KAMPTZ neuer Lit. des VR., §. 251. — FICHTE, dans ses
Beiträge zur Berichtigung der Urtheile des Publicums über
die französische Revolution (1794. 8.), et dans la continuation de cet ouvrage, a soutenu que les traités cessaient d'être
obligatoires par le simple bon plaisir de l'une des parties,
pourvu que l'autre n'ait point encore rempli ses engagemens, ou qu'elle en soit dédommagée. Comparez aussi
SCHMALZ dans son Europ. Völkerrecht, p. 49 et 64. Voyez
là-contre J. G. E. MAASS über Rechte und Verbindlichkeiten
überhaupt, und die bürgerlichen insbesondere. Halle 1794. 8.

CHAPITRE III.
DROIT DES NÉGOCIATIONS,

PARTICULIÈREMENT

PAR DES MINISTRES PUBLICS.

§. 166.

Droit de négocier.

L'intérêt de l'état exige, de tems à autre, d'entrer en *négociation* avec d'autres états, non-seulement pour préparer et conclure des traités, mais aussi pour veiller aux rapports légaux, conventionnels et politiques qui subsistent entr'eux. Le droit de l'état pour de semblables négociations, est fondé dans son indépendance (§. 46). Il doit être exercé par celui qui représente l'état envers l'étranger ; ce qui n'empêche point que le pouvoir de ce représentant ne soit limité, à ce sujet, par des lois constitutionnelles de l'état.

§. 167.

Diverses manières de négocier. Lieu.

Le droit de négocier peut être exercé tant de *vive voix*, dans des conférences, que *par écrit*, en observant le style diplomatique (§. 112). L'une et l'autre manière de négocier peuvent avoir lieu, ou *immédiatement* entre ceux qui représentent les états respectifs envers l'étranger, ou *médiatement* par leurs fondés de pouvoir. On peut choisir, à

cette fin, ou des autorités constituées, dans les attributions ordinaires ou spéciales desquelles sont
contenues certaines négociations, ou des personnes (envoyés ou ministres publics) spécialement
autorisés par le souverain *a*). Quant au *lieu* où
se font les négociations en cas de conférences, on
le choisit tantôt dans le territoire de l'une des
puissances en négociation, soit la capitale ou la
résidence du souverain, soit un autre endroit, tantôt sur les frontières des deux états *b*), tantôt dans
le pays d'une tierce puissance.

a) Ceux qui rendent ce qui s'appelle de bons offices, ne sont
ordinairement autorisés (souvent par l'une des parties seulement) qu'à faire avancer l'ouverture des négociations. Les
médiateurs ne sont autorisés, par les deux parties, qu'à mé-
nager et seconder les négociations (§. 160).

b) Comme en 1659 dans l'île des faisans ou de conférences
(§. 105 b). De même, en cas de négociations pour régler les
limites des états.

§. 168.

Art de négocier.

Indépendamment des obligations parfaites im-
posées au négociateur et du pouvoir souverain des
circonstances, on conviendra aisément de la supériorité que donnent dans les négociations politiques, comme partout ailleurs, le génie, le
savoir, l'expérience, la connaissance des hommes,
et l'usage du monde, la prudence, la présence
d'esprit, la souplesse, les manières liantes et
agréables, et l'autorité personnelle *a*). Au moyen
de la raison et de l'expérience, nous parvenons

à déterminer des règles générales, tant relatives aux qualités personnelles qu'on doit supposer dans un habile négociateur, que concernant sa conduite à observer dans le cours des négociations. En réunissant ces règles, on peut former de *l'art de négocier b)* une espèce de systême.

a) Comparez Phil. Honorii thesaurus politicus. Francof. 1617 u. 1618. 4. Le secret des cours, par Franc. Walsingham. Maximes importantes pour un homme public, dans les Lettres choisies de Messieurs de l'académie françoise, p. 314 et suiv. Modèles de conversations pour les personnes polies, par l'abbé Bellegarde, p. 11. Breviarium politicorum, secundum rubricas Mazarinicas. Colon. Agrip. 1684. Augmenté, avec cette addition sur le titre: seu Arcana politica Cardinalis Jul. Mazarini. Amstelod. 1721. 12. Aussi en allemand sous le titre suivant: Politisches Brevier, nach den Rubriken des Mazarin. Leipz. 1801. 12., et sous ce titre changé, en imprimant autrement le frontispice seulement: Die Kunst durch die Welt zu kommen; ein Taschenbuch (sans indication de l'an et du lieu de l'impression).

b) Le parfait Ambassadeur; composé en espagnol, par Don Ant. de Vera et de Cunniga, et traduit en françois par le Sᵣ Lancelot. à Paris 1635. 4. (en Hollande) 1642. 12. à Leide 1709. P. I. et II. petit in-8. De la manière de négocier avec les Souverains; par Mr. de Callières. à Paris et à Amsterd. 1716. 8. à Amsterd. 1717. 12. Nouvelle édition considérablement augmentée par Mr. . . . Partie I. et II. à Londres (Paris) 1750. 8. ib. 1757. 12. Traduit en anglais et en italien, ainsi que deux fois en allemand sous ces titres: Der staatserfahrene Abgesandte. Leipz. 1712. 12. et: Kluger Minister u. geschickter Gesandten Staatsschule. Leipz. 1717. 8. Jaques de la Sarraz du Franquesnay, le Ministre public dans les cours étrangères, ses fonctions et ses prérogatives. à Amsterd. 1731. 12. ib. 1742. 12. De l'art de négocier avec les souverains; par M. Pecquet. à Paris 1737. 8. à la Haye 1738. 8. The compleat Ambassador. Lond. 1755. 8. (Ce livre fut publié par Dudly Digges; l'auteur propose pour modèle François Walsingham, jadis secrétaire d'état et ambassadeur anglais.) Principes des négociations; par l'abbé de MABLY. Ce traité se trouve aussi comme Introduction, dans le Droit public de l'Europe du même auteur, dans l'édition de 1761, et dans toutes celles qui ont suivi celle-ci; cependant dans celle de 1773, il forme le troisième tome de cet ouvrage. La manière d'étudier l'histoire, par l'abbé de MABLY. Nouv. édit. à Mastricht et Paris, 1778. 12. et en allemand à Berne 1777. 8. Encyclopédie méthodique; Economie polit. et Diplomatique, T. III. art. négociation, p. 406—413. Die politische Unterhandlungskunst oder Anweisung mit Fürsten und Republiken zu unterhandeln. Leipz. 1811. 8.

§. 169.

Ministre public. Droit de légation.

Un fonctionnaire public autorisé à négocier au nom de l'état avec un autre état, s'appelle *Ministre public a)* (envoyé, agent politique ou diplomatique, agent de relations extérieures, *legatus, Gesandter*). L'ensemble des droits compétans à l'état, par rapport aux négociations par des ministres publics, est compris sous la dénomination du *droit de légation* ou *d'ambassade b)* (*jus legationum, Gesandtschaftrecht*).

a) *Ministres*, dans l'acception générale du mot, sont appelés les agens politiques de toute classe. SARRAZ du FRANQUESNAY dans le livre allégué, liv. I, ch. 9. — Selon quelques publicistes, l'on a compris, du moins autrefois, sous le mot allemand *Gesandte*, dans le sens strict, les ministres publics du premier rang, et sous celui de *Abgesandte* ceux du second et troisième rang. F. C. MOSER's Versuch einer StaatsGrammatik (1749. 8.), S 255 f. J. Th. ROTH's Archiv für das Völkerrecht, Heft I, S. 88 ff. Suivant d'autres, on appella *Abgesandte* les ministres du premier rang. GUTSCHMIDT diss. de praerogativa ordinis inter legatos, §. 26. not. z. MOSER's teutsches Staatsrecht, Th. 45, S. 254 f. —

La cour impériale de Vienne trouva, en 1726, à redire
dans les lettres de créance, présentées à la diète de l'Empire
par le ministre de France, que celui - ci y fût nommé
simplement Ministre, et non pas Ministre plénipotentiaire.
Montgon, mémoires, T. III. p. 157.

b) Ecrits sur le droit de légation: Alberici Gentilis de le-
gationibus libri III. Londini 1585 et 1585. 4. Hanov. 1594
(ou 1596) et 1607. 4. ib. 1612. 8. — L'ambassadeur et ses
fonctions, par M. (Abraham) de Wicquefort. à la Haye
1680 et 1681. P. I. et II. 4. ibid. 1682. 2 vol. in - 4. à Co-
logne P. I. 1690. P. II. 1689 (le Tome IIe plutôt que le Ier) 4.
où l'on a ajouté: Réflexions sur les Mémoires pour les Am-
bassadeurs (par Ferd. de Galardi, auteur espagnol) et:
Discours historique de l'élection de l'Empereur et des Electeurs de l'Empire, par Wicquefort. De nouvelles éditions
de cet ouvrage ont paru, à Cologne 1715, 2 vol. in - 4°,
ensuite augmentées d'une traduction française, faite par
J. Barbeyrac, du traité de Bynkershoek intitulé: de foro
legatorum, T. I. et II. à la Haye 1724. 4., à Amsterd.
1730. 4., ibid. 1741. 4. et 1746. 4. Traduit en allemand,
par J. L. Sauter. Leipz. 1682. 4., et en anglais par Digpy.
Lond. 1740. fol. — Justini Presbeutae (Henr. Henniges)
discursus de jure legationum statuum imperii. Eleutheropoli
1701. 8. Ce livre contient surtout des principes généraux.
De 'son contenu voyez Observationes select. Halens. T. II.
obs. 17. p. 400 — 417.) Les droits des Ambassadeurs et des
autres Ministres publics les plus éminents; par Jean Gottl.
Uhlich. à Leipsic (1731.) 4. Jo. Gottl. Waldin diss. de
primis legationis principiis. Marb. 1767. 4. Ejusd. jus legationum universale. Marb. 1771. 4. Joh. Frhrn. v. Pacassi
Einleit. in die sämmtl. Gesandtschaftsrechte. Wien 1777. 8.
Cph. Gottl. Ahnert's Lehrbegriff der Wissenschaften, Erfordernisse und Rechte der Gesandten. Th. I. u. II. Dresd.
1784. 4. C. H. v. Römer's Versuch einer Einleit. in die
rechtl., moral. und polit. Grundsätze über die Gesandtschaften, als Lehrbuch. Gotha 1788. gr. 8. Grundlinien des
europäischen Gesandtschaftsrechtes. Mainz 1790. 8. Franz
Xav. v. Moshamm's europäisches Gesandtschaftsrecht. Landsh.
1805. 8. J. J. Moser's Versuch des europ. Völkerrechts,
Th. IV. Du même, Beyträge zu dem neuesten europ. Völkerr., Th. IV. Du même, Beyträge zu dem neuesten europ.

Gesandtschaftsrecht. Frankf. 1781. 8. La science du gouvernement, par M. de REAL, T. V. ch. 1. Institutions politiques, par le B. de BIELFELD, T. II. ch. 8 — 15. — Les
écrits sur le droit de légation sont indiqués dans MEISTERI
bibliotheca juris nat., Part. II. p. 2. sqq., dans la préface
que M. BARBEYRAC a ajoutée à sa traduction du traité de
BYNKERSHOEK de foro legatorum, en 1746. 4., dans v. OMPTE-
DA's Literatur des Völkerrechts, II. 534 ff., dans v. KAMPTZ
neuer Lit., §. 200 ff., et dans C. H. v. RÖMER's Handbuch
für Gesandte, Th. 1, die Literatur des natürl. u. positiven
Gesandtschaftsrechts enthaltend. Leipz. 1791. 8. (Les Tomes
suivans n'ont point paru.) Voyez la liste des dissertations
relatives au droit de légation qui ont paru en Hollande,
dans Adr. KLUIT histor. federum Belgii federati, T. II. p.
527. sqq.

§. 170.

Double qualité d'un ministre public.

Eu égard à l'état de la part duquel un ministre public est envoyé, celui-ci réunit dans sa
personne deux qualités différentes. Il est *fonctionnaire public (officialis publicus, ad-
minister reip., Staatsbeamter)* de cet
état, et il est son *mandataire* par rapport à sa
mission diplomatique. Dans cette dernière qualité, il agit au nom de son gouvernement auprès
de celui près lequel il est accrédité *a)*. La première qualité est ordinairement regardée comme
permanente, la seconde, résultante d'une commission spéciale, n'est réputée que transitoire.
En conséquence, la dignité et les fonctions diplomatiques d'un ministre public, même celles
d'un ministre ordinaire, ainsi que ses appointemens *b)*, sont révocables.

a) Relativement aux états autres que ceux près lesquels il est accrédité, un ministre public n'est considéré que sous les rapports généraux d'un étranger. WICQUEFORT, liv. I, sect. 15. Il est néanmoins d'usage d'accorder, par complaisance, certaines immunités à un ministre public étranger, à son passage par le pays.

b) F. C. v. MOSER von dem Appointement oder Gehalt eines Gesandten; dans ses Kleine Schriften, Th. I, S. 182 — 290. MOSER's Versuch, III. 147. Beyträge, III. 117 ff. — Le *défrai* (*lautia publica*), dont jouissaient autrefois les ministres publics, a cessé depuis l'introduction des légations perpétuelles; à l'exception peut-être des ministres que la Porte ottomane et des souverains africains ou asiatiques envoient quelquefois en Europe, ainsi que de quelques autres exemples très-rares. MOSER's Versuch, III. 259, et ses Beyträge, III. 411. Il fut expressément abrogé entre la Russie et la Suède, dans les traités de paix de Nystadt de 1721, art. 10, et d'Abo de 1743, art. 10. — Les ministres extraordinaires envoyés seulement pour quelque tems, n'ont le plus souvent que des appointemens journaliers, ou ils tiennent compte de leur dépense à leur cour. Des dépenses extraordinaires sont remboursées aux ministres, indépendamment de leurs appointemens fixes ou journaliers. Il est des ministres, qui fournissent aux frais de leur mission, du moins en partie, de leurs propres moyens. ,,Gardons nous ,,de placer les agens extérieurs entre la pénurie et la sé- ,,duction''; ces paroles furent adressées, en 1798, par le Directoire exécutif de France au Conseil des cinq-cents. Voyez le journal, le Rédacteur, du 13 brumaire an VII, n° 1052. — Aussi le but d'une mission engage-t-il quelquefois à faire des dépenses secrètes (*gastos secretos*). Voyez WICQUEFORT, T. II, sect. 9, p. 96. Politische Unterhandlungskunst, S. 22 ff. 264.

§. 171.

Il diffère des commissaires, députés, et agens.

Un ministre public diffère d'un *commissaire,* qui est chargé par le gouvernement d'une commission pour des affaires publiques dans l'intérieur de l'état *a*). Il diffère encore des *députés*, en ce que ceux-ci sont envoyés par des sujets, particulièrement par des corporations, à leur souverain ou à des autorités constituées dans l'intérieur, ou bien, dans des circonstances extraordinaires, à des étrangers. Enfin on le distingue d'un *agent* chargé d'affaires particulières ou privées d'un état ou souverain. Même revêtu du titre de résident ou de conseiller de légation, un pareil agent ne saurait prétendre aux droits d'un agent politique ou diplomatique, nommément pas aux prérogatives et immunités, ni au cérémonial des ministres publics *b*).

a) WICQUEFORT, liv. I, sect. 5, p. 62. 64. SARRAZ du FRANQUESNAY, liv. I, ch. 10. Justin. PRESBEUTA l. c. §. 66. 67. GUTSCHMIDT, l. c. §. 44. 45. — Il n'est point dérogé à la qualité ni aux prérogatives d'un ministre public, chargé de négociations avec des puissances étrangères, lorsqu'il est revêtu du titre de commissaire ou commission, de député ou députation, comme cela a quelquefois eu lieu dans les négociations sur les limites de l'état, ou pour les plénipotentiaires nommés ensemble par l'Empereur et la diète de l'Empire germanique pour des négociations de paix. DE LA MAILLARDIÈRE précis du droit des gens, p. 335. MOSER's Beyträge, IV. 495. 552 ff.

b) Ce n'est que par pure complaisance qu'on accorde quelquefois, surtout dans des états moins puissans, certaines immunités, p. e. de la juridiction du pays, de certains impôts, etc. — Pour ce qui est des agens diplomatiques, voyez en ci-après le §. 182.

§. 172.

De même, des émissaires cachés, et des négociateurs secrets.

Il en est de même des *émissaires cachés* ou *secrets* qui sont envoyés par un gouvernement dans un territoire étranger, sans qu'ils y déploient un caractère public, leur mission même et son but étant généralement tenus cachés *a*). Quelquefois des négociateurs d'un gouvernement sont envoyés et accrédités secrètement près d'un souverain étranger ou de son ministère d'état; on les appelle *envoyés confidentiels* ou *négociateurs secrets b*). Ceux-ci déploient souvent, dans le progrès de la négociation, publiquement le caractère d'envoyé politique *c*). — Ce n'est point encore proprement un ministre public que celui qu'un gouvernement envoie à celui d'un autre état pour des affaires publiques, mais sans le revêtir d'un titre d'envoyé diplomatique, quoique d'ailleurs le fait de sa mission ne soit point caché *d*). Pour de pareilles missions sont choisis non-seulement des fonctionnaires publics de toute charge, p. e. des ministres d'état, des amiraux, des généraux, des conseillers, des secrétaires de légation non-attachés à une légation, mais même des princes du sang et d'autres personnes d'un rang éminent *e*).

a) Sur l'éloignement du marquis de la CHÉTARDIE, de St. Pétersbourg en 1744, voyez MOSER's Versuch, Th. IV, S. 417 ff. v. JUSTI Anweisung zu einer guten deutschen Schreibart, S. 270 f. Russische Günstlinge (Tüb. 1809. 8.), S. 187 f. — Le chevalier d'EON fut pendant quelque tems à St. Pétersbourg émissaire caché de la cour de France. — De pareils exemples plus anciens, sont rapportés dans la Politische Unterhandlungskunst, S. 197 f. — Comparez aussi MOSER's Versuch, IV. 45.

b) Ces

b) Ces envoyés confidentiels doivent jouir de la même *sûreté* que les ministres publics. De Callières de la manière de négocier avec les souverains, ch. VI, p. 112 et suiv. Institutions politiques, par le baron de Bielfeld, T. II, p. 176. — Mais ils ne peuvent prétendre au cérémonial de ces ministres, et en public ils sont traités comme de simples étrangers de leur rang.

c) Moser's Versuch, IV. 572.

d) Moser's Versuch, IV. 576. 606 ff. Sarraz du Franquesnay dans le livre allégué, liv. I, ch. 12, p. 89 et suiv. — Des *cardinaux - protecteurs* résidans à la cour du Souverain-Pontife, voyez de Bielfeld, II. 172. §. 17. Jo. Gottl. Boehme diss. de nationis germanicae in curia romana protectione. Lips. 1763. 4. Comparez aussi Moser's Beyträge, III. 19.

e) Moser's Versuch, IV. 576. 578. 602. 608. — Sur les *lettres d'adresse*, voyez Moser, l. c. IV. 614. — Des *parlementaires*, *tambours* et *trompettes de guerre*, voyez plus bas dans le chapitre traitant du droit de guerre. — Des *officiers* en commission pour l'enrôlement, et des *postillons*, voyez Moser's Versuch, VII. 53. IV. 615 f.

§. 173.

Ainsi que des consuls.

Les *consuls*, quoique comme tels revêtus d'un caractère public, ne sont pas non plus du nombre des ministres publics. L'on ne manque cependant pas d'exemples qu'ils aient été en même tems chargés de commissions diplomatiques, et qu'ils aient été accrédités à cette fin, soit à perpétuité soit par intérim *a)*. D'après leur destination ordinaire, ce sont des *agens commerciaux* constitués par un gouvernement *b)* dans des ports ou places de commerce étrangers, pour y veiller

18

à ses intérêts de commerce, et particulièrement
pour y prêter assistance aux commerçans et na-
vigateurs de sa nation *c*).   Il y a des consuls
(consuls-particuliers), des vice-consuls (adjoints
des consuls), et des consuls-généraux dont les
fonctions s'étendent sur plusieurs places marchan-
des, et qui sont chargés de la surveillance des
consuls et des vice-consuls d'un certain arrondissement *d*).   On choisit pour ces emplois tantôt
de propres sujets, tantôt ceux d'une tierce puissance, ou bien de celle même dans le territoire
de laquelle le consulat doit être administré.   A
l'exception de ce dernier cas, les consuls étrangers
sont regardés comme sujets temporaires seulement
du pays où ils résident *e*).

a) MOSER's Versuch, IV. 613 f. Beyträge, IV. 529.

b) Soit immédiatement soit médiatement. La Prusse et la
Suède ont autorisé leurs ministres publics résidans à Constantinople à nommer, à congédier, ou à remplacer leurs
consuls dans les échelles, ports et îles de ces contrées.
De MARTENS, recueil, III. 201. WENCK codex jur. gent.
I. 478. — Des compagnies de commerce, des villes de
commerce et maritimes, subordonnées au gouvernement d'un
état, ne sont point en droit de constituer des consuls.
De STECK essai, p. 56.

c) MOSER's Versuch, VII. 817 — 848. SARRAZ du FRANQUESNAY
dans le livre allégué, liv. I, ch. 11, p. 83. Voyez aussi
les Dictionnaires de commerce, par SAVARY, POSTLEWAYTH
et MORTIMER, *voc.* Consul. Dictionnaire de jurisprudence,
et Dictionnaire du citoyen, même mot. Ebauche d'un discours sur les consuls, par J. H. MEISSLER. à Hamb. 1751. 4.
Essai sur les consuls etc., par M. de STECK. à Berlin 1790. 8.
v. STECK's Versuche (von 1772), S. 119 — 150. Von den
Consuln handelnder Nationen, von E. (ENGELBRECHT); in

Engelbrecht's Materialien, Bd. I, St. 2 u. 3, num. VI;
aussi dans le Journal für Fabrik, Manufactur, Handlung
u. Mode, 1795 (Leipz. gr. 8.), März, Num. II. (C'est
un extrait des écrits de M. de Steck relatifs à cette matière.)
F. Borel de l'origine et des fonctions des consuls. à St.
Pétersbourg 1807. et à Brounswic 1812. 8. On the origin,
nature, progress and influence of consular establishments,
by D. Warden. Paris 1813. 8. Traduit en français par
Bernard Barrère de Morlaix. Paris 1815. 8. v. Martens
Einleit. zu dem Völkerrecht, §. 144 f. — Sur l'étendue de
la compétence des consuls, voyez de Steck dans son essai
cité, p. 18 et suiv., p. 22 et suiv. — Les *Commissaires
de la marine*, sont une espèce de consuls établis dans des
villes maritimes. De Steck, même livre, p. 55. Les Provinces-Unies des Pays-Bas avaient constitué jadis, dans plusieurs places de commerce étrangères, des *Jus conservadores*,
faisant les fonctions de juges pour les commerçans de leur
nation. Kluit hist. federum Belgii federati, II. 561. 564.

d) Les trois suprèmes magistrats de la ci-devant république
française ayant pris, en 1799, le titre de Consuls, il fut
ordonné aux consuls commerciaux de France de prendre
le titre d'*Agens de commerce*, et aussi les gouvernemens
des autres états furent requis d'attribuer ce même titre à
leurs consuls résidans en pays français.

e) Bynkershoek de foro legatorum, cap. 10. v. Römer's Grundsätze über die Gesandtschaften, S. 122. 134. C'est pourquoi
les consuls ne peuvent régulièrement prétendre à l'immunité
de la juridiction et des impôts du pays, ni au cérémonial
diplomatique, au culte domestique, etc. De Martens Einleit. in d. Völkerrecht, §. 145. Toutefois ils placent, presque tous, les armes de l'état qui les a constitués au dessus
de la porte de leur habitation, et ils observent entr'eux le
rang de leurs souverains. Moser's Versuch, VII. 831. 543 f.

§. 174.

Continuation.

L'étendue du pouvoir des consuls, leurs immunités et droits personnels, sont ordinairement

réglés par l'usage, ou par des traités, souvent aussi en partie par des ordonnances ou décrets du gouvernement qui les a constitués *a*). Quelques différens que soient les réglemens donnés à cet effet, ils s'accordent néanmoins tous, en ce que les consuls, dans les fonctions et attributions de leur office, ne dépendent que de leur gouvernement, et qu'ils sont placés sous la protection spéciale du droit des gens *b*). Dans les causes de commerce litigieuses, entre des sujets de leur état, on ne leur refuse presque nulle part l'autorité d'un arbitre choisi par les parties; mais savoir, si de pareilles et autres contestations seront de leur ressort ordinaire, de manière qu'ils exerceront une véritable juridiction civile, cela dépend uniquement et exclusivement des traités et des concessions particulières. Leur compétence est le plus souvent restreinte aux affaires non-contentieuses ou de juridiction volontaire. La plus grande autorité et les droits les plus étendus qu'on ait accordés à des consuls étrangers, sont ceux dont jouissent les consuls des puissances européennes établis dans les diverses échelles du Levant et en Afrique *c*). Aussi sont-ils formellement accrédités, et presque entièrement traités comme des ministres publics.

a) Réglement pour tous les consuls-généraux, consuls, agens et vice-consuls prussiens, du 18 sept. 1796, dans la Preuss. Edicten-Sammlung de 1796, Num. 97, S. 651, et dans PAALZOW's Handbuch für practische Rechtsgelehrte in den preufs. Staaten, Bd. I. (1802. 8.), S. 5—32. Edit français concernant les droits des consuls dans l'Archipel et en Afrique de 1781, dans l'Essai de M. de Steck, p. 71 et suiv. (Pareille ordonnance du 9 déc. 1776, dans Moser's Versuch, VII. 857.) Ordonnance française sur les droits et obligations des consuls, de 1759, dans les Nouvelles extraordinaires de 1759, n° 44. Le contenu des ordonnances françaises les plus récentes, se trouve indiqué dans le Code de la compétence des autorités constituées de l'Empire français, par Y. C. Jourdain (à Paris 1811. 8.), T. III, p. 405 — 408. Ordonnance danoise de 1749, dans Moser's Versuch, VII. 851. — Un extrait des traités conclus au sujet des droits des consuls, se trouve dans l'Essai de M. de Steck, p. 24 et suiv., et quelques traités en entier, dans l'appendice du même livre, p. 71 et suiv. Traité entre l'Espagne et la France de 1769, dans de Martens recueil, I. 242. Voyez aussi Schmauss corp. jur. gent., dans la table des matières, *voc.* Consules. v. Kamptz neue Lit., S. 252 f.

b) Vattel, liv. II, ch. 2, §. 47. De Steck, essai, p. 18.

c) Ces consuls exercent le culte privé et domestique de leur religion, ainsi que la juridiction non - seulement dans les affaires non - contentieuses, mais aussi presque partout dans les causes contentieuses des sujets de leur état, tant entr'eux que sur la demande d'autres étrangers. v. Steck's Versuche (1783), S. 88 — 95, et son Essai allégué, p. 24. Nonobstant ces prérogatives, les consuls établis dans les états de la Porte ottomane, sont à certains égards soumis à l'autorité des ministres publics résidans, de la part de leur cour, à Constantinople. — Sur les échelles du Levant, voyez F. D. Häberlin's kleine Schriften, II. 450 ff.

§. 175.

Droit et obligation d'envoyer des ministres.

Les ministres publics représentant leur état près d'un gouvernement étranger, le *droit de les constituer* ne peut appartenir qu'à un état qui, vis-à-vis du gouvernement auquel il envoie le ministre, est en droit de prétendre à l'*indépendance* politique *a*).   Des états *dépendans* ou mi - souverains ne peuvent par conséquent accréditer des ministres qu'autant que cela leur est permis par l'état dont ils dépendent *b*).   Les *corps publics entièrement sujets*, et les *particuliers*, ne le peuvent jamais, quelque éminent que soit leur rang ou leur condition *c*); ils sont représentés à l'étranger par leur souverain.   Dans les cas où le droit d'envoyer des ministres est contesté ou douteux, ou que les circonstances politiques entraînent des difficultés à l'exercer publiquement, soit de l'un soit des deux côtés, on envoie et reçoit quelquefois des agens sans caractère de ministres publics *d*).   *L'exercice* du droit d'envoyer des agens diplomatiques, de quelle classe que ce soit, n'appartient qu'au représentant de l'état envers les étrangers; son pouvoir à cet égard peut néanmoins être limité de diverses manières par les constitutions de l'état *e*).   Aucun état n'est parfaitement *obligé* à envoyer des ministres, si ce n'est aux termes d'un traité.   Lorsqu'un gouvernement se propose d'envoyer un ministre dans une cour étrangère, il l'en fait *prévenir*, en indiquant l'individu qu'il a choisi.

a) Tellement indépendans sont aussi les états réunis avec d'autres dans un système d'états conféderés, à moins que l'acte de confédération ne contienne des exceptions ou des limitations à cet égard.   C'est le cas des états de la Confédération Germanique, de ceux de la Confédération de la Suisse, et autrefois des provinces faisant partie de l'union des Provinces - Unies des Pays - Bas.   Bynkershoek, qui recte legatos

mittant; dans ses Quaest. jur. publ. lib. II. c. 3. et 4., **et**
dans ses Operib. omn. T. II. p. 243. sqq.

b) Exemples, les princes membres du Corps germanique, lors
de l'existence de l'Empire d'Allemagne, ainsi que les ci-devant
ducs de la Courlande. v. OMPTEDA's Lit., §. 239. v. KAMPTZ
neue Lit., S. 244 ff. Dans le traité de paix de Kainardgi,
de 1774, art. 16, n° 9, il est concédé aux hospodars de la
Moldavie et de la Valachie seulement le droit d'entretenir
à Constantinople, sous la protection du droit des gens, ,,c'est-
à-dire à l'abri de toute violence", des chargés-d'affaires,
qui peuvent être chrétiens de la communion grecque.

c) Pour ce qui est des princes et comtes dits *S t a n d e s -
h e r r e n* dans les états de la Confédération Germanique,
il ne leur est pas permis d'envoyer ou de recevoir des ministres. Comparez mon Staatsrecht des Rheinbundes, §. 198.

d) Tels furent jadis à Rome les chargés-d'affaires secrets de
quelques-uns des princes protestans (BIELFELD, institutions
polit., II. 173.), ainsi qu'à différentes cours, ou dans certaines occasions, les agens envoyés de la part des ci-devant
Etats-provinciaux dans des pays allemands, de même les
agens de certains princes du sang, de prétendans au trône,
de souverains détrônés, de rois titulaires, etc.

e) Comme autrefois l'empereur d'Allemagne, le roi de Pologne, etc. MOSER's Versuch, III. 119. — Un droit limité
d'envoyer et de recevoir des ministres publics, peut être
concédé à des gouverneurs-généraux, vice-rois, etc. Des
exemples sont rapportés dans la Politische Unterhandlungskunst, S. 131 f., et par CALLIÈRES dans son livre précité,
ch. 11. — Ceci vaut aussi du régent ou de la régence durant la minorité, la maladie, ou la captivité d'un monarque,
ou pendant les contestations au sujet de la succession au
trône; de même, des vicaires ou des états de l'empire durant l'interrègne, ou durant la vacance du siège dans un
état souverain ecclésiastique. WICQUEFORT (édit. 1690), I.
34 et suiv. — Il se peut même, qu'il soit donné à un ministre public le pouvoir de *subdéléguer*, ou de nommer un
substitut. Même livre, I. 35. MOSER's Versuch, III. 54 f.,
et ses Beyträge, III. 58. Mon Oeffentliches Recht des teutschen Bundes, §. 128.

§. 176.

Droit et obligation de recevoir des ministres. Leur passage.

Tout état indépendant est en *droit de recevoir des ministres* étrangers *a*), à moins qu'il ne se soit engagé expressément à ne point le faire. Il n'en est point ainsi des états dépendans, ou du moins leur pouvoir à ce sujet est limité de manière ou d'autre. De ce qu'ils peuvent envoyer des ministres, il ne s'ensuit pas qu'ils soient en droit d'en recevoir, et lors même que l'un et l'autre leur est permis, ce n'est souvent qu'avec des modifications. — Un état fondé à recevoir des ministres, n'a pas pour cela et sans s'y être engagé par des traités, une *obligation parfaite* de les recevoir *b*), ou de leur accorder chez lui séjour ou passage *c*). S'il le fait, il peut y mettre des conditions. Parfaite et entière sûreté personnelle, est alors la moindre chose à laquelle ils peuvent s'attendre *d*). Il y a des exemples où l'on a refusé de recevoir un certain individu comme ministre, en alléguant des motifs du refus (§. 187).

a) Ce droit peut aussi être exercé pour lui et en son nom, par des vice-rois, gouverneurs-généraux, etc.

b) Excepté les cas où le but de la mission serait, ou de discuter et de prouver un droit contesté par l'autre état, et que ce but ne saurait être obtenu d'une autre manière, ou de terminer à l'amiable quelque dispute occasionnée par une violation de droit évidente, commise par l'autre état contre celui qui envoie le ministre. La délivrance d'un passe-port à un ministre annoncé qui doit arriver, ou l'acceptation de ses lettres de créance, renferment aussi la promesse tacite de le recevoir. Gottfr. ACHENWALL diss. de transitu et admissione legati ex pacto repetendis. Goett. 1748. 4. Chr. RAU diss. de transitu et admissione legati. Lips. 1797. 4. — Sur la réception d'un ministre, ainsi que sur le refus d'en recevoir, voyez MOSER's Versuch, III. 226., et ses Beyträge, III. 211. — Avec la Porte on a quelquefois *échangé* sur les frontières les ministres envoyés réciproquement. Voyez des exemples de ministres de la Russie, dans MOSER's Beyträge, III. 200, et dans le Mercure hist. et polit. 1747, II. 626, touchant ceux de l'Autriche, ibid. 1740, II. 162., et ceux de l'Angleterre, dans MOSER's Beyträge, III. 201.

c) A cette fin des passe-ports sont délivrés ou refusés. Jo. Nic. HERTIUS diss. de litteris commeatus pro pace. Giefs. 1680. 4. *Idem* de commeatu litterarum. ibid. 1680. 4. Ces deux dissertations se trouvent aussi dans ses Opuscula, vol. I. p. 519. et 555.

d) P. B. VITRIARIUS diss. de officio illorum, qui recipiunt legatos. Lugd. Bat. 1719. 4. Jo. Gottl. WALDIN diss. de legati admissi et non admissi inviolabilitate. Marb. 1767. 4. C. RAU diss. cit. J. L. E. PÜTTMANN adversaria juris, lib. III, p. 120. — Sur l'arrestation d'un ministre étranger pendant son passage par le pays, voyez v. MARTENS Erzählungen, Bd. I, n. 7, et Historisch-politisches Magazin, Bd. XV, Heft 1, n. 5.

§. 177.

Différence entre les ministres.

1° *Eu égard à l'étendue de leurs pouvoirs*, et 2° *à la durée de leur mission.*

Les ministres publics sont différens. D'abord, 1° le *pouvoir* dont les munit leur mandat ostensible, peut être limité ou illimité. Dans le dernier cas, ils sont *plénipotentiaires a*) (*plena po-*

tentia muniti), à moins que cette dénomination ne leur soit conférée comme simple titre, et on les appelle *ambassadeurs* ou *ministres pléni potentiaires*. 2° Eu égard à la *durée* qui est destinée à *leur mission*, ils sont *ordinaires* ou *extraordinaires*. Les premiers sont constitués à perpétuité *b*), sauf toutefois leur révocation; les autres ne le sont d'avance que pour un espace de tems plus ou moins déterminé, n'étant alors ordinairement chargés que d'une négociation ou commission passagère. C'est à raison de cette différence qu'on les appelle Ambassadeurs ou Envoyés ordinaires ou extraordinaires. Quelquefois un ministre n'est expressément accrédité que *par intérim* (*Interims-Gesandter*), pour le cas d'une vacance dans la mission, ou pour celui de l'absence du ministre ordinaire *c*).

a) Cæsarin. Fürstenerius (Leibnitz) de suprematu, c. 6. Justin. Presbeuta l. c. p. 109. Gutschmid diss. cit §. 42. Sam. Meuron diss. de legati plenipotentiarii idea. Basil. 1724. 4. — L'ambassadeur français au congrès de la paix des Pyrénées, le cardinal Mazarin, eut le titre de Plénipotentiaire; de même, l'ambassadeur suédois au congrès de Ryswik, le baron de Lilienroth.

b) L'usage d'entretenir dans les cours étrangères des légations *perpétuelles*, ne s'est introduit que vers le milieu du 17° siècle. Jo. Dorn diss. de eo quod justum est circa legationes assiduas. Jen. 1716. 4.

c) Moser's Versuch, III. 53. Du même, Beyträge, III. 38. Discours sur les différens caractères des envoyés extraordinaires, des envoyés ordinaires ou résidens; par M. Hagedorn. Amsterd. 1736. 4. Traduit en allemand, par J. J. Moser. Jena 1740. 4.

§. 178.

3° Selon la nature des affaires dont ils sont chargés.

3° Il y a encore des différences entre les Ministres, suivant le genre des affaires qu'ils ont à traiter. Sont-ce des affaires d'état proprement dites, le ministre s'appelle *négociateur* (*Geschäft-Gesandter*): si, au contraire, la mission regarde par préférence des objets du cérémonial, soit de l'état soit de la famille du souverain *a*), il est *ministre d'étiquette*, de *cérémonie*, ou *figurant* (*Ceremoniel- oder Ehren-Gesandter*). Les états souverains majeurs, le nomment ordinairement dans ce dernier cas au grade d'Ambassadeur, s'il est envoyé à un état de la même classe, et l'on ne choisit alors habituellement que des personnes de haute condition *b*). Un simple envoyé de cérémonie, est presque toujours ministre extraordinaire. Au reste, les deux genres d'affaires dont nous venons de parler, peuvent être confiés à la même personne.

a) De ce nombre sont, les remercimens, les félicitations, les condoléances, les affaires de mariage, de baptème, de compérage, etc.; ainsi qu'autrefois les ambassades *d'obédience* qu'exigeait le Pape. Moser's Beyträge, III. 58. — L'on a même eu des *ambassades d'excuse*. Voyez le traité de Versailles, de 1685, entre la France et la république de Gènes, art. 1, et l'exemple d'un ministre envoyé par la Grande-Bretagne à Moscou, en 1709, dans la dissertation de Ostenrich, von der Unverletzlichkeit der Gesandten, S. 40, et dans Voltaire histoire de Russie sous Pierre le Grand,

T. I, ch. 19. Voy. encore de pareils exemples, dans le Mercure historique et polit. 1745, T. II. p. 201. 638; 1774,
T. I. p. 157, et dans la Gazette de Francfort de 1813, n° 25
et 27. MOSER's Versuch, III. 104. IV. 621. — Des ambassades *mendiantes* des barbaresques, voy. SCHLÖTZER's Briefwechsel, Th. VII, S. 235 ff.

b) ROUSSET, supplément, T. IV, p. 245.

§. 179.

4° Par rapport aux classes du rang des ministres.

En rapport avec les différens *degrés du cérémonial*, il s'est introduit, peu à peu, en Europe
entre les Ministres une différence suivant la *classe
du rang* qu'ils occupent. Dès la fin du 15e siècle
ou environ, on distingua *deux* classes d'agens diplomatiques *a*); on en reconnait *trois*, depuis le
commencement du 18e siècle *b*). Ce dernier
usage a été confirmé par le *réglement sur le rang
entre les agens diplomatiques c*), fait au congrès
de Vienne par les plénipotentiaires des huit puissances signataires du traité de paix de Paris, avec
invitation aux autres *têtes couronnées* d'adopter
le même réglement. — Il ne faut point cependant confondre cette distinction qui est d'un usage
général, avec celles qu'un gouvernement peut
avoir établies chez lui, par rapport au service de
son ministère des affaires étrangères dans les relations avec les agences politiques *d*).

a) Jo. Chr. DITHMAR diss. de legatis primi et secundi ordinis.
Francof. 1721. 4. WICQUEFORT, T. I, sect. 1 et 5, p. 3
et 52. VATTEL, T. III, liv. 4, ch. 6, §. 69 et suiv. v. MAR-
TENS Einleit. in das Völkerr., §. 188.

b) Lünig's theatrum ceremoniale, T. I. p. 368. sqq. Pecquet de l'art de négocier, p. 105. J. J. Moser von den dermal üblichen Gattungen der Gesandten; als Vorrede zu s. Belgradischen Friedensschluss. Jena 1740. 4. C. G. Gutschmid (resp. F. G. Ferber) diss. de praerogativa ordinis inter legatos (Lips. 1755. 4.), cap. 2. §. 26. sqq. (Cet auteur ne compte cependant que *deux* classes de ministres, savoir ceux ayant le caractère représentatif, et ceux qui ne l'ont pas, mais en admettant alors plusieurs formes dans chacune des deux classes.) J. A. Herzmann diss. de variis legatorum classibus. Upsal. 1787. 4. De Bielfeld instit. polit. II. 170 et suiv. Moser's Versuch, III. 37 ff. et ses Beyträge, III. 17 ff.

c) Voyez mes Acten des wiener Congresses, Bd. VI, S. 204, et mon Uebersicht der diplomat. Verhandlungen des wiener Congresses, S. 168 et suiv.

d) C'est ainsi qu'en France, par l'arrêté du 3 floréal an 8, ce service fut divisé en grades qui sont classés de la manière suivante: 1° secrétaire de légation de deuxième classe; 2° idem de première; 3° ministre plénipotentiaire; 4° ambassadeur. Voir Code de la compétence des autorités constituées de l'Empire français, par Y. C. Jourdain (à Paris 1811. 8.), T. III, p. 400 et suiv.

§. 180.

Première classe.

La *première classe* des ministres publics, est aujourd'hui formée par ceux auxquels leur souverain a attribué, avec l'agrément du gouvernement qui les a reçu, le caractère de cérémonial du plus haut degré *a*). De ce nombre sont: les *ambassadeurs b*) (*embaxadores*, *ambasciatores*, *magni legati*, *oratores*, *Botschafter*, *Grossbotschafter*), tant ordinaires qu' extraordinaires, les envoyés du Pape qui portent le titre de *Legatus (datus s. missus)*, ou *a latere* ou *de latere c)*, et ses *nonces d)*, ordinaires et extraordinaires *e)*.

a) Pet. Müller diss. de legatis primi ordinis. Jen. 1692. rec. 1711. 4. Dithmar diss. cit. Gutschmid diss. cit. §. 27. sq. Voyez aussi le réglement allégué du congrès de Vienne, art. 1er.

b) E. D. Schröter diss. de ambasciatoribus. Jen. 1665. 4. Casp. Conr. Retheln comm. de ambasciatoribus. Martisb. 1685. 12.

c) Voyez les écrits indiqués dans v. Ompteda's Literatur, II. 555. et dans v. Kamptz neuer Lit., S. 240 ff. — Nic. Boërius de potestate legati a latere. Venet. 1584. fol. Pet. Andr. Grammarus de officio atque auctoritate legati a latere. Venet. fol. Peregrini Maseri tr. de legatis et nuntiis apostolicis. Vol. I. et II. Romae 1709. fol. De legatis et nuntiis pontificum eorumque fatis et potestate (auct. Langhaider). (Salisb.) 1785. 8. Armin. Seld über das päpstliche Gesandtschaftsrecht. Athen. 1787. 4. Moser's teutsches Staatsrecht, III. 156. IV. 2. et ses Beyträge, III. 19. Encyclopédie méthodique; Économie polit. et Diplomatique, T. III. p. 107 et suiv. Bielfeld instit. polit., II. 171. — Sur ceux qu'on appelle Legati *nati*, voy. v. Sartori Staatsrecht der Erz-, Hoch- und Ritterstifter, Bd. I, Th. 1, S. 266 ff.

d) Voy. v. Ompteda's Lit., même endroit, et ma Neue Literatur des t. Staatsr., S. 556 ff. — Sur les nonciatures perpétuelles voy. v. Sartori dans le livre précité, p. 209 ff. — M. de Bielfeld, dans ses Institutions politiques, II. 174. §. 20, met les nonces au rang des ministres de seconde classe.

e) Le Bailo, qui résidait autrefois à Constantinople de la part de la république de Venise, était aussi de première classe. Lünig's theatr. cerem., I. 746.

§. 181.

Seconde classe.

Dans la *seconde classe a)* sont compris, d'abord, les *envoyés* proprement dits *b)* (*ab-*

legati, prolegati, inviati), soit ordinaires soit extraordinaires; puis, les *ministres plénipotentiaires c)*, le mot pris au propre, *l'internonce autrichien* résidant à Constantinople, et les
internonces du *Pape d)*. Les ministres publics
nommés *par intérim* (§. 177), sont ordinairement aussi de cette classe, cependant ce n'est
pas une observance générale. Le réglement du
congrès de Vienne *e)*, range dans cette classe les
envoyés, ministres ou autres, accrédités (comme
les ambassadeurs, légats et nonces) auprès des
souverains eux-mêmes.

a) DITHMAR diss. cit.

b) Discours sur les différens caractères des Envoyés extraordinaires, des Envoyés ordinaires ou Résidens, et des Agens
revêtus du caractère de Résident (par C. L. de HAGEDORN).
à Amsterd. 1736. 4., et dans MOSER's belgradischer Friedensschluss, après la préface, p. 36 et suiv. MOSER's Versuch,
III. 46 f. — Aujourd'hui les envoyés ordinaires, s'il y en a,
s'appellent simplement envoyés, sans ajouter le mot *ordinaire.* — Les titres d'envoyé extraordinaire et ministre plénipotentiaire, sont très souvent conférés simultanément à la
même personne.

c) En allemand, *bevollmächtigter Gesandter.* —
Voyez Sam. MEURON diss. cit., et MOSER's Versuch, III. 47 f. —
Les ministres plénipotentiaires ont été traités en ministres
de seconde classe, d'abord par la France en 1738, ensuite
par l'Autriche en 1740, etc. MOSER's Beyträge zu dem europ.
Völkerrecht, III. 28. — A la cour du ci-devant électeur
de Cologne, on fit une distinction entre les ministres plénipotentiaires et ceux appellés en allemand *bevollmäch-
tigte Gesandte*, en accordant généralement aux premiers le pas sur ceux-ci. Politisches Journal, 1787, April,
S. 447.

d) MOSER's Beyträge zu dem Gesandtschaftsrecht, S. 8. — Les internonces sont rangés dans la troisième classe, par M. de BIELFELD, dans ses Institutions politiques, II. 175. §. 22.

e) Art. 1ᵉʳ.

§. 182.

Troisième classe.

La *troisième classe* contient les ministres proprement dits *a)*, les *ministres résidens b)*, les *ministres chargés - d'affaires c)*, les *résidens d)* (*agentes in rebus*), les *chargés - d'affaires* (*Geschäftträger*), les *agens diplomatiques* dans l'acception propre *e)*, ainsi que ceux des *consuls* auxquels est attribué un caractère diplomatique (§. 173). Les chargés - d'affaires sont accrédités, ou immédiatement par leur souverain, ou *ad intérim* seulement par le ministre ordinaire résidant à la même cour, pour le tems de son absence *f)*. Dans le premier cas, ils présentent, du moins au chef du département des affaires étrangères, des lettres de créance: au second cas, ils sont légitimés auprès du même chef par l'envoyé ordinaire, soit par écrit soit de vive voix. Le réglement du congrès de Vienne *g)*, ne range dans la troisième classe que les chargés-d'affaires, accrédités seulement auprès des ministres chargés du département des affaires étrangères.

a) MOSER's Versuch, III. 50 ff. Beyträge, IV. 496. — Les ministres résidens, ainsi que les ministres chargés - d'affaires, sont mis à la *seconde* classe, par BIELFELD, II. 174.

b) MOSER's Beyträge, IV. 497. — Les ministres résidens jouissent, dans quelques cours, de certaines prérogatives refusées aux simples résidens.

c) Le

c) Le chargé-d'affaires suédois à Constantinople, fut le premier qui, en 1784, ait été revêtu du titre de ministre chargé-d'affaires. Mr. Durand qui est qualifié du même titre par Moser (Versuch, IV. 188.), ne se donna lui-même que pour chargé d'affaires.

d) Pet. Müller diss. de residentibus eorumque jure. Jen. 1690. 4. rec. 1742. Siebenkees neues jurist. Magazin, I. 395 ff. Moser's Versuch, III. 50. IV. 579. Beyträge, IV. 497.

e) Agrippa Elistranus von Agenten; dans les Dresdner Anzeigen v. 1771, St. 41—45 u. 46, et dans Siebenkees neuem jurist. Magazin, Th. I, S. 388—426, particulièrement §. 22 ff. Wicquefort, T. 1, sect. 5, p. 60. Sarraz du Franquesnay, T. I, p. 21, §. 7. Moser's Beyträge, IV. 550.

f) Moser's Versuch, III. 55. IV. 580 ff. — Les cardinaux, chargés des affaires des princes auprès du St. siège, sont des ministres de premiere classe. De la Maillardiere précis du droit des gens, p. 350. Moser's Beyträge, III. 19. Conf. ci-haut, §. 172 d.

g) Art. 1er.

§. 183.

Droit de choisir,

1° la classe des ministres à envoyer.

Ordinairement la *classe*, à laquelle un ministre doit appartenir, est au choix du gouvernement qui l'envoie. La liberté de ce choix supporte cependant certaines restrictions, attendu que les différentes classes des ministres sont en rapport avec les degrés du cérémonial diplomatique, qu'il s'est introduit entre les puissances de l'Europe plusieurs inégalités dans le droit de ce cérémonial, et qu'enfin tout état peut fixer le caractère de cérémonial dont il veut recevoir un ministre étranger. Il est généralement reconnu, que le droit d'envoyer des ministres de *première* classe est réservé aux états gouvernés par une tête couronnée, ou du moins par un prince souverain jouissant d'honneurs royaux (§. 91), et aux grandes républiques *a*). Quant à quelques autres princes, p. e. le grand-maître de l'ordre de St. Jean de Jérusalem *b*), et plusieurs des ci-devant princes mi-souverains qui avaient les honneurs royaux, ce même droit leur a été quelquefois accordé, souvent renié *c*).

a) Aussi au Pape, en sa qualité de souverain séculier. — Le Corps helvétique est sans contredit en possession de ce droit, quoique non partout avec plénitude du cérémonial. De même, les républiques de Venise et des Provinces-Unies des Pays-Bas. Moser's Versuch, III. 5.

b) Des certificats formels, qu'on ne lui contestoit point le droit d'envoyer des ministres de première classe, furent délivrés au grand-maître, en 1747 de la part de la cour de Rome, et en 1749 de celle de la cour de Vienne. Moser's Versuch, III. 5 ff. Joignez-y la déclaration de la république de Venise, de 1749, dans le Mercure hist. et polit. 1749. I. 372.

c) Ce droit ne fut point contesté aux ci-devant électeurs d'Allemagne, à la cour de l'empereur romain-germanique, à la diète de l'empire d'Allemagne, aux congrès pour l'élection et le couronnement de l'empereur, généralement pas dans l'empire d'Allemagne, ni dans plusieurs congrès de paix; mais il ne fut pas reconnu partout hors de l'Allemagne, du moins pas entièrement par quelques puissances. Mascov princ. jur. publ. germ., p. 802. édit. 1769. Moser's auswärt. Staatsrecht, S. 227 ff., et son teutsches Staatsrecht, Th. V, S. 541 ff. — Pour ce qui est de quelques-uns des princes souverains d'Italie, ce droit leur fut accordé de la part de quelques cours, surtout de celles unies avec eux par des liaisons de famille, mais refusé par d'autres. Moser's Beyträge zu dem europ. Völkerr., III. 7.

§. 184.

Continuation.

Aucun état jouissant d'honneurs royaux, ne reçoit des ministres de *première* classe des princes souverains à qui ces honneurs ne sont point attribués, des états mi-souverains, tels qu'ils sont aujourd'hui, ni des petites républiques *a*). Ces derniers peuvent néanmoins s'envoyer entre eux des ministres de cette classe. Lorsqu'un état conteste à un autre état le droit de lui envoyer des ministres du premier ordre, il ne lui en envoie non plus lui-même. D'après le même principe de réciprocité, celui qui reçoit un ministre d'une puissance, lui en envoie ordinairement un autre de la même classe. Il arrive quelquefois que, dans le cours d'une mission, un ministre est élevé à une classe *supérieure*, notamment à celle d'ambassadeur, ne fut-ce que pour quelque tems, ou pour une affaire particulière. Quelquefois aussi un ministre ordinaire est nommé ministre extraordinaire, un ministre de cérémonie ministre d'affaires, et à l'inverse, un ambassadeur ministre de second rang *b*).

a) Sur le droit d'envoyer des ministres compétant aux ci-devant princes et autres états de l'Empire germanique, conférez Mascov l. c. p. 805. Ahnert a. a. O., Th. II, Cap. 4. Pütter's Lit. des t. Staatsr. III. 219. et ma Neue Lit. des t. Staatsrechts, S. 238. 665.

b) Moser's Versuch, III. 76. et sa Beyträge, IV. 559. 29. 57. — D'ordinaire dans ces cas le ministre présente, dans une même audience, des lettres de rappel, et de nouvelles lettres de créance.

§. 185.

2° le nombre des ministres; 3° la réunion de plusieurs missions.

Tout état libre peut accréditer aussi *plusieurs* ministres près d'un même gouvernement, soit chacun pour des affaires différentes, soit tous ensemble pour les mêmes affaires, et dans ce dernier cas ou de manière que ces ministres ne peuvent agir que conjointement, ou en sorte qu'il est à leur choix d'agir concuremment ou séparément, ou bien que du moins à défaut de l'un d'entr'eux, l'autre ou les autres peuvent valablement agir. Ces ministres peuvent alors être tous du même rang *a*), ou de différentes classes. De cette manière il arrive quelquefois, non-seulement qu'un état envoie plusieurs ministres ensemble à la même cour *b*), mais aussi qu'une légation déjà existante est augmentée d'un second ou d'un troisième ministre; nommément on envoie souvent à côté d'un envoyé ordinaire un ministre extraordinaire, ou un ministre de première ou de seconde classe près d'un autre du second ou du troisième rang *c*). On ne manque néanmoins pas d'exemples que des gouvernemens aient refusé de recevoir plusieurs ministres de première classe simultanément envoyés *d*), comme dans d'autres cas ils ont été expressément demandés, ou même stipulés *e*). — Il arrive aussi quelquefois, sur-

tout en Allemagne, que *plusieurs missions* à différens états sont confiées en même tems à un *seul*
ministre *f*), ou que *plusieurs ministres* sont envoyés à un *même* souverain dans ses différentes
qualités *g*).

a) Dans ce cas, ils ont tous droit au même cérémonial.
Wicquefort, I. 372. Sur les débats qui eurent lieu à ce
sujet aux congrès de paix de Westphalie, de Nimègue, et
de Ryswik, voyez Gutschmid l. c. §. 56. not. r.

b) Voyez Politische Unterhandlungskunst, S. 198 f. Surtout
dans des congrès pour la paix, ce droit a été souvent exercé. — Les électeurs de l'empire d'Allemagne, envoyaient
aux assemblées pour l'élection et le couronnement de l'empereur, chacun deux, trois, ou quatre ambassadeurs ; ils
avaient le même droit à la cour impériale de Vienne. Voyez
la Capitulation de l'Empereur, art. 3, §. 20. — Dans la
république de Venise il était de coutume d'envoyer deux
ambassadeurs, pour féliciter un empereur ou roi à son
avènement au trône; au Pape elle en députa quatre. Voyez
Moser's Beyträge zu dem europäischen Gesandtschaftsrecht,
S. 56. — Le corps helvétique, envoyait autrefois ordinairement plusieurs ministres à la cour de France, quelquefois
un par canton. — Les Provinces-Unies des Pays-Bas, fé-
licitaient les rois d'Angleterre de leur avènement au trône
par trois envoyés. Voy. les Mémoires du comte d'Avaux,
IV. 284.

c) Moser's Versuch, III. 102. 105. 113. Différens électeurs
et autres princes majeurs, membres du Corps germanique,
entretinrent autrefois, à la cour impériale de Vienne, plusieurs ministres de différentes classes. La France en usa
de même à plusieurs cours, et elle envoya quelquefois plusieurs ministres de rang inégal.

d) La France refusa, même au couronnement de l'empereur
d'Allemagne en 1741, de reconnaître plusieurs ambassadeurs
envoyés à-la-fois par un même électeur; en 1741 elle se
relâcha sur sa prétention, mais pour cette fois seulement.
Moser's Versuch, III. 106 ff.

e) Voy. Moser's Versuch, III. 71., et ses Beyträge, S. 36. Comme p. e. dans le traité de paix conclu entre la France et la république de Gênes en 1685, art. 1.

f) Moser's Beyträge, III. 56.

g) Moser's Beyträge, III. 57.

§. 186.

4° *la personne du ministre.*

Quant au choix de la *personne* d'un ministre public, l'autorité de l'état n'y est nullement limitée, si ce n'est par des traités *a*). Donc de droit il n'importe ordinairement, quels soient la patrie, la religion, l'âge, l'emploi, le rang, la condition, la naissance, le sexe du ministre, qu'il soit sujet de l'état ou étranger. Cependant on choisit, de préférence, des citoyens, fonctionnaires publics, ou attachés à la cour, et des hommes. Très-rarement on envoie une dame revêtue du caractère de ministre public *b*). Il est des états qui ont ou eurent établi en principe, de ne recevoir d'aucune puissance étrangère un de leurs propres sujets en qualité de ministre public *c*).

a) Bynkershoek qui recte legati mittantur; dans ses Quaestion. jur. publ. lib. II. c. 5; dans ses Operib. omn. T. I. p. 247. Moser's Versuch, III. 93 ff. et ses Beyträge, III. 101 ff. — C'est un usage particulier d'après lequel certaines puissances catholiques, p. e. la France, l'Espagne, l'Autriche, peuvent désigner la personne que le Pape leur doit envoyer comme nonce. Voyez F. D. Häberlin's röm. Conclave (Halle 1769. 8.), S. 23. Moser's Beyträge, III. 84 ff. — Les constitutions de l'état peuvent contenir des particularités relatives à la présentation ou nomination aux places de ministres publics à envoyer, ou à la concurrence dans leur nomination. Moser's Beyträge, III. 86 ff. — Encore est-il très-important de distinguer les qualités d'un ministre requises de droit, d'avec celles commandées par la *prudence* ou la politique. Wicquefort, T. I, sect. 7 — 13. Bielfeld, T. II, ch. 9, §. 27 et suiv., p. 177. De Callières, livre précité. Die politische Unterhandlungskunst (1811. 8.), S. 14 ff. 35 ff. 44 ff. 187. 264 ff.

b) Wicquefort, T. I, sect. 11, p. 116. Bynkershoek quaest. cit. Bielfeld, II. 173. §. 19. Jo. Simon, num femina legati munere fungi possit? dans ses Dissertatt. sex (Upsaliae 1626. 8.), Diss. I. II. et III. L'ambassadrice et ses droits (par F. C. de Moser). à la Haye 1752. 8. à Berlin 1754. 8. à Francfort 1757. 4. Ce livre a aussi paru en allemand sous ce titre: F. C. v. Moser, die Gesandtin nach ihren Rechten und Pflichten; dans ses kleinen Schriften, Th. III, S. 133—331. — La maréchale de Guebriant fut accréditée, en 1646, comme ambassadrice de France auprès de Wladislaw IV, roi de Pologne. Voyez de Moser, même livre, ch. 4, §. 4. — On cite plusieurs autres exemples de cette espèce, mais alors ces Dames négociatrices ne furent point vrais ministres, du moins elles n'eurent point de caractère public, ou la mission fut même tenue secrète; quelquefois ce furent aussi des agences non-diplomatiques. F. C. v. Moser's kleine Schriften, III. 311 ff. — C'est à tort, comme on s'en est convaincu après sa mort, qu'on a cru femme le fameux chevalier d'Éon de Beaumont, d'abord émissaire secret français à St. Pétersbourg, ensuite à Londres, depuis 1763, secrétaire de légation, et puis ministre plénipotentiaire de France; il est mort à Londres le 21 mai 1810, âgé de 79 ans. Voy. d'Archenholz Minerva, 1810, Jun., S. 567.

c) Tels le royaume de France (voy. de Callières dans le livre allégué, ch. 6, p. 72. Bynkershoek de foro legatorum, c. 11. Moser's Versuch, III. 89. 96.), l'empire français sous le règne de Napoléon, la Suède (Cod. Leg. Suecic., tit. de crimin. §. 7.), et les Provinces-Unies des Pays-Bas depuis 1727. La diète germanique a déclaré qu'un citoyen de Francfort ne pourrait être admis chez elle comme ministre d'un état confédéré, excepté de la ville de Francfort elle-même. Voyez mon Oeffentliches Recht des teutschen Bundes, §. 151. — On fait moins de difficultés à recevoir des sujets seulement naturalisés.

§. 187.
Continuation.

Quelques souverains catholiques n'ont jamais choisi pour ministres que des personnes du même culte, et plusieurs princes ecclésiastiques de cette religion ont même nommé exclusivement des ecclésiastiques aux agences diplomatiques, du moins aux premières places *a*). L'on ne manque pas tout-à-fait d'exemples de conventions expresses sur la condition des ministres à envoyer *b*); mais souvent aussi les missions les plus importantes et les plus distinguées ont été confiées à des personnes non nobles, surtout à des militaires, à des gens de lettres, ou à des ecclésiastiques *c*). Quelquefois un secrétaire de légation est nommé ministre, mais au commencement, pour l'ordinaire, du troisième ordre seulement, soit dans la même cour où il était jusques là, ou dans une autre. — La réception d'un ministre, dont la personne déplait au souverain auprès duquel il doit être accrédité, est quelquefois refusée *d*).

a) Tel que le Pape. De même autrefois les électeurs ecclésiastiques, du moins quant à la place de premier ambassadeur à l'élection et au couronnement de l'empereur. Comparez aussi Moser's Versuch, III. 95. 98. — Sur la religion des ministres, voyez ibid. III. 96. 98. et Moser's Beyträge, III. 105.

b) L'empereur d'Allemagne ne pouvait envoyer à la diète, pour y résider en qualité de son commissaire - principal qu'un prince. Moser von den teutschen Reichstagen, Th. I, S. 127. Les princes de l'empire d'Allemagne, lorsqu'ils reçurent de l'empereur du haut du trône l'investiture de leurs fiefs, ne pouvaient s'y faire représenter que par des personnes de la haute noblesse ou de l'ordre de chevalier. Voy. le décret du conseil aulique impérial, en date du 28 août 1768, dans Schmauss corp. jur. publ., p. 1098.

c) **A** des gens de lettres, le plus souvent à des docteurs en droit. et non pas seulement dans l'ancien tems, où l'on fit d'ailleurs plus de cas qu' aujourd'hui du savoir, et particulièrement de la connaissance de la langue latine. Wicquefort, T. I, sect. 7, p. 73 et suiv. Moser's Versuch, III. 97. 98 f. (Joh. Frhr. von Horix) Die Ehre des Bürgerstandes nach den Reichsrechten (Wien 1791. 8.), §. 22, S. 56 ff. En 1676, les ministres d'état de l'Empereur d'Allemagne ayant voulu refuser le titre d'excellence et le pas dans leurs maisons, lorsqu'ils les recevaient chez eux, à ceux des ambassadeurs électoraux qui n'appartenaient point à la noblesse, le grand électeur (Frédéric-Guillaume) de Brandebourg déclara, *„quod sibi magis dexteritas legatorum quam natales sint respiciendi“*. Pufendorf rer. brandenburg. lib. 14. c. 57. Le célèbre président Pierre Jeannin ayant été envoyé par Henri IV en qualité d'ambassadeur à Philippe II roi d'Espagne, ce roi lui demanda dans sa première audience: „êtes-vous gentilhomme“? — „Oui“, répondit Jeannin, „si Adam l'était“. — „De qui êtes-vous fils“? continua le roi. Réponse: „de mes vertus“. Confus de ces répliques, le roi s'empressa à faire bon accueil à l'ambassadeur. Lettres, mémoires et négociations du chev. d'Eon (à la Haye 1764. 4.), P. I, p. 65.

d) De cette manière M. Goderike, destiné en 1758 comme ministre britannique à la cour de Stockholm, fut obligé de s'en retourner. En 1801 et 1802, la cour de Vienne refusa d'abord de recevoir, comme ministre suédois, le comte Armfeld, mais ensuite elle céda aux instances du cabinet de Stockholm. Afin d'éviter de pareils refus, on prend souvent la précaution de faire sonder préalablement le souverain, si le personnage qu'on se propose de lui envoyer, pourrait

lui déplaire; on a même quelquefois l'attention de lui en-
voyer une liste de plusieurs sujets, pour en choisir un.
Voyez BIELFELD , institutions politiques , II. 178 et suiv.
Quelquefois un souverain a demandé, de son chef, la no-
mination d'une certaine personne. Voyez MOSER's Beyträge,
III. 89.

§. 188.

*Suite des ministres publics; spécialement 1° des secrétaires
de légation.*

Tout ministre public a avec lui une *suite a*)
plus ou moins nombreuse, qui se compose en
partie des personnes employées pour le service
de la légation, et en partie de celles attachées à
sa personne seulement, soit comme membres de
sa famille, soit pour son service personnel. Toutes ces personnes sont regardées comme appartenantes à la légation; n'importe qu'elles soient
d'ailleurs individuellement nécessaires ou utiles *b*). — Au nombre des personnes les plus
marquantes, sont les *secrétaires de légation c*),
qu'on appelle aussi secrétaires d'ambassade, lorsqu'ils accompagnent un ambassadeur, et qui sont
quelquefois revêtus du caractère de conseiller de
légation ou d'ambassade. Ils sont ordinairement
au service de l'état, nommés et appointés immédiatement par lui; quelquefois il y en a plusieurs
attachés à la même légation. Ils sont destinés à
aider le ministre dans les affaires qui font l'objet
de sa mission, qu'elles se fassent par écrit ou de
vive voix *d*). En l'absence du ministre, ou en
cas d'empêchement, le secrétaire de légation le

remplace assez souvent, dans les affaires proprement dites, en qualité de chargé - d'affaires *e).*

a) BYNKERSHOEK de comitibus legatorum, dans son Tr. de foro legatorum, c. 15. MOSER's Versuch, III. 154 ff. IV. 515. Beyträge, III. 146. IV. 529. BIELFELD, T. II, ch. 11, p. 197 suiv. v. RÖMER dans son livre allégué, p. 173 et suiv. et p. 587 et suiv.

b) Dans quelques états tout ministre public est invité aussitôt après son arrivée, à présenter au département des affaires étrangères une liste des personnes appartenantes à sa suite, ainsi qu'à indiquer les changemens qui y peuvent survenir. Voyez l'acte du parlement britannique 10 Anna (1711), cap. 7, et ordonnance portugaise du 11 déc. 1748.

c) Voyez MOSER's Versuch, III. 158 ff. 142; où il est dit entre autres (p. 94): „que le ministre ressemble souvent à l'aiguille d'une montre; que c'est alors sur le secrétaire de légation que roule la plus grande partie de l'ouvrage". Voyez aussi MOSER's Beyträge, IV. 227 ff. 450. 528. WICQUEFORT, T. I, sect. 5, p. 68. Sarraz du FRANQUESNAY, liv. I, ch. 11, p. 86. BIELFELD, II. 198. — Les secrétaires de légation employés dans les nonciatures papales, s'appellent *auditores nunciaturae,* ou *datarii* et *subdatarii.* BIELFELD, II. 199. MOSER's Beyträge, III. 157. Dictionnaire de jurisprudence, v. Auditeur. Ces auditeurs prennent quelquefois le titre d'internonce, lorsqu'ils remplissent *ad intérim* les fonctions du nonce. — Il y a aussi des légations du second et du troisième ordre, dans lesquelles ne sont employés ni secrétaires de légation ni copistes. BIELFELD, II. 200.

d) Question de savoir, si et sous quelle supposition les secrétaires de légation peuvent être présentés à la cour? Les usages des cours ne sont pas uniformes à ce sujet. A la cour de France du tems de Napoléon, ils furent présentés, sans exception. Conférez MOSER's Beyträge, IV. Beyträge, IV. 227 ff. BIELFELD, II. 198.

e) MOSER's Versuch, IV. 602. Beyträge, IV. 461 ff. WICQUEFORT, I. 69.

§. 189.

2° *Autres personnes employées dans les légations.*

En outre, sont quelquefois employés dans les légations : un chancelier d'ambassade, un directeur de la chancellerie d'ambassade, des conseillers de légation ou d'ambassade, un secrétaire - interprète, un déchiffreur, des employés ou commis, des auditeurs, des copistes *a*), souvent avec le titre de secrétaires, un payeur, un fourrier, un huissier de la chancellerie. Pour ce qui est des drogmans (dragomans ou truchemans), ils ne sont presque plus d'usage que dans les légations près la Porte et les gouvernemens asiatiques ou africains, et dans celles de ces gouvernemens résidantes dans des cours européennes *b*). — Exclusivement destinés au cérémonial, sont le maréchal-d'ambassade, les gentilshommes-d'ambassade, les pages; toutefois il n'y a un maréchal et des pages que très-rarement dans de grandes ambassades *c*). Des aumôniers - d'ambassade ou de légation se trouvent seulement là où le ministre entretient une chapelle domestique *d*). Les médecins - d'ambassade sont encore plus rares. Une suite militaire n'est plus d'usage, à l'exception peut - être de quelques suisses, heiduques ou houssards - de - chambre attachés à l'ambassade. *e*). — Quelquefois des personnes sont seulement sous la *protection* de la légation *f*), sans être de la suite.

a) Moser's Versuch, III. 141.

b) Bielfeld, II. 205. §. 17.   Moser's Versuch, III. 143 f. IV. 608 ff., et ses Beyträge, III. 157. IV. 239.   Il fut stipulé, dans l'art. 9 du traité de paix de Kainardgi de 1774, que les interprètes auprès des ministres russes résidans à Constantinople, devaient être considérés et traités avec toute sorte de bienveillance.

c) Bielfeld, II. 200 et suiv.   Moser's Versuch, III. 136. et ses Beyträge, III. 150. — Quelquefois les gentilshommes-d'ambassade ne reçoivent pas d'appointemens, et les pages sont nommés et appointés par l'ambassadeur.

d) Moser's Versuch, III. 140. IV. 158 ff., et ses Beyträge, IV. 237.   Bielfeld, II. 206. §. 19.

e) Quelquefois l'on accorde à un ministre une escorte militaire pendant son voyage, ou une garde d'honneur ou de sûreté dans l'endroit de sa résidence, mais l'une et l'autre sont données par le gouvernement du pays.   Cet usage se pratique surtout dans les congrès de paix avec la Porte.   Voy. Moser's Versuch, III. 142. IV. 114 ff. et ses Beyträge, IV. 117. 207. 306. 564. —   Voyez des exemples d'ambassades qui eurent une suite très-nombreuse, dans les écrits suivans: Moser's Versuch, III. 146.   Lünig's theatr. cerem. I. 746 ff. Wekhrlin's Chronologen, Bd. XII. (1781. 8.), S. 75—105. Morgenblatt, 1812, Num. 306. —   Des *juifs* dans la suite d'un ministre, voy. Moser's Beyträge, III. 159.

f) Moser's Versuch, III. 146 f. IV. 320. et ses Beyträge, IV. 257 ff. 209. —   A la diète germanique, les ministres ne sont pas autorisés à accorder de leur protection à des personnes qui n'appartiennent point à la légation.   Voyez mon Oeffentliches Recht des teutschen Bundes, §. 131. —   Sur les espions, furets, etc. voyez Bielfeld, II. 205.

§. 190.

3° *C o u r r i e r s.*

Pour le transport des dépêches diplomatiques, on se sert des *courriers*. Ceux-ci, aussi bien que les autres courriers d'état ou de cabinet *a)*, sont ordinairement distingués par un costume, ou du moins par un écusson qu'ils portent sur la poitrine. On emploie aussi à cet effet d'autres fonctionnaires publics, soit militaires soit civils, des courtisans, des serviteurs particuliers, et même des personnes qui ne sont en aucun service. Partout en Europe les courriers jouissent, dans leurs courses officielles, et dans les états amis de leur maître, non-seulement de l'avantage d'une prompte expédition par les postes, même de préférence, mais aussi du plus haut degré d'inviolabilité *b)*. Leur bagage n'est que rarement soumis à la visite des douanes *c)*, et dans quelques pays ils ne payent point les impôts auxquels les autres voyageurs sont sujets, comme péage, pontonage, droit de barrière, etc. La violation de leur sûreté, est regardée comme lésion du droit des gens *d)*. Même entre des puissances en guerre, l'inviolabilité des courriers qu'elles s'envoient réciproquement, qui sont expédiés pour un congrès, ou qui en viennent, est respectée et quelquefois expressément assurée par des traités, des passe-ports ou par des escortes *e)*.

a) Voy. F. C. v. Moser der Courier nach seinen Rechten und Pflichten; dans ses kleinen Schriften; Th. IV, S. 177—510. Bielfeld, II. 73. 204. Moser's Versuch, IV. 616 ff. et ses Beyträge, IV. 542 ff. — L'on distingue les courriers du cabinet, ceux de la cour, des armées, ceux qui vont sur le continent, et ceux qui sont envoyés par mer. F. C. v. Moser, même livre, p. 179 suiv. et 478 suiv.

b) Voyez une série de traités de paix, où ceci fut stipulé, dans l'écrit précité de F. C. v. Moser, ch. 2, §. 6 — 18, p. 189 et 412 suiv.

c) F. C. v. Moser's kleine Schriften, Bd. VII, S. 17, §. 15.

d) Le fameux meurtre commis en Silésie, près du village de Zaucha le 17 juin 1739, sur la personne du major suédois Sinclair, envoyé en courrier de Constantinople à Stockholm, fut allégué, comme une des raisons de la déclaration de guerre, dans le manifeste publié en 1742 par la Suède contre la Russie. Voyez Büsching's Magazin, VIII. 309. Schlözer's Briefwechsel, IV. 243. Europ. Annalen, 1803, IX. 101. F. C. v. Moser's kleine Schriften, Th. IV, S. 440 ff. Moser's Versuch, IV. 620. et ses Beyträge, IV. 560. Merkwürdige in dem Archiv der Bastille gefundene InquisitionsActen (Leipz. 1790), S. 205. — Voyez des exemples plus récents des vols et des meurtres commis contre des courriers, dans ma Kryptographik, S. 55 f.

e) Moser's Versuch, IV. 623 f. F. C. v. Moser's kleine Schriften, Th. IV, S. 256 fl. 353. 556. Hors les cas nommés ci-dessus, la sûreté des courriers de l'ennemi n'est pas reconnue durant la guerre. Voyez ibid. p. 244 et suiv.

§. 191.

4° De la famille, surtout de l'épouse du ministre, et de sa maison.

A la suite du ministre appartiennent aussi, comme nous l'avons dit, les *membres de sa famille* qui l'accompagnent, et les personnes qui sont en son *service particulier*. Du nombre de ces derniers, sont ses médecins et secrétaires particuliers, l'instituteur de ses enfans, les officiers de sa maison (tels que son maître d'hôtel, ses ecuyers, valets de chambre, portier, sommelier, cuisinier etc.), sa livrée, nommément les coureurs, laquais, cochers, postillons, palefreniers, etc. *a*). Ces personnes jouissent, comme le reste de la suite, de la protection particulière du droit des gens, et ne sont point soumis à la domination de l'état près lequel le ministre est accrédité *b*). — La plus distinguée est l'*épouse* du ministre, surtout s'il est ambassadeur *c*). Cependant l'étiquette des cours diffère et varie beaucoup à ce sujet *d*), p. e. par rapport à l'honneur du tabouret de l'impératrice ou de la reine *e*), à la réception lors de sa présentation, ou dans sa première et dernière audience, à son rang et au reste du cérémonial *f*). Régulièrement elle ne peut pas prétendre à un culte domestique à elle, fut-ce même qu'il n'y ait pas, dans la ville ou aux environs, culte public ni particulier de sa religion *g*).

a) Moser's Beyträge, IV. 240. Bielfeld, II. 201.
b) Wicquefort, T. I, sect. 28.
c) Voyez surtout F. C. v. Moser, die Gesandtin nach ihren Rechten u. Pflichten; dans ses kleinen Schriften, III. 133 ff. Moser's Versuch, III. 145. IV. 315 ff. et ses Beyträge, IV. 175. 329. 427. 450. Bynkershoek de foro legatorum, c. 15.
d) F. C. v. Moser, même livre, S. 149 ff. 151 ff. 166 ff.
e) De la Maillardière précis du droit des gens, p. 339. F. C. v. Moser, p. 174 et 195.
f) Sur le détail de cette matière, voy. F. C. v. Moser, dans le livre allégué, et Moser's Beyträge, IV. 175—182. 329. 427. 450.
g) F. C. v. Moser, même livre, p. 305—309.

§. 192.

Hôtel de légation. Armes. Luxe.

Il faut au ministre, pour lui et pour sa suite, une habitation convenable, qu'on appelle *hôtel de de légation* ou *d'ambassade a*) (*Gesandtschaft-Quartier*). Les gouvernemens ne possédant aujourd'hui que rarement, dans les capitales ou villes de résidence étrangères, des hôtels destinés à recevoir leurs ministres *b*), ces derniers habitent pour la plupart des maisons louées, et il leur est alors ordinairement payé une somme quelconque à titre de frais de premier établissement ou d'indemnité, ou bien pour l'entretien de leur mobilier *c*). Il n'y a que les ministres extraordinaires envoyés pour peu de tems, qui soient encore quelquefois logés par le gouvernement qui les reçoit *d*). — Presque partout les ministres font placer au-dessus de la porte de leur hôtel les *armes* de leur souverain *e*); c'est cependant une distinction qui n'est pas généralement accordée aux ministres de troisième ordre *f*). — Au reste, on s'attend surtout d'un ministre de première classe, qu'il mette un certain *luxe* et *étalage* dans sa garderobe, dans son ameublement, dans sa vaisselle, ses livrées et équipages, de la magnificence dans les fêtes et repas qu'il est dans le cas de donner, enfin dans tout ce qui porte sur l'extérieur *g*).

a) Voy. Wicquefort, T. I, sect. 28.

b) Moser's Beyträge, III. 288. — En 1814, les cours d'Autriche et d'Angleterre firent à Paris l'acquisition de deux hôtels destinés pour leurs légations.

c) Moser's Versuch, III. 152. et ses Beyträge, III. 288. IV. 205. 219 ff. Comparez à ce sujet les discussions qui eurent lieu à Paris, en 1798, entre le Directoire exécutif et le

Conseil des cinq cents; dans le Rédacteur du 13 brumaire an VII, n° 1o52.

d) Moser's Beyträge. III. 28o f.

e) Moser's Versuch, IV. 264. Beyträge, III. 3oo. IV. 2o5. F. C. v. Moser von den Rechten der Gesandten in Ansehung der Wappen ihres Souverains; dans les Wöchentl. frankfurt. Abhandlungen, 1755, St. 7, et dans Schott's jurist. Wochenblatt, III. Jahrgang, S. 6oo — 614.

f) F. C. v. Moser, même traité, §. 4.

g) Trois attelages de six chevaux. Moser's Versuch, III. 151. Conférez aussi Bielfeld, II. 2o2 et suiv.

§. 193.

Pouvoirs du ministre.

Un ministre public, devant représenter son état près un autre état, doit être autorisé à cet effet par son gouvernement; et celui auquel s'adresse sa mission, doit être dûment instruit de cette autorisation. Il est muni pour cela de *pouvoirs* ou *lettres de créance (mandatum procuratorium, litterae fidei s. credentiales, Creditiv)*, au moyen desquels il doit se faire reconnaître en sa qualité de ministre, et justifier de l'étendue de ses pouvoirs *a)*. Ces mêmes pouvoirs peuvent ne porter que sur une affaire déterminée, ou bien seulement sur quelques actions détachées (pouvoirs spéciaux); ils peuvent aussi l'autoriser en général à toutes espèces de négociations (pouvoirs généraux). Dans l'un et l'autre cas, ils peuvent être limités ou illimités *b)*; les derniers s'appellent pleins-pouvoirs proprement dits *(mandatum cum libera, sive plenipotentia*). L'état, ou les états, avec lesquels il doit être négocié, y sont ordinairement *nommés c*).

Avant d'avoir ainsi deployé des pouvoirs suffisans, un envoyé ne peut prétendre aux droits de ministre public, et l'on ne peut traiter avec lui d'une manière sûre et obligatoire *d*). Mais autant qu'il est déclaré dans ces pouvoirs représenter son état, autant ses actions, et nommément les engagemens qu'il aurait pris dans des traités conclus, fussent-ils même contraires à ses instructions secrètes *e*), obligent ce même état, qui ne peut s'en tenir qu'à lui des dommages qu'il lui aurait causés *f*).

a) Voyez les écrits énumérés dans v. OMPTEDA's Literatur, II. 56ı. — Jan. Harm. LOHMAN diss. de diverso mandatorum genere, quibus legati constituuntur, et obligatione quae ex iis oritur. Lugd. Bat. 1750. 4. BIELFELD, II. 164. §. 4. 183. §. 6—8. v. RÖMER, dans son livre allégué, p. 146.

b) Voyez des exemples des uns et des autres, dans la dissertation citée de LOHMAN, c. 2. §. 6. 7. — Le plénipotentiaire est pourvu d'un *mandatum cum libera, scil. potestate agendi*.

c) Ce qu'on appelle un „*mandatum s. actus ad omnes populos*", est extrèmement rare. Voyez en deux exemples, dans les mémoires de LAMBERTY, VIII. 748. IX. 655. Voy. aussi SNEEDORF essai d'un traité du stile des cours, P. spéc., art. 1, §. 20 et suiv.

d) MARSELAER de legato, lib. II. diss. 6. WICQUEFORT, P. I, sect. 15. LOHMAN diss. cit. c. 2. §. 3. J. G. ESTOR progr. de jure poscendi auctoritatem publicam, quam litteras vocant credentiales, a legatis (Jen. 1740., et dans ses Comment. et Opusc. Vol. I. P. 2. n. VIII.), §. 56. sq.

e) GROTIUS lib. III. c. 22. §. 4. LOHMAN diss. cit. cap. 4.

§. 2. sqq. Cette opinion est rejettée par Bynkershoek, quaest. jur. publ. lib. II. c. 7.

f) Les publicistes diffèrent d'opinion sur la question de savoir, par quelle raison un ministre est responsable à son souverain? D'après quelques-uns, c'est *ex mandato.* Wicquefort, T. I, sect. 16, p. 592. Bynkershoek quaest. jur. publ. lib. II. c. 7. Suivant d'autres, c'est *ex jussu.* Pufendorf de J. N. et G. lib. V. c. 4. §. 5. Boecler diss. de relig. mandat., dans ses Opusc. T. I. Selon d'autres enfin, c'est *ex jussu,* si le ministre est sujet du souverain, *ex mandato,,* s'il ne l'est pas. Lohman diss. cit. cap. 3. §. 2. sqq.

§. 194.

Leur forme.

La *forme* extérieure des pouvoirs est arbitraire. Ils peuvent être conçus en forme de lettres patentes (*in forma patente*), et alors ils s'appellent *pouvoirs* (*mandatum procuratorium*) proprement dits; ils peuvent aussi être cachetés *a)* (*in forma litterarum*), et ce sont alors des *lettres de créance* (*litterae fidei, Creditiv*) dans l'acception propre *b).* Quelquefois un ministre reçoit les deux à-la-fois *c).* S'il n'en est ainsi, on préfère ordinairement la première de ces formes, lorsqu'il doit être accrédité près d'un congrès de ministres, p. e. dans un congrès de paix, et l'autre s'il doit résider près d'un gouvernement *d).* Dans ce dernier cas, il est d'usage de donner une lettre de conseil; cependant une lettre de cabinet, quoique moins solennelle, serait tout aussi valable, supposé qu'elle contienne les parties essentielles des pouvoirs. — Il faut que la teneur des pouvoirs soit préalablement connue, de celui auquel ils doivent être présentés, pour qu'il soit à même de se déterminer à les recevoir et à fixer le cérémonial à accorder au ministre. C'est à cet effet que celui-ci, avant sa première audience, doit les montrer, s'ils sont en forme de lettres patentes, ou bien *sub sigillo volante*, ou en présenter une copie authentique s'ils sont cachetés *e*). Ils se peut, qu'un ministre ait besoin de plusieurs pouvoirs, s'il est accrédité sous différens rapports *f*).

a) Voy. WICQUEFORT, T. I, ch. 15 et 16. STIEVE's europ. HofCeremoniel, Th. III, Cap. 3, §. 4, S. 238. GUTSCHMIDT diss. cit. §. 27.

b) Sur la forme des pouvoirs, consultez C. A. BECK's Versuch einer StaatsPraxis, Buch V, Cap. 1, S. 225 ff. Cap. 3, S. 235 ff. Dan. NETTELBLADT, s. potius resp. F. J. E. EISENBERG, diss. de forma litterarum credentialium legatorum (Hal. 1753. 4.), cap. 2. et 5. SNEEDORF dans le livre allégué, P. spéc., ch. 1, art. 1. Des formules, voyez ESTOR l. c. §. 59. sqq.

c) LOHMAN diss. cit. cap. 2. §. 3. 4. 8. — Les ministres de France reçurent autrefois une lettre de cachet (qu'on nomme ailleurs lettre de chancellerie), et une lettre de la main. La première fut remise dans la première audience particulière, la seconde dans la première audience publique. CALLIÈRES, dans le livre allégué, ch. 11.

d) CALLIÈRES, même chapitre. Politische Unterhandlungskunst, Cap. 11, S. 130 ff. Dan. NETTELBLADT diss. cit. §. 5.

e) Ordinairement au ministre des affaires étrangères. J. F. JUGLER diss. de litteris legatorum credentialibus (Lips. 1742), §. 9. MOSER's europ. Völkerrecht, Buch III. Cap. 14, et son Versuch, III. 241. BIELFELD, T. II. p. 185, §. 7.

f) Ceci arrive quelquefois en Suisse, où le même ministre est accrédité près la confédération et en même tems près tous ou quelques-uns des cantons. Dans la ci-devant république de Pologne, les ministres étrangers étaient obligés de se légitimer séparément près le roi et près les états. Voy. BECK's Staatspraxis, S. 240, §. 21. — Sur les lettres de créance secondaires et éventuelles, ainsi que sur celles des secrétaires de légation, voy. ibid. §. 22—24, S. 241 ff.

§. 195.

Lettres de recommandation et d'adresse.

Outre ses lettres de créance, un ministre est quelquefois porteur de *lettres de recommandation* adressées par son souverain, ou son représentant, à des membres de la famille ou à des fonctionnaires publics distingués du souverain auprès duquel il va résider *a*), à des membres du gouvernement, si c'est une république, à des autorités locales de l'endroit où se rassemble un congrès, etc. — Un envoyé sans caractère de ministre public, n'est point muni de lettres de créance en forme, mais pour la plupart seulement de ce qu'on appelle *lettres d'adresse b*).

a) P. e. au prince-régent, à l'épouse du souverain, au successeur présomptif au trône, au ministre des affaires étrangères. A Constantinople, les agens diplomatiques en portent toujours pour le grand-visir, ainsi qu' autrefois dans les Provinces-Unies des Pays-Bas pour le Stathouder.

b) Voyez BECK's Staatspraxis, S. 243, §. 26.

§. 196.

I n s t r u c t i o n.

Tous les ministres reçoivent de l'autorité qui les envoie, des *instructions a*), pour leur faire connaître les intentions de leur gouvernement à l'égard des objets de la négociation, dont ils sont chargés, et pour les guider dans leur conduite à suivre. Ces instructions sont ou générales ou spéciales; elles sont quelquefois données de bouche, mais le plus souvent réunies dans un écrit particulier qui est remis au ministre au commencement de sa mission, et auquel il est obligé de recourir dans chacune de ses démarches officielles (instruction principale). Elles peuvent être modifiées, augmentées ou changées dans le cours de la négociation *b*). Ordinairement elles doivent toutes être tenues secrètes, et le ministre n'en peut faire un usage ouvert, qu'en vertu d'un ordre exprès de son gouvernement *c*); alors il est souvent muni d'une double instruction, dont l'une *secrète* et l'autre *ostensible*.

a) Wicquefort, T. I, ch. 14. Callières, ch. 12. Pecquet, p. 53 et suiv. Bielfeld, II. 180 suiv. Neyron principes du droit des gens, §. 173 — 175. Die politische Unterhandlungskunst, Cap. 8, S. 115 ff. Lohman diss. cit. c. 2. §. 9. 10.

b) Sur le contenu et la forme des instructions, voyez Beck's Staatspraxis, Buch V, Cap. 2, S. 245 ff. et Pütter's jurist. Praxis, I. 232. Walsingham maximes politiques, p. 503 et suiv. — Des instructions intéressantes ont été publiées dans les Mémoires de différens ministres, p. e. dans ceux de Walsingham, Avaux, Estrades, Walpole, Torcy, Rusdorf, d'Eon. On en trouve aussi une de l'empereur Ferdinand II, dans Khevenhüller's annal. Ferdinandeis, Th. XII, S. 1392 ff., et dans Leyseri meditat. ad Pandect., Spec. 671. med. 16. Instruction française du président Jeannin, de 1609, dans Wicquefort, T. II, sect. 9, p. 101 suiv. Instruction anglaise de 1570 pour Walsingham, ibid. T. II,

sect. 1, p. 6. D'autres instructions sont recueillies par
Rousset, V. 301. VII. 18. XI. 355., et dans F. C. v. Moser's
kleinen Schriften, III. 357. Ce serait un trésor pour les
négociateurs, ainsi que pour l'histoire, qu'une collection
d'instructions secrètes choisies.

c) Voyez Lohman diss. cit. c. 2. §. 9. Lettres de lord Chester-
field à son fils Stanhope, T. III, lettre 189. Die politische
Unterhandlungskunst, S. 217 ff.

§. 197.

Occupations du ministre.

1° *Travail particulier.*

Les *occupations* du *ministre* se partagent, en
son travail de cabinet, les communications avec
sa cour, et les négociations avec le gouvernement
auprès duquel il est accrédité, ou quelquefois
aussi avec d'autres ministres étrangers y résidans.
Son travail de cabinet, comprend le soin de pré-
parer et de suivre le mieux que possible les affaires qui font l'objet de sa mission, de dresser
à cet effet les minutes de toutes sortes d'écrits qui
passent sous son nom, ou du moins de les revoir,
de signer les expéditions, de les faire clôre et
cacheter en forme, et remettre à leurs adresses,
de surveiller la rédaction du livre journal qui
doit contenir les notions nécessaires sur tout ce
qui se passe à la légation, et la chancellerie ou
le bureau en général avec les archives, d'exercer
et de défendre les droits et les prérogatives de
la légation, nommément la jurisdiction sur les
personnes de la suite, la délivrance des passe-ports, etc. *a*).

a) Les instructions des ministres ordinaires, renferment presque toujours des dispositions circonstanciées à cet égard; quelquefois on a des réglemens généraux, pour tous les ministres d'un même état. — Sur l'ordre à observer dans les affaires des légations, voyez Wicquefort, T. II, sect. 2, p. 110.

§. 198.

2° Communication à entretenir avec son gouvernement.

Les communications du ministre avec le gouvernement de son état, se font quelquefois verbalement, mais pour la plupart par écrit. Elles s'adressent, tantôt immédiatement au souverain, tantôt au département des affaires étrangères, au ministre secrétaire d'état, ou à d'autres autorités constituées, ou bien à des membres de la famille du souverain, à des personnes de la cour, ou à des députés ou commissaires désignés à cet effet. Les plus essentielles et les plus fréquentes de ces communications, sont les *relations* ou *rapports* que le ministre doit faire à sa cour *a*) régulièrement à une époque déterminée, et en outre par extraordinaire toutes les fois qu'il arrive quelque chose d'important. Ces rapports doivent s'étendre non-seulement sur les objets principaux de la négociation, mais aussi sur tous les objets incidens et accessoires qui peuvent présenter un intérêt quelconque, et particulièrement sur la situation et les relations tant intérieures qu' extérieures du pays et de la cour où le ministre réside *b*). Il serait très-utile, de faire faire, à la fin de chaque négociation ou mission, **un *rapport principal*,** contenant un aperçu de toute la marche de la négociation et de tout ce qui s'y est passé de plus remarquable, comme il était d'usage dans la ci-devant république de Venise.

a) Sur les *dépéches* des ministres, voyez Wicquefort, T. II, sect. 10, p. 102. §. 4. et 186. §. 13—17. Callières, ch. 19. Die politische Unterhandlungskunst, Cap. 17, S. 171.

b) Wicquefort, T. II, sect. 16, p. 192. Schmalz europ. Völkerrecht, p. 96 et suiv.

§. 199.

Continuation.

Les dépêches de la légation, et celles qui lui parviennent de son gouvernement, dont l'intérêt exige un secret particulier, et que l'on manque d'occasion de transmettre par une voie tout-à-fait sûre, doivent être non-seulement soigneusement enveloppées et cachetées, comme toutes les autres, mais aussi écrites en bon *chiffre a*). Elles sont expédiées, ou par la poste commune, les messagers, les coches ou les diligences ordinaires, ou bien par estafette, par des courriers ou des voyageurs sûrs et de confiance, quelquefois sous l'enveloppe d'une tierce personne, ou sous une adresse feinte, quelquefois aussi par différentes voies à la fois moyennant des duplicata *b*). Pour cacher davantage le secret, on expédie quelquefois des dépêches feintes ou portantes la marque du contre-sens, qu'on envoie alors par la poste commune, ou par une autre voie peu sûre, à l'effet de les faire ouvrir à dessein et tromper par là les surveillans *c*).

a) Voyez une instruction pour les différentes *méthodes de chiffrer et de déchiffrer*, dans ma *Kryptographik*, Lehrbuch der Geheimschreibekunst (Chiffrir- und Dechiffrirkunst) in Staats- und Privatgeschäften. Mit Tabellen und 6 Kupfertafeln. Tübingen 1809. gr. 8. Die polit. Unterhandlungskunst, Cap. 18, S. 184. Bielfeld, II. 190. §. 19 suiv. Callières, ch. 20.

b) Bielfeld, II. 189. §. 18. 204. §. 16.

c) Voy. ma *Kryptographik*, p. 51 et 64. — Les moyens de se préserver de ce que les dépêches et autres lettres ne puissent être ouvertes et refermées d'une manière presque imperceptible, sont indiqués ibid. p. 49 — 56.

§. 200.

3° *Négociations.*

Les négociations dont le ministre est chargé, se font immédiatement, ou médiatement *a*). Elles se font médiatement lorsqu'elles ont lieu avec les ministres d'état, les commissaires ou députés, ou bien dans des congrès de paix ou autres, avec les envoyés de la puissance étrangère; quelquefois même encore, dans ce dernier cas, par l'entremise de quelque tierce puissance médiatrice ou de ses envoyés. Les communications, soit médiates soit immédiates, se font ou par écrit, au moyen de lettres, mémoires, notes, notes verbales etc., ou de bouche dans des audiences ou conférences *b*). Dans la règle, aucun gouvernement n'a le droit d'exiger des formes particulières dans les communications; cependant il y en a eu quelques-uns *c)* qui ont exposé en principe de ne délibérer ou faire réponse que sur des adresses rédigées par écrit. Dans toutes les négociations, il peut devenir utile de répéter et de présenter par écrit, en forme de note verbale ou d'un apperçu de conversation, ce qui a été discuté de vive voix dans les conférences, pour en conserver la mémoire autant que possible et d'une manière digne de foi. Aussi est-il quelquefois utile, d'avertir préalablement le ministre des relations extérieures du contenu d'un mémoire qu'on se propose de présenter dans une audience du souverain.

a) Sur la conduite du ministre dans ces négociations, voyez Wicquefort, T. II, sect. 3—8. Callières, ch. 16 et 17. Pecquet, p. 78 suiv. Die politische Unterhandlungskunst, S. 147 ff. 158 ff. — Wicquefort (II. 6.) pose en règle générale, ,,que la fonction principale consiste à entretenir la bonne correspondance entre les deux princes; à rendre les lettres, que son maistre escrit au prince, auprès duquel il réside; à en solliciter la réponse; à observer tout ce qui se passe en la cour où il négocie; à protéger les sujets, et à conserver les interests de son maistre".

b) La ci-devant république de Venise avait établi, pour les conférences avec les ministres étrangers, un collège composé de 26 membres au moins.

c) Tel qu' autrefois le gouvernement des Provinces-Unies des Pays-Bas.

§. 201.

Particulièrement audiences.

À moins de circonstances tout à fait particulières, le ministre ne peut point demander de droit à négocier immédiatement avec le souverain auprès duquel il réside *a*).   Cependant, quoiqu'une telle communication immédiate ait rarement lieu, et aujourd'hui seulement par exception de la règle, elle n'est pas pour cela toujours refusée.   Il est des cours où le souverain donne régulièrement, à certains jours, audience aux ministres étrangers, et où hors cela ils en obtiennent de particulières, soit publiques soit privées *b*).   Le moins auquel un ministre de premier ou de second ordre peut s'attendre, d'un souverain jouissant d'honneurs royaux, c'est d'être admis à son audience lors de son arrivée et de son départ.   L'une et l'autre, se donnent aux ambassadeurs le plus souvent publiquement et avec une certaine pompe *c*), aux ministres de seconde classe pas toujours publiquement, et jamais à ceux du troisième ordre, fussent-ils d'ailleurs aussi accrédités auprès de la personne du souverain *d*).

a) Voy. WICQUEFORT, T. II, sect. 2, p. 14.

b) Sur les audiences, voyez WICQUEFORT, T. I, sect. 19, p. 229. Moser's Versuch, III. 245. 248. et ses Beyträge, III. 401. 408. BYNKERSHOEK quaest. jur. publ., lib. II. c. 7. Comparez ci-après §. 225 et suiv.

c) Dans les audiences publiques, il n'est presque jamais question de négociations proprement dites. Cette matière est traitée plaisamment par BYNKERSHOEK, in quaest. jur. publ. lib. II. c. 6. dans ses Operib. omn. II. 248.

d) De l'étiquette usitée dans ces audiences, voyez ci-après §. 224.

§. 202.

Caractère des ministres, tant représentatif que de cérémonie.

Vis-à-vis du gouvernement près lequel le ministre est accrédité, on distingue en lui, en vertu de sa nomination et de sa réception par ce gouvernement, une double qualité ou caractère. Par rapport aux affaires dont il est chargé, il est considéré comme représentant immédiat de son gouvernement; et il a pour cela un *caractère représentatif*. Cette qualité est essentielle, elle est la même dans tous les ministres, de quelle classe qu'ils soient. Il est une autre qualité qui résulte de l'ensemble des honneurs accordés au ministre, eu égard à sa mission honorable dans le territoire de l'état où il réside; c'est son *caractère de cérémonie*. Cette qualité est accidentelle, et, comme accessoire, elle admet des gradations *b*). Dans le 2ème article du réglement sur le rang entre les agens diplomatiques, fait au congrès de Vienne (§. 179), on a arrêté que les ambassadeurs, les légats et les nonces auraient seuls le caractère représentatif (par laquelle expression on a entendu le caractère de cérémonie de première classe). D'ailleurs il est aujourd'hui d'un usage général, en Europe, de distinguer trois différens degrés de cérémonie, d'après lesquels les ministres publics sont divisés en trois classes (§. 179 et suiv.). Le cérémonial accordé à chaque classe, n'est point le même dans tous les états.   Le susdit réglement du congrès de Vienne (art. 5) exige, qu'il soit déterminé, dans, chaque état, un mode uniforme pour la réception des employés diplomatiques de chaque classe.

a) Voy. Vattel, liv. IV, ch. 6, §. 70. L. C. Schröder elem. jur. nat., soc. et gent. §. 1103. Höffner's Naturrecht, §. 224. Henr. Cocceji diss. de repraesentativa legatorum qualitate. Heidelb. 1680. 4. et dans ses Exerc. T. 1. n. 38. — Quelques publicistes n'attribuent un caractère représentatif qu'aux ministres de *première* classe. C. G. Gutschmidt diss. de praerogativa ordinis inter legatos, §. 26. 39. Il en est d'autres, qui n'entendent par caractère représentatif que les honneurs qu'ils croient attribués aux ministres de première classe comme *égalés* à leur constituans. Mais cette opinion est fausse, puisque les ministres de première classe ne sont nullement égalés à leurs souverains, et qu'ils ne jouissent partout que du plus haut degré du cérémonial accordé aux ministres comme tels, degré qui est différemment réglé dans les divers états.

b) Les publicistes diffèrent d'opinion à cet égard. Selon quelques-uns, le *caractère représentatif* est triple, essentiel, naturel, et accidentel. Le premier doit se rapporter à ce que le ministre représente son gouvernement dans toutes les affaires relatives à sa mission; le second doit résulter des droits naturels appartenans au ministre pour cause de l'égalité et liberté naturelles de son état; le troisième doit naitre de l'ensemble des droits accidentels (tels que rang, titre, honneurs) accordés aux ministres étrangers, soit en vertu de leur réception dans la qualité dont leur constituant les a revêtus, soit suivant des traités particuliers. Voy. v. Römer's Grundsätze über die Gesandtschaften, S. 108—112. — Une seconde théorie distingue un *double caractère représentatif* seulement, l'un naturel ou essentiel, l'autre positif ou accidentel; le premier purement représentatif, le second de cérémonie. E. C. Westphal instit. juris nat. §. 1288. Gros Lehrbuch der philosoph. Rechtswissenschaft, §. 446. — D'après d'autres enfin, il n'y a pas du tout de caractère représentatif, si ce n'est en vertu des traités. C. G. Rössig diss. de jure asyli legatorum, §. 6. p. 8. sq.

§. 203.

Prérogatives des ministres publics.
1° *Inviolabilité.*

Les ministres publics jouissent de certaines *prérogatives* dérivées du droit des gens, tant naturel que positif *a*). L'une des plus importantes c'est leur *inviolabilité*. Dès qu' un gouvernement a publiquement reconnu un ministre étranger en sa qualité de représentant immédiat de son souverain, toute violation des droits attachés à cette qualité *b*), qui est commise dans son territoire, doit être considérée comme une offense faite au souverain du ministre même. Il est par conséquent fort de l'intérêt du gouvernement, non seulement de prévenir, autant que possible, toute violation de cette espèce, mais aussi de la punir sévèrement comme délit contre l'état, si néanmoins elle aurait eu lieu. L'état de plus grande sûrete qui en résulte pour le ministre, s'appelle son *inviolabilité*, dans le sens éminent ou du droit des gens *c*); ou bien aussi la *sainteté* du ministre, parce qu'il est de l'intérêt commun des nations d'envisager cet état de sûrete comme une chose sacrée. Cette inviolabilité ou protection particulière, est due aux ministres des trois classes *d*). Elle s'étend sur toute l'activité officielle du ministre, et principalement sur ses fonctions diplomatiques *e*); un entier sauf-conduit lui est dû pendant tout son voyage, passage,

et

et séjour officiels dans le territoire de l'état *f*),
même lorsque la guerre entre les deux états aurait
éclaté *g*).

a) Voyez les écrits indiqués dans v. Ompteda's Literatur, T. II,
p. 566, et dans v. Kamptz neuer Lit., §. 227, et le livre
de Mr. Uhlich cité au §. 169, note b.

b) Dans le fait, il est quelquefois difficile de déterminer, si
une offense a été faite au ministre comme particulier, ou
en sa qualité diplomatique. Comparez v. Römer, S. 301.

c) Voyez L.. ult. D. de legation. L. 7. D. ad L. Jul. de vi
publ. Henr. Cocceji diss. de legato inviolabili. Heidelb. 1684.
et dans ses Exercit. Vol. I. n. 50. *Ejusd.* diss. de legato
sancto non impuni. Francof. ad Viadr. 1699. 4. Jo. Jac.
Lehmann diss. de vero atque certo fundamento jurium ac
speciatim sanctitatis legatorum. Jen. 1718. 4. D. H. Kemmerich von der Unverletzlichkeit der Gesandten. Erlangen
1710. 4. J. Hogeveen diss. legationum origo et sanctimonia.
Lugd. Bat. 1765. 4. J. G. Waldin diss. de legati admissi
et non admissi inviolabilitate. Marb. 1767. 4. H. F. Kahrel
diss. de sanctitate legatorum. Marb. 1769. 4. Grotius, lib.
II. c. 18. §. 4. n. 5. Wicquefort, T. I, sect. 29. Huber
de jure civitatis, lib. III. sect. 4. c. 2. §. 12. De Real,
science du gouvernement, T. V, sect. 7. Plusieurs autres
écrits sont indiqués dans v. Ompteda's Literatur, II. 568.
Voy. aussi Waldin jus legationis universale. sect. V. et XI.
v. Römer, S. 295 ff.

d) Bynkershoek de foro legator. c 1., dans ses Operib. omn.
II. 147.

e) Entre autres y est comprise la sûrete de sa correspondance, tant de celle qui est confiée à la poste commune, que
des dépêches qui sont envoyées par des estafettes ou par
des courriers. Moser's Versuch, IV. 144. — Suivant le
droit des gens naturel, un ministre public peut se faire raison
lui-même des offenses qui lui sont faites. Voyez v. Römer,
S. 298. Selon d'autres, il doit d'abord s'en plaindre et demander satisfaction au gouvernement du pays; ce qui est
le plus souvent confirmé par l'usage, du moins dans le tems
moderne. Voy. v. Pacassi, S. 167. — On trouve des

exemples d'insultes faites à des ministres publics, à celui
de Venise à Madrid en 1597, dans Roth's Archiv für das
Völkerrecht, Heft I, S. 76, à celui de la Russie, Mantueof,
à Londres en 1708, dans le traité allégué de Kemmerich,
S. 59 ff. Des exemples plus récens, voy. dans Moser's
Beyträgen, IV. 154 ff. 170 ff. — Quant à l'inviolabilité
des personnes de la *suite* du ministre, voy. Moser's Versuch,
IV. 520. — Des exemples de plaintes et de satisfaction
donnée, à cause d'insultes faites à des personnes de la livrée
d'un ministre, sont rapportés par Moser, dans ses Beyträge,
IV. 249 ff. 252 ff.

f) Les époques où cette inviolabilité doit commencer et finir,
sont déterminées et assurées par les passe-ports qu'on délivre
au ministre. Voy. v. Römer dans le livre allégué, p. 141—144.
En cas que le ministre a séjourné dans le pays, avant d'y
être nommé à la mission, son inviolabilité date de la réception de ses lettres de créance.

g) De même que déjà chez les Romains. L. ult. D. de le-
gationib. Comparez aussi Moser's Versuch, IV. 140. IX.
1. 40. — Cependant en pareil cas, la Porte ottomane fait
le plus souvent emprisonner le ministre, comme otage pour
l'observation des traités; ce qui le garantit en même tems
de la rage de la populace. Le Brets Magazin zum Ge-
brauch der Staaten- und Kirchengeschichte, Th. II. (1772),
S. 205 ff. — Durant la guerre entre la Suède et le Da-
nemarc en 1658, le ministre suédois, Coyet, fut emprisonné
à Copenhague pendant huit mois. Voy. v. Ompteda's Literatur,
II. 571. n. 1.

§. 204.

2° *Exterritorialité.*

Aussitôt que le gouvernement auquel le ministre étranger est envoyé, l'a reconnu comme
représentant de son gouvernement, il doit jouir,
comme condition tacite de sa mission et de sa réception, dans le territoire où il se trouve, du
même droit d'indépendance qui appartient au gou-

vernement de son état, supposé qu'il n'y ait point
de limitation à cet égard sanctionnée par des traités *a*). En conséquence, il est, en sa qualité de
ministre, affranchi de la souveraineté et de la
domination du gouvernement du pays. Cette exemption s'appelle l'*exterritorialité* ou l'indépendance du ministre *b*). Pour avoir un plein effet,
elle doit s'étendre sur tout ce qui peut être considéré comme appartenant à sa personne, p. e. sa
suite, son hôtel, ses équipages, son mobilier *c*).
Elle appartient également à un ministre, auquel
il est accordé en cette qualité *d*) un séjour temporaire dans le territoire, p. e. le passage, quoiqu'il ne soit point d'ailleurs accrédité près le gouvernement de cet état. En tout cas il faut au ministre, pour qu'il puisse exercer le droit en question, une déclaration expresse ou tacite de l'état
par lequel il lui est accordé. L'usage général
reçu en Europe, regarde comme une telle déclaration, la délivrance d'un passe-port portant permission d'entrer dans le pays, ou de le traverser
en qualité d'agent diplomatique *e*).

a) Comme par rapport aux impôts, au culte domestique, au
   droit d'asile, à ce qui concerne les réglemens de police, etc.

b) Quelques-uns restreignent, d'après le droit des gens naturel, cette exterritorialité aux fonctions diplomatiques du
   ministre. Voy. Höpfner's Naturrecht, §. 227. v. Martens
   Einleit. in das europ. Völkerr., §. 212. Mais conférez
   Achenwall jur. nat. P. II. §. 255. sq. Schröder l. c. §.
   1107. sqq. Gros, dans le livre allégué, §. 447. — Voyez,
   pour ce qui regarde l'exterritorialité des ministres des membres de la Confédération Germanique résidans à la diète

de Francfort, mon Oeffentliches Recht des teutschen Bundes, §. 130.

c) Achenwall l. c. §. 253.

d) Le comte de Wartensleben, ministre de la Hollande, faisant séjour à Cassel pour des affaires particulières, y fut arrêté en 1763 pour ces mêmes affaires. Moser's Versuch, III. 104. IV. 130. 167. Beyträge, IV. 161. Mercure historique et polit. 1764, T. I, p. 101. 104. T. II, p. 375. Waldin jus legationis universale, p. 89. – 104. v. Kamptz neue Lit., S. 261, Num. 7, et S. 262 f., Num. 9, 10 et 13.

e) Leyser medit. ad Pandect., Spec. 672. Voyez aussi les écrits d'Achenwall et de Rau, cités plus haut, §. 177, note b.

§. 205.

Particulièrement a) immunité des impôts.

En vertu de leur exterritorialité, les ministres sont *exempts* des *impôts personnels*, qui supposent souveraineté à exercer de l'une, et sujétion de l'autre part, tels que p. e. la capitation. Ils le sont également des impôts *indirects*, de la douane, de l'accise, et des autres droits de consomption, à l'égard des objets qui leur viennent immédiatement de l'étranger, et qui sont destinés pour leur usage, et pour celui des personnes de leur suite *a)*. Cette immunité ne s'étend point sur ce qu'ils achètent dans l'intérieur, et dont l'impôt payé par le vendeur entre en considération dans la fixation du prix *b)*. Dans le territoire d'une *tierce* puissance, le ministre ne peut point prétendre à cette prérogative, si ce n'est en vertu de traités; cependant elle est quelquefois accordée par pure complaisance *c)*.

a) Même des marchandises *prohibées* peuvent être importées par un ministre, pour son propre usage, à moins qu'on n'ait stipulé le contraire lors de sa réception.

b) Voy. F. C. v. Moser von der Zoll- und Accisfreiheit der Gesandten; dans ses kleinen Schriften, Bd. VII, S. 1 — 166. v. Römer, S. 346 ff. Callières, ch. 9. v. Pacassi, S. 267 ff. v. Ompteda's Lit., §. 257. v. Kamptz neue Lit., §. 232.

c) F. C. v. Moser's kleine Schriften, Th. VII, S. 45.

§. 206.

Continuation.

Du reste, les ministres ne peuvent point prétendre à être exemptés de ces impôts qui sont plutôt une *rétribution immédiate* due, soit à l'état, soit à des particuliers ou à des communes, pour des dépenses faites sur des objets ou établissemens particuliers, à l'usage desquels ils participent, comme péage, pontonage, port de lettres, etc. *a*).   Ils ne peuvent demander non plus une immunité des *impôts réels*, comme p. e. de la contribution foncière, s'ils possèdent des biens -fonds, des *patentes* pour l'exercice d'un commerce *b*) ou d'un métier, des *contributions communales* et de celles de *société*, s'ils sont membres d'une société ou d'une commune. Des privilèges plus étendus que ceux exigés par le droit des gens naturel, sont quelquefois accordés aux ministres, soit par complaisance, soit conformément à des traités. De l'autre côté, il y a des états où ces mêmes privilèges sont *limités*, ou même *éludés* quelquefois, s'ils ne sont entièrement *abolis*, par une espèce d'*équivalent c*) que l'on fait payer au ministre. Quelquefois il peut être douteux, si un certain impôt peut être exigé de lui, ou du moins il pourrait se porter préjudice s'il en reconnaissait l'obligation; c'est alors un bon expédient, pour éviter toute contestation, que d'offrir de propre mouvement une somme quelconque, p. e. pour les caisses des pauvres, pour l'entretien des lanternes, etc. Tout ceci s'applique de même aux ministres qui ne font que passer par le territoire, supposé toutefois que l'exterritorialité leur y soit accordée *d*). La visite des effets appartenans à un ministre public, ne peut au moins pas avoir lieu dans son hôtel, et autre part seulement autant qu'il ne lui est pas permis d'importer franches de douanes et d'accise, des marchandises, prohibées ou non-prohibées, destinées à son usage *e*).

a) Moser's Versuch, IV. 145.

b) J. C. W. v. Steck von einem Gesandten, der Handlung treibt; dans ses Ausführungen polit. u. rechtl. Materien (1776), S. 197—202. Vattel, L. IV, ch. 7, §. 105. 113. 114. Bynkershoek de foro legatorum, c. 14.

c) F. C. v. Moser's kleine Schriften, Th. VII, S. 5, 10, 17, 34. Moser's Beyträge, IV. 197. v. Pacassi, S. 267 ff. De Martens recueil, IV. 516. — Il est des états, où le gouvernement fait payer à chaque ministre étranger y résidant, à mesure de son rang, une somme déterminée, soit une fois pour toutes, soit par an, à titre d'indemnité de son immunité des douanes et accises. Autrefois on en usa ainsi à Madrid et à Gênes, ainsi qu'à Vienne. D'après un arrêté du roi d'Espagne, du mois d'octobre 1814, il est accordé un délai de six mois aux ministres étrangers, pour importer leurs effets francs d'impôts. En Russie, une note datée du mois de février 1817, et adressée par le ministre des finances aux ministres étrangers résidans à St. Pétersbourg, contient de semblables dispositions. Voyez-la dans le Journal de Francfort, 1817, n° 63. — Sur les abus voyez F. C. v. MOSER, même livre, p. 10.

d) F. C. v. MOSER, même livre, p. 8.

e) F. C. v. MOSER, dans le livre allégué, §. 12 — 17, p. 14 et suiv. MOSER's Versuch, IV. 303. — Les hôtels des ministres sont *exempts de logement des gens de guerre;* cependant s'ils ne sont que loués, les propriétaires sont tenus d'en faire compensation ou de loger autre part les soldats, là où ce logement est une charge réelle.

§. 207.

b) *Franchise de l'hôtel.*

Une autre suite de l'exterritorialité des ministres, est la *franchise de l'hôtel* (l'indépendance ou l'immunité de l'hôtel, *jus franchisiae s. franchitiarum*). On entend par là l'indépendance des hôtels d'ambassade de la souraineté du pays, à l'exception peut-être des droits de contribution et juridiction foncières *a*). Aujourd'hui, cette franchise est généralement reconnue en Europe. — Il en est autrement de son extension à toutes les maisons du même arrondissement ou quartier de la ville, auxquelles les ministres firent afficher autrefois les armes de leurs souverains. Cette *franchise des quartiers* (*jus quarteriorum, Quartier Freiheit*) était reconnue dans plusieurs états, notamment à Rome, à Venise, à Madrid, ainsi qu'à Francfort sur le Mein durant l'assemblée pour l'élection et le couronnement de l'empereur; mais elle n'a plus lieu aujourd'hui *b*).

a) Presbeuta de jure legationum stat. imp. §. 110. Wicquefort, T. I, sect. 28, p. 414. Real, science du gouvernement, T. V, sect. 7. Christian Thomasius de jure asyli legatorum aedibus competente (Lips. 1689. 4. rec. Lips. 1718. et Hal. 1714 et 1730. 4. et dans ses Dissert. Lipsiens. p. 1103.), §. 14. sqq. Vattel, liv. IV, ch. 9, §. 117. Moser's Versuch, IV. 310 ff. 313 ff. v. Römer, S. 375 ff. — Sur la visite de l'hôtel d'un ministre, voyez Moser's Versuch, IV. 303 ff., et sur celle de ses équipages, (ainsi que de ses gondoles autrefois à Venise) voy. Vattel, §. 119. F. C. v. Moser's kleine Schriften, VII. 147. Moser's Beyträge, IV. 152. — A Paris, en 1749, le gouvernement offrit de faire satisfaction à un ministre de ce qu'on avait fait la visite de son hôtel. Mercure hist. et polit. 1749, I. 661. De même à St. Pétersbourg, en 1752. Moser's Versuch, IV. 324. Sur la satisfaction faite, à Londres en 1764, au ministre de France, à cause de l'arrestation de son écuyer dans l'hôtel même du ministre, voyez Moser's Versuch, IV. 324 ff. — Scènes tumultuaires dans des hôtels de légation, à Madrid en 1597, voy. Roth's Archiv für das Völkerr., Heft I, S. 76; à Constantinople, de 1763 jusqu'en 1777, voy. Moser's Beyträge, IV. 213 ff.; à Rome en 1797, voy. Büsch Welthändel, S. 800; à Vienne en 1798, voy. Politisches Journal, April, 1798, S. 433. — Quelquefois un ministre fait établir, dans son hôtel, une imprimerie à lui. Voyez §. 110, note g.

b) Sur l'histoire de cette franchise des quartiers à Rome, et sur son abolition, voyez Real, T. V, sect. 7. Uhlich, les droits des ambassadeurs, p. 138. Büsch Welthändel, S. 227. v. Ompteda's Literatur, II. 574. La bulle donnée à ce sujet, en 1687, par le pape Innocent XI, se trouve dans Schmauss C. J. G. I. 1069. Sur les débats survenus à cet égard entre les cours de France et de Rome, voyez Meusel's Geschichte von Frankreich, Th. IV, p. 635 et suiv. — Abolition de cette franchise en Espagne, en 1594, et par une ordonnance de 1684.

§. 208.
Sa différence du droit d'asile.

Il faut se garder de confondre la franchise de l'hôtel avec le *droit d'asile* des ministres publics, droit d'accorder protection contre la police ou la justice du pays à des personnes non-appartenantes à leur suite qui, étant prévenues de crime, se sont réfugiées dans leur hôtel *a*). Ce droit dont on a souvent abusé en faveur de criminels, est presque généralement aboli en Europe, à cette modification près, que les ministres doivent être préalablement requis, dans les formes, à l'extradition du refugié *b*). Les autorités du pays sont en droit non-seulement de prendre, au dehors, les mesures convenables pour empêcher que le criminel ne s'échappe de l'hôtel du ministre, mais même en cas que celui-ci en aurait refusé l'extradition dûment sollicitée, de l'en faire enlever de fait, et même de force *c*). Tout aussi bien qu'un souverain ne pourrait soustraire un ministre étranger, prévenu de crime, aux poursuites de la justice de son pays, sous le prétexte qu'il séjourne dans ses états, de même l'hôtel du ministre ne peut offrir un asile à des criminels poursuivis par la police ou la justice de l'endroit dont la compétence à cet égard ne peut être révoquée en doute. Dans l'un et l'autre cas, on attenterait à l'indépendance des nations.

a) Des écrits sur le droit d'asile sont indiqués dans PÜTTER's Literatur des t. Staatsr., Th. III, §. 1288, et dans ma Neue

Literatur des t. Staatsr., S. 413. — Voyez aussi J. Th. B. Helfrecht von den Asylen. Hof. 1801. 4. Pfeffinger Vitriar. illustr. III. 1254 — 1271. Moser's Staatsrecht, V. 286., et son traité intitulé: Von Gnadensachen, S. 84. Jac. Ge. Rutger's van Boezeluer diss. quatenus legatorum aedes jure asyli gaudeant. Lugd. Bat. 1754. 4. Ol. Toerne, praes. Jo. Upmarck diss. de franchisia quarteriorum s. jure asyli apud legatos. Upsal. 1706. 8. C. G. Roessig diss. de jure asyli legatorum secundum jus gentium absolutum dubio. Lips. 1787. 4. (Voy. ma Juristische Bibliothek, XV. 299.) — Quelques auteurs prétendent que le droit d'asile des ministres publics soit fondé dans le droit des gens naturel. Kulpis tr. de legat. stat. c. 20. §. 11. Real, science du gouvernement, T. V, sect. 8. Mais voyez Grotius, lib. II, c. 18. §. 8. c. 21. §. 5. Thomasius diss. cit. §. 20. sqq. Bynkershoek de foro legatorum, cap. 21. Roessig diss. cit. §. 3. sqq. Vattel, liv. 14, ch. 9, §. 118. v. Martens Einleit. in das Völkerrecht, §. 217.

b) Conférez v. Martens Erzählungen, Th. I. n. 9. — La plupart des auteurs soutiennent, que les autorités du pays soient en droit d'entourer de gardes l'hôtel du ministre dans lequel un criminel se serait réfugié, mais non pas d'y faire entrer la force armée, qu'elles soient plutôt obligées de solliciter, par l'entremise du département des relations extérieures, l'extradition du réfugié d'abord auprès du ministre, et ensuite, sur son refus, auprès de son souverain. Consultez là-dessus Pacassi, p. 255. Rössig (dans la dissertation ci-dessus énoncée, §. 9. sqq.) pose en principe, que les autorités puissent demander l'extradition du criminel directement par des huissiers, ensuite, sur le refus du ministre, procéder sur le champ à la visite de l'hôtel, et y saisir le prévenu, en ménageant toutefois autant que possible le ministre et les personnes de sa suite. — Des ordonnances du Portugal, de 1748, contre ce droit d'asile, voyez dans Moser's Beyträge, IV. 209. De la Suède, du Danemarck, de Venise, voy. Mercure hist. et polit. 1748, I. 53. 205. Lamberty, T. II. p. 185. Mercure hist. et polit. 1745, I. 519. Comparez aussi Pacassi, S. 262. Au mois de septembre 1815, le cardinal secrétaire d'état déclara, d'après les ordres du Pape, que le droit d'asile accordé jusqu' alors aux ministres étrangers résidans à Rome, devait se borner à l'avenir à leurs hôtels et à des délits purement correctionnels.

c) Voyez des exemples de pareils enlèvemens de force: du duc de Ripperda en 1726 à Madrid, dans les mémoires de Montgon, T. I, n. XI, XII, XIII. v. Pacassi, S. 269 f.; à Venise en 1745 et 1769, dans Moser's Versuch, IV. 299 ff., et de 1770, dans Moser's Beyträge, IV. 212 f.; de Londres, dans v. Hertlein über die wesentl. Rechte der Majestät (Wirzb. 1787. 8.), S. 294. — Sur un enlèvement du carrosse d'un ministre, voy. Vattel, liv. IV, ch. 9, §. 119. — Scènes à Rome en 1749, et à Stockholm en 1748, Moser's Beyträge, IV. 265 ff.; ainsi qu'à Copenhague en 1789, Nouvelles extraordinaires, 1789, n° 26 et 27. Supplem.

§. 209.

c) *Exemption des lois, de la police, et de la juridiction civile du pays.*

C'est encore à raison de leur exterritorialité que les ministres publics ne sont *point sujets* aux *lois*, à la *juridiction*, ni à la *police* du pays dans lequel ils sont chargés d'une mission politique *a*). Cependant il est presque généralement reconnu aujourd'hui qu'au moins l'observation de certains *réglemens de police*, surtout de ceux tendans à maintenir la sûreté publique, doit être considérée comme condition tacite de leur réception *b*). Leur exemption de la *juridiction civile*, tant contentieuse que volontaire, est générale, et leur appartient dans toute l'étendue du pays, pour eux, pour leur suite *c*), et pour leurs effets, bien entendu en tant qu'ils ne sortent pas de leur caractère diplomatique *d*). Dans les *affaires non-contentieuses*, le ministre peut se servir des autorités et des notaires du pays, autant que dans cette espèce d'affaires l'autorité ou le notaire sont uniquement au choix des particuliers, p. e. pour authentiquer une copie ou déclaration, pour déposer un testament *e*) ou quelqu' autre acte. Mais dès qu'un pareil choix n'a pas lieu, et que l'affaire est exclusivement du ressort d'une certaine autorité constituée, cette autorité est incompétente à l'égard du ministre et des personnes de sa suite, en tant que l'un et les autres ne viennent en considération que sous le rapport de leur attributions, nommément s'il s'agit, en cas de décès, de l'apposition des scellés, de la confection de l'inventaire, du partage de la succession, de la constitution des tuteurs. Dans ces cas, les scellés doivent plutôt être apposés par le secrétaire de la légation, ou par un autre ministre ou fonctionnaire public de la même cour, et, à leur défaut, par la légation d'une cour amie qui y est autorisée en vertu d'une réquisition ou d'une convention. Ce n'est qu'en dernier lieu que l'autorité judiciaire du pays a droit de s'en mêler, toujours sans prendre inspection des papiers relatifs à la mission du ministre *f*).

a) Voyez des écrits sur cette matière contestée, dans v. Ompteda's Literatur, II. 579 f., et dans v. Kamptz neuer Lit., §. 236. — L'ouvrage le plus important et le plus étendu c'est Corn. van Bynkershoek de foro legatorum, tam in causa civili quam criminali, liber singularis. Lugd. Bat. 1721. 8. On le trouve aussi dans ses Opuscula edita a Franc. Car. Conradi, ainsi que dans ses Opera omnia, T. II. (Lugd.

Bat. 1767. fol.) p. 143 — 184. Aussi en français sous ce titre: Traité du juge compétent des Ambassadeurs, traduit du latin de M. BYNKERSHOEK, par Jean BARBEYRAC. à la Haye 1723. 8. édit. 2. 1727. 8. et dans différentes éditions de l'ouvrage de WICQUEFORT intitulé: L'ambassadeur etc. Une nouvelle traduction française, a paru à la Haye 1785. 4.   Jo. AMBROSIUS de judice competente legatorum eorumque comitum. Viennae 1774. 8.   REAL science du gouvernement, T. V, sect. 9.   v. MARTENS Erzählungen, Th. I. n. 3. — Un résumé des différentes opinions, se trouve dans le traité de BYNKERSHOEK, c. 24., et dans v. RÖMER's Grundsätze über die Gesandtschaften, S. 513.

b) Comparez MOSER's Versuch, IV. 531. — Des disputes qui ont eu lieu entre des ministres et des autorités de police locales, voy. MOSER's Beyträge, IV. 159 ff. 248 ff.

c) BYNKERSHOEK, c. 15.

d) Ad. Ignat. TURINI diss. de illibata exemtione legatorum a jurisdictione loci, ubi resident, in causis civilibus. Erford. 1772. 4.

e) C. WILDVOGEL diss. de testamento legati. Jen. 1711. 4. J. F. KAYSER diss. de legato testatore. Giess. 1740. 4.

f) Car. Frid. PAULI s. resp. Guil. WILD diss. de obsignatione rerum legati ejusque comitatus. Hal. 1751. 4.   MOSER's Versuch, IV. 569 ff.   Beyträge, IV. 563 ff.   v. KAMPTZ neue Lit., S. 268. — Tentative injuste du Pape, à Rome en 1687; voy. v. RÖMER, S. 428. — Voyez aussi le réglement inséré, depuis 1790, dans les capitulations de l'empereur d'Allemagne, art. 25, §. 7, et pour ce qui regarde les ministres des membres de la Confédération Germanique accrédités à la diète, mon Oeffentliches Recht des teutschen Bundes, §. 128.

§. 210.

Continuation.

D'après ce que nous venons d'énoncer (§. 209), le ministre ne saurait se soustraire à la juridiction civile du pays lorsqu'il s'agit d'un *immeuble,* objet d'une affaire contentieuse. Il en est de même des *meubles* qu'il possède dans une qualité autre que celle de ministre étranger, p. e. comme fabricant, commerçant *a*), propriétaire de biens-fonds, ou qu'il ne fait qu' administrer pour autrui, etc. Enfin, il n'a nul privilège s'il est en même tems fonctionnaire public ou, sous d'autres rapports, sujet de l'état près lequel il est accrédité *b*), ou qu'il s'est licitement soumis à sa juridiction ou à celle d'un de ses tribunaux *c*). Dans tous ces cas, les tribunaux du pays peuvent prononcer contre lui suivant les lois, jusqu'à des *arrestations* et des *saisies* mobilières et immobilières *d*); toutefois cependant, sans porter préjudice à sa qualité de ministre d'un état étranger *e*), et entendu que ce pouvoir ne leur soit interdit par des lois expresses, comme il y en a des exemples *f*). — Le droit d'avoir, pour l'usage de la légation, une *imprimerie*, doit être regardé comme compris dans l'exterritorialité du ministre *g*).

a) Bynkershoek, c. 14. v. Steck's Ausführungen (1776), S. 17.

b) Bynkershoek, c. 11. F. E. de Pufendorf obss. juris universi, T. IV. obs. 100. v. Martens Erzählungen, Th. I, n. 3. — Un exemple d'un secrétaire de légation hollandais à Cassel, en 1764, est rapporté dans Moser's Versuch, IV. 329.

c) Bynkershoek c. 16. §. 15. c. 22. et 23. v. Römer, S. 328 ff. Comparez aussi C. F. Glück's Erläuterung der Pandekten, Bd. II, Th. I, §. 206. Grolman's Theorie des gerichtl. Verfahrens in bürgerl. Rechtsstreitigkeiten (3. Aufl. 1810), §. 49. 50. Casp. Matth. Müller diss. de foro legati contrahentis. Rost. 1704. 4.

d) Bynkershoek, c. 22. Voyez un exemple ci-dessus indiqué, §. 204, note d. Voyez d'autres exemples d'arrêts portant prise de corps ou saisie, dans Moser's Versuch, IV. 120. 139. 422. et dans ses Beyträge, IV. 159. 167.

e) Voyez le § suivant. — Nommément un ministre ne peut être arrêté pour *dettes*, n'importe qu'elles soient contractées avant ou durant sa mission (voy. Grotius, lib. II. c. 18. §. 9.), pas même pour des dettes assurées par des *lettres de change*. Voyez Schott's jurist. Wochenbl. Th. I, S. 173. Scherer's Handb. des Wechselrechts, Th. III, S. 622. Püttmann advers. lib. III. p. 224. Riccius exercitatt. jur. camb., Exerc. II. §. 11. J. Th. Roth's Archiv für das Völkerrecht, Heft I, S. 93. — Arrestation de l'ambassadeur de Russie à Londres, M. Mantueof, pour des dettes. et satisfaction donnée à cet égard, en 1708. Voy. Voltaire histoire de Russie sous Pierre le Grand, T. I, ch. 19. Kemmerich von der Unverletzlichkeit der Gesandten, S. 39 ff. — Refus du passe-port à cause des dettes non-acquittées. Voy. Moser's Versuch, IV. 545 ff.

f) Acte du parlement britannique, 10 Anna (1711), ch. 7. Ordonnance portugaise de 1748. Déclaration du roi de Prusse, du 24 sept. 1798, dans la Preuß. EdictenSammlung für 1798, Num. 75, S. 1760, d'après laquelle des arrèts portant prise de corps ne peuvent être donnés que contre ces ministres étrangers qui, sans être accrédités auprès du gouvernement, ne font que passer par le territoire prussien.

g) Moser's Beyträge, IV. 209. Ce droit fut exercé, pendant la guerre de sept ans, à Ratisbonne par le ministre du roi de Prusse accrédité à la diète de l'Empire. — Au mois de septembre 1815, le cardinal secrétaire-d'état déclara, suivant les ordres du Pape, que la prérogative des ministres étrangers à Rome d'avoir une imprimerie, comme elle avait été exercée dans l'hôtel du ministre d'Espagne, devait cesser.

§. 211.

Exemption de la juridiction criminelle.

Toujours supposé qu'un ministre ne se trouve, avec l'état auprès duquel il est accrédité, dans

aucun rapport étranger à son caractère diplomatique, il n'est pas soumis non plus à la *juridiction criminelle* de cet état *a*); les tribunaux ne
peuvent donc valablement intenter contre lui, ni
contre les personnes de sa suite *b*), aucune procédure ou information, ni prononcer l'arrestation
ou une condamnation quelconque *c*). S'il y a
des délits commis immédiatement contre des particuliers (*delicta privata*), le gouvernement
du pays peut insister, auprès de celui du ministre,
à ce qu'il soit rappelé *d*), et ensuite jugé et puni
dans les formes; sur un refus constant du rappel,
il peut être éloigné de fait et contraint à donner
satisfaction privée. Lui, ou quelqu'un de sa suite,
se serait-il permis des attentats contre la sûreté
de l'état où il réside, le gouvernement de cet état
peut s'assurer sur le champ de la personne du
coupable, et en général prendre toutes les mesures
de nécessité absolue. Le danger passé, il est en
droit de demander, à l'état auquel appartient le
ministre, information et condamnation suivant
les lois; en cas de refus, il peut procéder contre
l'offensant comme contre son ennemi, pour se
défendre et pour obtenir indemnité et sûreté *e*);
car enfin, en général, l'exterritorialité n'est censée
être concédée qu'autant qu'elle s'accorde avec la
conservation de l'état et le maintien de la sûreté
publique, auxquelles on ne peut jamais présumer
qu'un état ait renoncé, et elle ne saurait donc

jamais

jamais justifier des actes d'inimitié commises par
le ministre ou par quelqu'un des siens *f*).

a) Voyez BYNKERSHOEK l. c. cap. 17—19. Casp. Matth. MÜLLER
diss. de foro legati delinquentis. Rost. 1704. 4. Abr. Dan.
CLAVEL a BRENLES diss. de exemtione legatorum a foro criminali ejus ad quem missi sunt. Marb. 1741. 4. v. OMPTEDA's
Literatur, II. 581. v. KAMPTZ neue Lit., §. 238.

b) BYNKERSHOEK, c. 20.

c) Il en est autrement en Angleterre. Procédure criminelle
contre le ministre français à Londres, comte de Guerchy,
sur l'accusation du chevalier d'Éon, pour tentative d'em-
poisonnement, en 1765. Voyez MOSER's Versuch, IV. 119.
Beyträge, IV. 155. ROTH's Archiv für das Völkerrecht,
Heft I, S. 71. v. ARCHENHOLZ England und Italien, Bd. I,
Th. 2, S. 290 f. RÖSSIG diss. de jure asyli legator., p. 6. sq.

d) Voyez un exemple de la cour de Sardaigne, en 1778, dans
Moser's Beyträge, IV. 277.

e) Consultez GROTIUS lib. II. c. 18. §. 4. n. 5. sq. CALLIÈRES,
ch. 9. LEYSER Spec. 672. G. S. TREUER's Beweis, dafs es
nicht wider das Völkerrecht sey, bey gewissen Umständen
einen fremden Gesandten zu arretiren (Zweite Ausg. Frankf.
u. Leipz. 1745. 4. Aussi en français, sous le titre suivant:
S'il est permis de faire arrêter un Ambassadeur? à Helm-
städt 1745. 4.), S. 5 ff. JÄGER, ob ein Souverain berechtigt
sey, fremde Gesandte arretiren zu lassen, dans SCHOTT's jurist.
Wochenblatt, Bd. I, S. 157—176. MOSER's Versuch, IV. 377.
Beyträge, IV. 293. v. OMPTEDA's Lit., §. 253. v. KAMPTZ
neue Lit., §. 228. — Voyez ce qui s'est passé à St. Pétersbourg à l'égard du ministre de la reine de Hongrie, marquis
de Botta d'Andorno, en 1745, dans MOSER's Versuch, IV. 382.,
et dans ses Beyträge, IV. 301. ADELUNG's Staatsgeschichte,
Th. III, Abth. 2, S. 289. Th. IV, S. 157. 258, ainsi que
par rapport au ministre français (pas encore légitimé), marquis de la Chétardie, en 1744, dans MOSER's Versuch, IV.
551. 417. Beyträge, IV. 525. 567. ADELUNG, Th. IV, S. 154.
Russische Günstlinge (Tüb. 1809. 8.), S. 187 f.; enfin à
Stockholm, à l'égard du ministre de la Russie, comte de Ra-
sumowsky, en 1788, dans le Politisch. Journal 1788, S. 795.

22

817, 830. D'autres exemples sont rapportés dans le traité allégué de Jäger, p. 172 et suiv. — Sur les personnes de la suite du ministre, voyez le § suivant. — Sur l'arrestation d'un ministre pendant son passage dans le pays, voyez plus haut §. 176, note d.

f) Avis de Henri IV, dans Roth's Archiv für das Völkerrecht, Heft I, S. 75 f. — Voyez des exemples de délits contre l'état, imputés à des ministres publics, ainsi que de leurs arrestations; des anciens, dans les ouvrages précités de Wicquefort et de Bynkershoek; des modernes, tels que ceux des ministres suédois, de Gyllenborg à Londres, et de Görtz à la Haye, en 1717, (Voltaire histoire de Pierre le Grand, T. II, ch. 8, p. 99. Lamberty mémoires, T. I. v. Ompteda's Lit., II. 571. n. 2 — 6.), du ministre espagnol à Paris, prince de Cellemare, en 1718, (Mémoires de la régence du Duc d'Orléans, II. 153. v. Ompteda, II. 572. n. 7.) du ministre français, marquis de Monti, à Dantzick en 1733, (Faber's europ. StaatsCanzley, Th. 65, S. 558—616. v. Ompteda, II. 572. n. 8 — 11) du ministre français, maréchal duc de Belle-isle, qui voulut traverser le pays d'Hanovre sans passe-port, en 1744. v. Ompteda's Literatur, II. 573. N. 13. v. Kamptz neue Lit., S. 262, n. 5 — 8. Treuer dans le traité allégué, S. 33 — 44.

§. 212.

d) *Juridiction, et droit de surveillance du ministre, à l'égard de sa suite.*

Les personnes attachées à la *suite* du ministre étant ordinairement comprises dans son exterritorialité (§. 204), elles sont également exemptes de la *juridiction* ou *surveillance* quelconque du gouvernement du pays *a*). Pour ce qui est particulièrement de la *juridiction civile*, tant contentieuse que volontaire, ce principe est presque généralement reconnu en Europe, et même dans une telle étendue que, pourvu que d'ailleurs la juridiction soit conférée au ministre par son gouvernement, non-seulement les personnes de sa suite, mais aussi d'autres sujets de l'état qu'il représente, peuvent valablement *tester* par devant lui, ou déposer leur testament entre ses mains. Le ministre lui-même, peut dresser et déposer son testament à la chancellerie de la légation *b*). Dans l'un et l'autre cas, ce sont, même pour les formes, les lois de son pays qui doivent être observées. Si dans les tribunaux du pays, on a besoin de la *déposition* d'une personne attachée à sa suite, il est d'usage de le requérir, par l'intermédiaire du département des affaires étrangères, à ce qu'il fasse ou comparaître par devant le tribunal les personnes appelées en témoignage, ou prendre la déposition par quelqu'un de la légation, et la communiquer ensuite en bonne et due forme au réquérant *c*). Le ministre peut délivrer des *passe-ports* aux personnes de sa suite, aux sujets de son souverain, et à tout autre qui va dans son pays. Ceci vaut également de l'apposition du *visa* sur des passe-ports qui lui sont présentés à cet effet.

a) Voyez Sam. Frid. WILLENBERG diss. de jurisdictione legati in comites suos. Gedani 1705. 4. Jac. CARMON diss. de jurisdictione in legatos eorumque comites. Jen. 1738. 4. ANON. diss. de judice competente legatorum eorumque comitum. Vienn. 1774. 8. (Comparez Allgemeine deutsche Bibliothek, Bd. 31, S. 183.) GROTIUS lib. II. c. 18. §. 8. BYNKERSHOEK l. c. cap. 15. v. STECK von der Gerichtbarkeit der bei der osmanischen Pforte stehenden Botschafter, Gesandten, Consuln; dans ses Versuchen (1783), S. 88—95. — Exemple à Londres en 1764, voy. Moser's Versuch, IV. 324 ff. — Ceci ne doit point s'entendre de ceux qui sont seulement *sous la protection* d'un ministre étranger. Voy. Moser's Beyträge, IV. 290 f. 257 ff.

b) Chr. Wildvogel diss. de testamento legati. Jen. 1711. 4. J. F. Kayser diss. de legato testatore. Giessae 1740. 4.

c) De Steck essais sur divers sujets (1779), p. 36 — 38.

<h3 align="center">§. 213.</h3>

Continuation.

Pour ce qui regarde les *contraventions civiles* ou *de police*, dont seraient prévenus ou coupables des personnes appartenantes à la suite d'un ministre étranger, on y applique le plus souvent aussi le principe d'exterritorialité, de manière que le prévenu ou coupable, saisi même hors de l'hôtel du ministre, est remis sans difficulté à la légation, pour en être jugé et puni *a)*. — La même chose a lieu quant à la *juridiction criminelle*, pour tous les délits ou crimes commis, dans l'intérieur de l'hôtel du ministre, par des personnes de sa suite ou contr' elles, si le coupable a été saisi dans l'hôtel même, et qu'il ne faut par conséquent pas d'extradition *b)*. Il en est autrement, si le criminel, appartenant à la suite du ministre, a été saisi hors de l'hôtel de légation, n'importe que le délit ou crime ait été commis dans cet hôtel, ou non *c)*. Dans ce cas s'appliquent, en général, les principes exposés plus haut (§. 64 et suiv.), sur l'extradition des criminels, et la punition des crimes et délits commis en pays étranger *d)*. Cependant l'extradition est plus facilement accordée, si le criminel appartient, même sans ses liaisons de service, comme sujet à l'état dont dépend la légation *e)*.

a) Voy. Moser's Versuch, IV. 323. — Les ministres étrangers permettent quelquefois, du moins tacitement, que les autorités locales exercent sur leurs domestiques quelque pouvoir de police, en cas d'infraction des lois de police, commise hors de l'hôtel de légation. Moser's Beyträge, IV. 245 ff. — Des différends entre le ministre et les gens de sa suite, voy. Moser's Beyträge, IV. 245. et son Versuch, IV. 523. — Combat à coups de poing entre trois ministres français à St. Pétersbourg, en 1748. Mercure hist. et polit. de 1748, T. I. p. 50.

b) Bynkershoek l. c. cap. 20.

c) Voyez des exemples dans Moser's Beyträgen, IV. 257. Un exemple mémorable de Constantinople, en 1749, est rapporté dans Moser's Versuch, IV. 529.

d) Voyez une disposition particulière à cet égard, dans le traité de paix de Kainardgi de 1774, art. 6. De Martens recueil, IV. 615. — En 1791, un chasseur de la livrée du comte Brühl, ministre prussien à Munich, s'étant suicidé dans une auberge, on refusa au ministre l'extradition du cadavre, en alléguant qu'il fallait distinguer la suite proprement dite d'avec les autres personnes qui lui étaient attachées, tels que les officiers de la maison et la livrée, et que la juridiction sur ceux-ci ne lui appartenait point. Sur cela, le comte quitta la cour sans prendre congé. Voyez Politisch. Journal, März 1791, S. 522. En décembre 1812, un chasseur de la livrée du ministre de Bavière à Berlin ayant tué, hors de l'hôtel de la légation, un homme de la livrée du même ministre, et celui-ci ayant fait arrêter l'homicide dans son hôtel, la cour abandonna l'information et la punition à l'autorité bavaroise, attendu que le criminel n'était pas sujet prussien et que pendant son séjour en Prusse, il avait toujours été au service du ministre bavarois;

il fut conduit à Munich sous escorte militaire bavaroise, et le tribunal de la ville de Berlin se chargea ensuite de la visite légale du cadavre, et de l'audition des témoins. Gazette de Francfort, 1813, n° 18.

c) Cette circonstance ne devrait influer en rien. Bynkershoek l. c. cap. 15.

§. 214.

F   i   n.

Du reste, c'est au constituant du ministre à déterminer, si, de quelle manière, et jusqu'à quel point il doit exercer lui-même la juridiction sur les personnes de sa suite, et dans quels cas il doit renvoyer aux tribunaux de son pays les causes civiles contentieuses, et les causes criminelles *a*)? Ordinairement il lui est conféré un pouvoir de police limité, et la juridiction civile tant contentieuse que volontaire, quoique les pouvoirs des ministres de troisième classe soient quelquefois de moindre étendue. En matière criminelle, l'accusé est assez généralement renvoyé dans le pays du ministre, afin d'y être jugé dans les formes prescrites par les lois *b*).

a) Voy. Bynkershoek l. c. cap. 15. et 20. Moser's Versuch, IV. 322 ff. v. Martens Erzählungen, Th. I, n. 1, Th. II, n. 7, 14 u. 15. v. Ompteda's Lit., §. 255. v. Kamptz neue Lit., §. 230. — Grand pouvoir des ministres turcs. Voy. Moser's Beyträge, IV. 256. — Il y a des avis qui soutiennent, qu'il faut de la part de l'état où le ministre réside, outre l'agrément général de l'exterritorialité de la légation, un consentement spécial à l'exercice de la juridiction conférée au ministre par son souverain. Voy. Adr. Kluit historiae federum Belgii federati primae lineae, T. II. c. 10.

b) Il n'y a presque pas d'exemple, qu'une peine capitale ait été exécutée dans l'hôtel d'un ministre, ne fût ce peut-être dans celui d'un ministre turc. Moser's Beyträge, IV. 256.

§. 215.

e) *Culte domestique.*

De l'exterritorialité du ministre public s'ensuit enfin le droit de *culte privé* et *domestique* (*sacra privata s. devotio domestica qualificata*), c'est-à-dire le droit d'exercer dans son hôtel le culte de sa religion, pour lui et pour sa suite, et d'entretenir à cet effet une chapelle de légation avec les personnes nécessaires au service, tels qu' aumôniers, sacristains, etc., droit qui ne s'étend cependant point au-delà de son hôtel, ni sur des personnes autres que ceux qui appartiennent à la légation *a*). Les ministres jouissent de cette prérogative depuis le schisme qui eut lieu dans l'église chrétienne au 16e siècle *b*), du moins s'il n'y a point d'exercice de leur religion, ni public ni privé, dans le lieu de leur résidence *c*), ou qu'un autre ministre de leur cour n'y entretient déjà une chapelle domestique.

a) Just. Henn. Böhmer diss. de privatis legatorum sacris (Hal. 1713. 4. rec. ib. 1721. et 1729. 4.), cap. 2. §. 13. sqq. v. Römer's Grundsätze über die Gesandtschaften, S. 363 ff. — Consultez en outre v. Ompteda's Literatur, II. 575. v. Kamptz neue Lit., §. 231. Uhlich, les droits des ambassadeurs, ch. 5, p. 61 et suiv. Moser's Versuch, IV. 155 ff. Beyträge, IV. 185 ff. C. Thomasius diss. de jure asyli legatorum aedibus competente, §. 19.

b) Partie en vertu de lois, comme en Danemarck (1676) et

en Suède (1719 et 1720); partie en vertu de traités, soit exprès soit tacites. Ceci fut souvent le cas des ministres, et nommément des consuls, résidans dans le territoire de la Porte, et dans celui des états africains. Moser's Versuch, IV. 156. — Débats sur le culte domestique réformé, exércé à Cologne par le résident prussien de Diest, en 1708. Voy. Glafey's Völkerrecht, S. 488 ff. Rink's Leben K. Joseph's II., Th. II, S. 461. Boehmer diss. cit. c. 2. §. 18. sqq. Uhlich, dans le livre allégué, p. 73.

c) L'empereur Joseph II. ayant concédé à Vienne aux protestans de la confession d'Augsbourg le droit de culte privé, il déclara que dès-lors le culte domestique de la même religion ne serait plus permis dans cette capitale aux ministres étrangers. — A Constantinople, la légation de Russie entretient une chapelle domestique, et outre cela elle a sous sa protection une église publique de religion grecque qu'elle a fait bâtir. Voy. la paix de Kainardgi, 1774, art. 7 et 14. De Martens recueil, IV. 615. 621.

§. 216.

Continuation.

Dans la chapelle peuvent être exercés, pour les personnes de la légation, tous les actes paroissiaux de leur culte *a*). Aujourd'hui on permet même assez souvent, soit en vertu de traités soit par connivence, que d'autres personnes, et même des sujets du pays, viennent y faire leurs dévotions *b*); souvent aussi on la laisse subsister pendant l'absence temporaire du ministre, et quelquefois même durant la vacance de la mission, ou dans l'intervalle qui a lieu entre la mort du souverain constituant et la présentation des nouvelles lettres de créance *c*).

a) Voir Moser's Versuch, IV. 183 ff. 226 ff. Beyträge, IV. 185. 188. — De la chapelle, voy. Moser's Versuch, IV.

1-8. 217. — De la langue, dans laquelle le culte doit se faire, voy. Moser's Versuch, IV. 181. 221. Alternative conventionnelle à observer dans les deux langues, dans la chapelle du ministre suédois à Paris; voy. Schlözer's Briefwechsel, Th. III, S. 76. Moser's Versuch, IV. 222. Pacassi (p. 257 suiv.) soutient que, dans la chapelle d'un ministre étranger, on ne puisse point se servir de la langue du pays. Mais voyez v. Römer, S. 565 f.

b) Moser's Versuch, IV. 181 ff. 185 ff. 222 ff., et ses Beyträge, IV. 185. 188. Böhmer l. c. cap. 2. §. 25.

c) Moser's Versuch, IV. 190. F. C. v. Moser's kleine Schriften. Bd. II, S. 506. — Question de savoir, si *l'épouse* du ministre, lorsqu'elle est d'une religion autre que celle de son époux, est en droit d'avoir un culte domestique particulier? Voy. plus haut §. 191.

§. 217.

5° *Droits de cérémonial.*

Le *droit de cérémonial* des ministres publics, s'est successivement formé depuis l'établissement des légations perpétuelles, et depuis les grands congrès de paix, de Westphalie, de Nimègue et de Ryswik, où furent reunis les ministres de tant d'états si différens en dignité et puissance. Quelques nombreuses que soient les variétés qui subsistent encore, résultantes soit de la différence du rang des états et des classes des ministres, soit des traités conclus à cet égard, des usages reçus, ou des réglemens particuliers à différentes cours, il s'est néanmoins établi un certain nombre de principes, et même quelqu'uniformité, du moins entre plusieurs états. Le réglement fait au congrès de Vienne (§. 179) exige expressément que, dans chaque état, il soit déterminé un mode uniforme pour la réception des employés diplomatiques de chaque classe (§. 202).

a) Encyclopédie méthodique; Diplomatique, T. I. p. 136 et suiv. Lünig's theatr. cerem. I. 772—786. Voyez les écrits indiqués dans v. Ompteda's Lit., §. 245, et dans v. Kamptz neuer Lit., §. 217.

§. 218.

Particuliérement a) titre d'Excellence.

Le titre d'*Excellence a*) (anciennement attribué même aux empereurs, aux rois, et aux autres princes régnans) appartient aux ministres de première classe, et leur est donné en cette qualité, soit dans les communications par écrit, soit dans la conversation, si non par le souverain près lequel ils sont accrédités, du moins par tous les fonctionnaires et particuliers, ainsi que par les ministres étrangers de tout grade résidans à la même cour *b*). Dans les relations ministérielles on ne leur donne que ce titre, fussent-ils princes de naissance *c*). Il faut distinguer cette Excellence diplomatique d'avec celle attachée à différentes charges de la cour, civiles et militaires, aussi bien que d'avec celle attribuée autrefois dans les universités ou lycées à certains docteurs *d*). Aujourd'hui les ministres de seconde classe sont souvent aussi traités d'Excellence, du moins par complaisance ou politique, jusques par les ministres d'état du pays où ils résident *e*). Du reste, un ministre peut ne point avoir l'Excellence diplomatique, et cependant jouir de ce titre sous d'autres rapports de service ou de privilège.

a) Voy. F. C. v. Moser's actenmäsige Geschichte der Excellenz-Titulatur, und der hierüber entstandenen Streitigkeiten; dans ses kleinen Schriften, Th. II, S. 100—558, Th. III, S. 1—152. Abhandlung über den ExcellenzTitel; dans König's Select. jur. publ. T. V. p. 555. Repertorium des Staats- und Lehn-rechts, v. Excellenz. v. Ompteda's Lit., §. 244. v. Kamptz neue Lit., S. 254.

b) Voy. F. C. v. Moser, dans le livre cité, II. 152 ff. 168 ff. Moser's Versuch, III. 45. IV. 53., et ses Beyträge, IV. 116. Gutschmidt diss. cit. §. 55.

c) Moser's Versuch, IV. 504 ff.

d) F. C. v. Moser, dans le livre allégué, II. 117—151.

e) J. J. Moser von der Excellenz der Gesandten vom zweiten Range. 1785. 8. et son Versuch, III. 45. Nachtrag zu der Moserischen Abh. von der Excellenz der Gesandten vom zweiten Range. 1784. 4. — En 1807, le ministre des relations extérieures en France, prince de Bénévent (Talley-rand), traita d'excellence les envoyés de second ordre, et même ceux des souverains de la Confédération du Rhin qui ne furent que membres du collège des princes. Voy. Rhei-nischer Bund, Heft IX, S. 447. Son successeur n'en usa pas de même. Voy. ibid. XIII. 155.

§. 219.

b) Rang des ministres:

α) entr'eux, en lieu tiers.

Le ***rang*** des ministres publics à observer ***entr'eux***, dans le pays où ils sont accrédités, est régi, I) quant aux ministres d'un *même état*, les uns vis-à-vis des autres, par la volonté et les ordres de leur maître *a*). II) Pour ce qui est des

ministres de *différens* états *b*), leur rang est déterminé, d'abord 1° par la *classe* à laquelle ils appartiennent, de manière que d'ordinaire tous les
ministres de première classe précèdent tous ceux
de la seconde, et ceux de la seconde tous ceux
de la troisième, sans avoir égard au rang de leurs
souverains *c*); ensuite 2° le rang entre les ministres de la *même classe*, se règle tantôt sur celui
de leurs constituans, pourvu qu'il soit reconnu
tel par la cour auprès de laquelle les ministres
sont accrédités, tantôt d'après les réglemens qui
pourraient être donnés à ce sujet par cette cour *d*).
Dans l'art 4. du réglement du congrès de Vienne
(§. 179), il est arrêté, que les envoyés diplomatiques prendront rang entre eux dans chaque
classe, d'après la date de la notification officielle
de leur arrivée, mais que ce réglement n'appor-
tera aucune innovation relativement aux représentans du Pape.

a) Ordinairement l'ordre, dans lequel les différens ministres
sont nommés dans leur pouvoir ou lettres de créance, suffit
pour déterminer le rang qu'ils tiennent entr'eux. Par le
même principe énoncé au §, un légat du Pape précède un
nonce, ainsi qu'un nonce extraordinaire un nonce ordinaire;
de même, un ambassadeur extraordinaire a le pas sur l'ambassadeur ordinaire envoyé par la même cour (voy. Lünig's
theatr. cerem. I. 368.), nonobstant que tous ces ministres
appartiennent à la même classe. Un souverain envoyant à
la même cour plusieurs ministres du *même ordre et titre*,
est en droit de régler lui-même le rang à observer entr'eux.
Gutschmidt diss. cit. §. 56. 59.

b) Voy. Gutschmidt diss. cit. §. 20. 22. 26. 30. — Le *titre*
dont un envoyé est revêtu par son souverain, indépendam-

ment de sa mission, p. e. le titre de ministre d'état, ne vient point en considération, lorsqu'il s'agit de déterminer son rang comme agent diplomatique; cependant ce titre peut lui donner le prédicat d'Excellence, quand même il ne l'aurait pas en sa qualité d'envoyé. Voy. GUTSCHMIDT, §. 24. — La *naissance* du ministre n'influe pas non plus sur le rang qui lui est dû en sa qualité diplomatique. MOSER's Versuch, III. 504.

c) Voy. GUTSCHMIDT l. c. §. 57. Toutefois ceci n'est pas hors de contestation dans le cas p. e. où de deux ministres de diverses classes, celui de classe inférieure est envoyé par un état jouissant d'honneurs royaux, tandis que le souverain de l'autre ne jouit point de ces honneurs. On en a vu des exemples aux congrès de paix de Westphalie, de Nimègue, de Ryswik. Voyez aussi Sam. PUFENDORF de rebus gestis Friderici Wilh. elect. brandenb., lib. XVI. §. 53. sq.

d) Depuis 1653 avait été établi, dans la capitulation de l'empereur d'Allemagne (art. III, §. 19 de celle de 1792) le principe, qu'à la cour impériale les ambassadeurs électoraux auraient le rang immédiatement après les ambassadeurs des rois étrangers actuels, couronnés et reconnus, et avant tous les ministres des républiques. Jusqu'alors principalement la république de Venise avait réclamé, pour ses ministres, le rang sur ceux des électeurs. Voy. VITTORIO SIRI Mercurio, T. V. P. 2. (Casale 1653.), p. 311. sq. MOSER's teutsches Staatsrecht, Th. 34, S. 167 — 183. — Les ambassadeurs des puissances catholiques, ont jusqu'ici coutume de céder le rang aux nonces du Pape: il en est autrement des ambassadeurs des souverains protestans. Voy. Wahl- und Krönungs-Diarium Kaiser Carl's VII., S. 77. — Supposé qu'un état conteste à un autre état le droit d'envoyer des ministres de première classe, mais qu'un tiers état reçoive de celui-ci un pareil ministre, cet état est obligé d'accorder à ce dernier le rang qui lui est dû en qualité de ministre de première classe, même vis-à-vis des envoyés de l'état contestant.

§. 220.

Continuation.

Les réglemens des différentes cours décident,

p. e. si et jusqu'à quel point le ministre extraordinaire d'une cour de rang inférieur, doit précéder le ministre ordinaire de la même classe
envoyé par une cour d'un rang supérieur? si et
jusqu'à quel point, en général, les ministres de
seconde classe ont le rang sur ceux de troisième
classe? si un envoyé extraordinaire l'a sur un
ministre plénipotentiaire, et celui-ci sur un simple
envoyé? si et dans quelles occasions un résident
précède un chargé d'affaires, et ce dernier un consul revêtu du caractère diplomatique? Le susdit
réglement du congrès de Vienne (§. 179), arrête
à ce sujet que les employés diplomatiques en mission extraordinaire n'auraient, à ce titre, aucune
supériorité de rang (art. 3), et que les liens de
parenté ou d'alliance de famille entre les cours,
ne donneraient non plus aucun rang supérieur à
leurs employés diplomatiques (art. 6). A défaut
de pareils réglemens reconnus par sa cour, le
ministre doit tâcher de maintenir dans toutes les
occasions la dignité et les droits de son gouvernement, autant qu'ils sont fondés dans l'égalité naturelle, dans des traités ou dans l'état de possession, ayant toujours égard à ce que le progrès
des négociations ne soit point retardé, ni la politesse et la bonne intelligence des cours négligées *a*).

a) A ce sujet est fort sagement conçue, l'instruction pour les
ministres espagnols à Munster en 1643, dans GÄRTNER's westphäl. FriedensCanzley, T. II, Num. 116, S. 299. Comparez

aussi de CALLIÈRES, ch. 10. WICQUEFORT, T. I, sect. 24 et 25. ROUSSET, memoirés sur la préséance, ch. 7 et 28.

§. 221.
Et en son propre hôtel.

Ce que nous venons d'énoncer doit être entendu du cas, où les ministres se rencontrent en lieu tiers (*in loco tertio*). En son *propre hôtel*, tout ministre, recevant des visites de cérémonie, accorde aux ministres de la *même* classe la précédence, et par conséquent aussi la main d'honneur, sans égard aux rapports de rang qui ont lieu entre leurs souverains *a*). Les ministres de *seconde* classe observent cette politesse aussi envers ceux de troisième ordre, d'autant plus qu' entr'eux les visites tout à fait solennelles ne sont point d'usage. Mais les ministres de *première* classe n'accordent, en leur propre hôtel, aux ministres de second et troisième ordre, ni la main ni aucune autre prérogative relative au rang *b*).

a) Quoique jadis l'Empereur d'Allemagne lui-même n'avait point accordé, à sa cour, la précédence aux électeurs en personne, ses ambassadeurs cédaient néanmoins le pas, en propre hôtel, aux ambassadeurs électoraux. GUTSCHMIDT l. c. §. 51 not. h.

b) Comparez Vittorio SIRI, dans le livre allégué, p. 377. MOSER's Zusätze zu s. teutschen Staatsrecht, I. 344. Wahl- und Krönungs-Diarium K. Carl's VII., I. 205.

§. 222.
β) *Envers des tierces personnes.*

Quant aux rapports de rang entre les ministres et des *tierces personnes*, ils sont réglés ou par des traités publics ou par des réglemens du souverain auprès duquel les ministres sont accrédités. Cependant il y a eu très-souvent des contestations à cet égard. Les ministres de première classe prétendent à ranger immédiatement après les princes de sang impérial ou royal *a*). Ils demandent la précédence sur tous les princes régnans, qui ne sont point d'un rang supérieur ou égal à celui de leur maître *b*), ainsi que sur les cardinaux, comme tels *c*). Les ministres de second ordre, et souvent aussi ceux du troisième, font valoir dans leurs prétentions de rang, non-seulement leur caractère d'agens politiques, mais aussi les rapports de rang de leurs souverains, particulièrement vis-à-vis du souverain auquel ils sont envoyés; surtout les ministres impériaux et royaux accrédités auprès des grand-ducs, ducs, ou princes souverains, ou auprès des républiques. Avec tout cela on en vient rarement, pour des simples disputes de rang, aux expédiens indiqués au §. 104 et suiv.

a) Il y a des exemples, où des ambassadeurs impériaux et royaux ont prétendu au rang même sur des électeurs et princes en personne. Voy. F. C. v. Moser's kleine Schriften, Th. VII, S. 190 ff.

b) Sur cette question voyez Wicquefort, T. I, sect. 20, p. 275. Moser's teutsches Staatsrecht, Th. 33, S. 455. Th. 44, S. 458 ff., et ses Zusätze zu seinem teutschen Staatsrecht, Th. I, S. 283 ff. Bynkershoek quaest. jur. publ. lib. II. c. 9., et dans ses Oper. omn. T. II. p. 254.

c) Un

c) Un bref papal de 1750 décida en faveur des cardinaux. Voir Mercure hist. et polit. 1751. I. 382. Voyez des exemples dans Moser's Versuch, IV. 52., et ses Beyträge zu dem Gesandtschaftsr., S. 100.

§. 223.

c) Etiquette, surtout par rapport aux audiences.

La différence du rang des ministres, les traités, les réglemens et usages des cours, ont beaucoup varié l'étiquette diplomatique *a)*. On reçoit avec de grands honneurs les ministres de *première* classe, surtout ceux de cérémonie, souvent déjà dans leur voyage, mais principalement à leur arrivée dans la résidence du souverain ou dans le lieu de congrès; quelquefois ils y font une entrée publique *b)*. Après avoir dûment notifié son arrivée au chef du département des relations extérieures, ou à l'un des premiers officiers de la cour, et après avoir reçu le compliment réciproque d'usage, un tel ministre est admis à *l'audience* solennelle, quelquefois publique, du souverain *c)*, pour lui présenter ses lettres de créance; les ministres envoyés à la Porte ou par elle, remettent en même tems les présens d'usage avec cette puissance *d)*. Quelquefois aussi le ministre ne demande, ou il ne lui est accordé, à son arrivée, qu'une audience particulière ou moins solennelle *e)*, dans les mêmes formes avec lesquelles il y est admis dans la suite et durant le cours de sa mission. Après une audience solennelle, il se rend ordinairement à l'audience de l'épouse du souverain, à celle du successeur présomptif au trône, et quelquefois aussi à celle d'autres princes ou princesses du sang *f*). — Un ministre de *seconde* classe obtient rarement une audience publique; il est reçu par le souverain dans son appartement, étant debout, ordinairement en présence du ministre du département des affaires étrangères ou d'un des premiers officiers de la cour. Quant aux ministres de *troisième* classe, ou ils ne sont admis, à leur arrivée ou départ, qu'à une audience particulière du souverain, ou ils présentent leurs lettres de créance ou de récréance seulement au chef du département des affaires étrangères, suivant ce qui est réglé par le gouvernement près lequel ils sont envoyés, soit généralement, soit particulièrement par rapport à leur cour *g*).

a) Voy. les écrits allégués plus haut, §. 90. Voy. aussi PHI·LOXENIS: Some choice observations of Sir John FINET — — toching the reception and precedence, the treatment and audience, the puntillios and contests of forren Ambassadors in England. Lond. 1656. 8. Ce livre a aussi paru en allemand, sous le titre suivant: Joh. Finets auserlesene Anmerkungen, betreffend die Reception, Präcedenz, Tractirung, Audienzen, wie auch vorgefallene Kleinigkeiten und Streitigkeiten zwischen auswärtigen Gesandten in Engelland, mit einer Vorrede des Hrn. Prof. TREUER, und aus d. Engl. ins Teutsche übers. durch C. H. NEUBAUER. Braunschw. 1728. 8. MOSER's Versuch, III. 235. IV. 46. et ses Beyträge, III. 228. De la cour de Vienne, voy. MOSER's teutsches Staatsrecht, III. 128.

b) MOSER's Versuch, III. 237. 251. 260. Beyträge, III. 304. 309. FINET, dans son traité cité, p. 43. 79. — Depuis l'étrange évènement qui eut lieu à Londres en 1661, les

ministres étrangers, résidans à une cour ou dans un lieu
de congrès, vont rarement avec solennité à la rencontre
d'un ministre étranger qui arrive. REAL, science du gouvernement, V. 5og. Voyez cependant un exemple à Madrid
en 1785, lors de l'entrée publique de l'ambassadeur por-
tugais, dans les Nouvelles extraord. de 1785, n° 51. —
Sur le voyage du ministre au lieu de sa destination, et les
honneurs usités à cette occasion, voy. MOSER's Versuch,
III. 155. Beyträge, III. 159.

c) Comparez plus haut, §. 201. MOSER's Versuch, III. 245.
253. IV. 56. Du même, Beyträge, III. 294. 401. 412.
BIELFELD, II. 211 et suiv. Encyclopédie méthodique; Diplomatique, T. I., et Dictionnaire de Jurisprudence, v. *Audience.* Description de l'audience publique que le roi de
France a donnée, à Paris le 24 août 1814, au duc de Wel-
lington, ambassadeur extraordinaire britannique; dans le
Moniteur universel de 1814, n° 237, et dans le Journal
de Francfort de 1814, n° 242.

d) MOSER's Beyträge, III. 143 ff.

e) MOSER's Versuch, IV. 59. — Sur les audiences particulières,
voyez ibid. III. 248.

f) MOSER's Beyträge, IV. 408., et ses Beyträge zum Gesandtschaftsrecht, S. 145. Cérémonial de la cour de Vienne de
1752. Voyez Mercure hist. et polit. 1744, II. 443.; 1753,
II. 629; 1754, I. 428. II. 455.

g) v. MARTENS Einleitung in das Völkerrecht, §. 204.

§. 224.

Continuation.

Dans le cérémonial usité à l'occasion des
audiences solennelles, auxquelles un ambassadeur est admis au commencement et à la fin de
sa mission *a*), on remarque: la pompe avec laquelle il se rend à la cour et en retourne, les
honneurs militaires et de cour qui lui sont ren-

dus, l'appareil d'état et de cour que le souverain rassemble autour de lui, le discours que l'ambassadeur lui adresse, soit dans la langue publique de son pays, soit en français (§. 113 et suiv.), et la réponse qu'il reçoit, la présentation de ses lettres de créance, qu'il se couvre en présence du souverain qui a aussi le chapeau sur la tête *b*), etc. Aux honneurs d'usage dans cette occasion appartient: que l'ambassadeur soit conduit et reconduit dans un carrosse de gala de la cour attelé de six chevaux, accompagné d'officiers et laquais de la cour, et suivi de plusieurs de ses propres carrosses attelés de même, qu'on fasse battre aux champs lorsqu'il s'approche du corps de garde, que les eaux des jardins jouent, que son carrosse entre dans l'intérieur du château ou dans la cour intérieure (l'entrée du Louvre), ou qu'il descende au grand portail du palais, qu'il soit solennellement reçu par des officiers de la cour *c*), qu'il monte par le grand escalier (escalier des ambassadeurs), et soit introduit dans la grande salle d'audience, les deux battans ouverts, où le souverain l'attend, debout ou assis, sous un dais, entouré de ses ministres d'état et de sa cour, qu' accompagné de quelques personnes de sa suite, il s'approche du souverain en faisant trois révérences, qu'alors le souverain le salue en se découvrant et l'invite par signe à se couvrir, etc. Il n'arrive plus que très-rarement aujourd'hui que les autres ministres étrangers accompagnent l'ambassadeur dans cette première audience.

a) Voyez Finet, même livre, p. 43, 47, 63, 67, 69, 73, 250.

b) Moser's Versuch, IV. 53. Roth's Archiv für das Völkerrecht, Heft I, S. 91 ff. — Dans les audiences du Pape, les ambassadeurs ne se couvrent point. Avec une impératrice ou reine, ils font seulement semblant de vouloir se couvrir, sans cependant le faire. Roth, S. 92. Siebenkees neues jurist. Magazin, Bd. I, S. 392. Voyez cependant Finet, p. 251.

c) Dans quelques cours il est un Introducteur des ambassadeurs; dans d'autres ses fonctions sont du ressort du grand - maître des cérémonies, du grand - chambellan, etc. En Chine, il y a un Mandarin - Introducteur. Voy. Encyclopédie méthod., Diplomatique, T. III. p. 67. — A Constantinople, on donne aux ministres du premier et second ordre, lorsqu'ils sont introduits à l'audience du grand-seigneur, pour marque d'honneur le *cafftan*, espèce d'habit de cérémonie que portent les principaux officiers turcs. Voy. Lünig's theatr. cerem. I. 1745. Bielfeld, II. 212.

§. 225.

Solennités publiques, honneurs militaires, et autres distinctions.

Dans les *solennités publiques d'état*, telles qu'un couronnement, une prestation d'hommage, une entrée publique, les funérailles du souverain ou de quelqu'un de sa famille etc., il est toujours reservé une place distinguée au corps diplomatique. A la *cour*, les ministres étrangers sont admis *a*), et souvent avec des honneurs particuliers, non - seulement dans les assemblées ordinaires, mais aussi dans les festins et *grands galas*. Les différentes prérogatives dont ils jouissent dans leurs *conférences* avec des fonctionnaires publics du pays, ainsi que dans les *congrès*, sont réglées d'après les rapports réciproques entre les états respectifs, et suivant le rang des ministres. Il en est de même des *honneurs militaires*, pour lesquels on a ordinairement des réglemens exprès, notamment sur l'établissement d'une garde d'honneur devant l'hôtel d'un ambassadeur *b*). Les ambassadeurs ont le droit d'aller à six chevaux *c*), et de les décorer de *fiocchi d*), ainsi que d'avoir un dais dans leur salle de cérémonie *e*). Ordinairement les ministres reçoivent à leur départ, quelquefois aussi à leur arrivée, des présens *f*).

a) En 1776, les résidens furent déclarés à Vienne capables de paraître dans l'appartement de l'empereur (*appartement-fähig*). Moser's Beyträge, IV. 498. A Madrid, les chargés-d'affaires sont présentés au roi, depuis 1783. A la cour de l'empereur Napoléon, parurent non-seulement les ministres de toute classe, mais aussi les secrétaires de légation. — Voy. sur une dispute entre la Russie et la Prusse, qui eut lieu par rapport à un pareil objet en 1750, Adelung's Staatsgeschichte, Th. VII, S. 136.

b) F. C. v. Moser von den militärischen Ehrenbezeugungen der Gesandten; dans ses kleinen Schriften, VI. 347.

c) J. J. Moser von dem Recht und der Gewohnheit mit sechs Pferden zu fahren; dans ses Abhandlungen verschiedener Rechtsmaterien, St. I, S. 126—138. Ordonnance portugaise de 1752, dans Moser's Beyträge, IV. 117.

d) Voy. Moser's Versuch, IV. 54. F. C. v. Moser's Hofrecht, Th. II, S. 328. Beylagen, S. 28.

e) Moser's Beyträge, IV. 116.

f) Mémoires et négociations du chev. d'Éon, p. 96. Moser's Versuch, IV. 531. Du même, Beyträge, IV. 131. 432—450.—

Quelquefois on donne aussi des présens à l'épouse du ministre, et au secrétaire de légation. Moser's Beyträge, IV. 180. 227. 450. 451. — Il y a des gouvernemens qui ne permettent point à leurs ministres d'accepter de pareils présens, sans leur consentement exprès. Moser's Beyträge, IV. 482. Kluit primae lineae hist. federum Belgii federati, II. 570.

§. 226.

d) *Visites de cérémonie.*

Outre les visites particulières *a*), un ministre doit faire et recevoir des *visites de cérémonie b*). Ces visites sont rendues dans un ordre réglé tant par la classe à laquelle appartient le ministre, que par le rang de son gouvernement, et même par l'étiquette du lieu. Il en dérive souvent des difficultés, d'autant plus que ce n'est qu' après toutes ces visites rendues et reçues à la satisfaction réciproque, ou qu' après qu'on s'est réuni sur un expédient *c*) à ce sujet, que les ministres étrangers, résidans en un même endroit, se reconnaissent mutuellement en leur qualité diplomatique. Du reste, les visites de cérémonie n'ont lieu qu' après que le nouveau arrivé s'est dûment légitimé, par rapport à sa mission.

a) Moser's Versuch, III. 240.

b) Moser's Versuch. III. 256 ff.

c) Au congrès de Ryswik l'ont convint, à l'unanimité, que toutes les notifications de l'arrivée des ministres, ainsi que toutes les visites de cérémonie, cesseraient. **Voy. Actes de la paix de Ryswik, T. I. p. 19.**

§. 227.

Continuation.

Les *ambassadeurs* font d'abord notifier, par
un secrétaire de légation ou par un gentilhomme
d'ambassade, leur arrivée aux autres ambassadeurs
précédemment accrédités. Ensuite ils attendent
que ces derniers leur aient fait la première visite
de cérémonie *a*), qu'ils rendent immédiatement
après *b*). Ils exigent aussi la première visite de
la part des ministres de seconde et de troisième
classe, sans cependant leur faire notifier leur arrivée aussi formellement qu'aux ambassadeurs;
et ordinairement ils prétendent même à ce que
ces ministres se fassent donner à cet effet leur
heure, pendant qu'eux-mêmes ne leur rendent
la visite que par carte ou billet. — Les ministres
de *seconde* et *troisième* classe, au contraire, font
la première visite à tous les ministres indistinc-
tement, qu'ils trouvent légitimés à leur arrivée,
avec cette différence seulement, qu'ils se rendent
auprès des ambassadeurs en personne et après
s'être fait fixer une heure, tandis qu'ils laissent
aux autres ministres des cartes, toutefois se ren-
dant en carrosse devant leurs hôtels, et qu'ils leur
font la visite à l'heure de leur convenance. — Les
mêmes principes règlent le rang et l'étiquette à
observer, entre les ministres, dans les *repas* et *assemblées* de *cérémonie*, soit chez eux, soit chez
des personnes en place ou chez des particuliers.

a) Voy. Finet, p. 260 suiv. Wicquefort, T. I, sect. 21. Callières, ch. 10. Gutschmidt diss. cit. §. 34. — Des ambassadeurs royaux, surtout ceux de France, ont refusé dans plusieurs occasions de rendre la première visite aux ambassadeurs des républiques postérieurement arrivés, nommément à ceux de la Confédération Suisse. Voy. Wicquefort, T. I, p. 286. 292. Callières, ch. 10. — Dans les assemblées pour l'élection et le couronnement des empereurs d'Allemagne, les ambassadeurs des électeurs se regardaient comme domiciliés dans le lieu du congrès, et attendaient en conséquence la première visite d'étiquette de tous les ambassadeurs étrangers, même de ceux qui étaient arrivés après eux. Voy. Conclusum du collège électoral, daté du 7 sept. 1745, §. 10. — Il est des cours qui exigent que même les ambassadeurs rendent la première visite à leur ministre du département des affaires étrangères. Moser's Versuch, III. 257. — Du cas où un ministre étranger se trouve absent lors de l'arrivée d'un ambassadeur, et qu'il ne revient que quelque tems après, voy. les Mémoires du comte d'Estrades, T. I, p. 110 et 162, édit. de Bruxelles.

b) L'ordre, dans lequel un ambassadeur avait rendu la visite d'étiquette aux autres ambassadeurs, a quelquefois donné lieu à des contestations. Ordinairement, on rend les visites suivant l'ordre dans lequel on les a reçues.

§. 228.

Fin des missions politiques.

Les fonctions du ministre public sont interrompues et *cessent*, 1° s'il y a eu un terme préfixé pour la durée de la mission, lors de l'expiration de ce terme; comme p. e., si une mission est constituée *ad interim*, à l'arrivée ou au retour du ministre ordinaire *a)*; 2° les affaires ou négociations qui font le but de la mission terminées, ces affaires n'ayant d'après leur nature qu'un objet passager; p. e. dans des missions de cérémonie, dans des négociations de paix, lors de l'élection ou du couronnement d'un souverain, etc.; 3° par le rappel du ministre; 4° par son décès; 5° par la mort, soit physique soit morale *b*), de son constituant, ou 6° du souverain auprès duquel il était accrédité *c*); 7° lorsque le ministre a donné sa démission (résignation), et qu'elle a été acceptée par son souverain; 8° par la déclaration, expresse ou tacite, du ministre, portant que sa mission doit être regardée comme terminée, p. e. pour cause de violation du droit des gens, ou pour des obstacles importans survenus dans le cours des négociations, etc.; enfin 9° lorsque le ministre est renvoyé par la cour auprès de laquelle il est accrédité *d*). — Il peut survenir des évènemens par lesquels les fonctions d'un ministre sont *suspendues e*); cependant durant cette suspension, son exterritorialité et son inviolabilité ne sont point interrompues; et même lorsque la mission est terminée, elles ne cessent que le tems écoulé dont le ministre a besoin pour s'éloigner convenablement du pays *f*). — Il peut aussi survenir un *changement* dans la classe de rang diplomatique du ministre (§. 184).

a) En ce cas il ne faut point de lettres de rappel au ministre nommé *ad interim*. Contestation là-dessus à Londres, entre le chevalier d'Éon et le ministre français ordinaire y résidant. Voy. Lettres, mémoires et négociations du chev.

d'Eon, p. 85. —   La république de Venise avait l'usage de ne laisser aucun de ses ministres plus de trois ans dans le même lieu.   Moser's Beyträge, IV. 367.

b) P. e. si l'un des deux états est dissous, ou s'il perd sa souveraineté; de même en cas d'abdication, volontaire ou forcée, de l'un des deux souverains, etc.

c) L'usage reçu en Europe exige, que le ministre présente de nouveaux pouvoirs après le décès de son souverain, ou de celui auprès duquel il était accrédité.   Voy. Pecquet, p. 115.   Lamberty mémoires, I. 241.   Lünigii litterae procerum Europae, T. III. p. 770. 784.   Comparez aussi Pacassi, S. 504, et v. Römer, S. 419 f.   Suivant le droit des gens naturel, les pouvoirs d'un ministre sont envisagés comme donnés et acceptés par la personne morale du gouvernement des états respectifs; d'après cela, ils ne devraient point cesser d'être efficaces lors du décès de la personne physique du gouvernant. —   Lorsque le souverain constituant ou recevant le ministre est une personne morale, la mission n'est point regardée comme terminée si les individus composans cette personne morale du gouvernement sont venus à mourir, fût-ce même le président ou directeur.

d) P. e. parce que la cour est mécontente de la conduite du ministre, ou de celle de son gouvernement; par voie de rétorsion ou de représailles; pour cause de guerre imminente ou éclatée entre les deux états (§. 203), d'une révolution, ou d'un changement essentiel dans la constitution des états respectifs, etc.   F. C. v. Moser von Ausschaffung der Gesandten, und was derselben anhängig; dans ses kleinen Schriften, VIII. 81 — 516. IX. 1 — 128.   C. H. Breuning diss. de jure expellendi legatum alterius gentis liberae. Lips. 1767. 4. et dans ses Opusc. jur. nat., vol. II.   Bielfeld, II. 179. §. 29.   Siebenkees neues jurist. Magazin, I. 400 f.   Moser's Versuch, IV. 414. IX. 1. 40. 164.   Politisches Journal, 1788, S. 795. 817. 830.   Büsch Welthändel, S. 585 (4. Ausg.).   Exemple du ministre de la Russie à Stockholm, en 1808, Voyez de Martens recueil, Supplém. V. 10.

e) De Bielfeld, II. 179. §. 30.

f) F. C. v. Moser, même livre, IX. 187 ff.   Bielfeld, II. 180. §. 51.   ,,*Quod in itu cautum, et de reditu censeatur*“, dit Grotius.

§. 229.

Particulièrement, rappel du ministre.

Etant *rappelé*, le ministre présente ordinairement dans une audience, soit publique soit privée, ses lettres de rappel, et fait son discours de congé; il reçoit ses lettres de récréance, des passe-ports pour lui et les personnes de sa suite, et quelquefois des présens *a*). Il fait et reçoit ensuite les visites de congé, et part *b*), quelquefois sous escorte militaire *c*). A son audience de congé, il peut aussi présenter son successeur, ou le ministre ou chargé-d'affaires nommé *par intérim*, si l'un ou les autres sont déjà sur les lieux. Si, après qu'il a reçu ses lettres de récréance, il lui parvient des ordres de son gouvernement, qui lui prescrivent de rester, il lui faut ordinairement de nouvelles lettres de créance *d*). Il se peut, qu'un ministre se voie, pendant une absence du lieu de sa résidence, dans le cas d'envoyer ses lettres de récréance au souverain auprès duquel il était accrédité. Il prend alors congé par écrit *e*). En cas de mésintelligence survenue entre les états, les ministres reçoivent quelquefois l'ordre de partir sans présenter des lettres de rappel, sans recevoir celles de récréance, et sans prendre congé *f*).

a) Moser's Versuch, IV. 453—542. Du même, Beyträge, IV. 394. 396. 429. 451 ff. 475.

b) Moser's Versuch, IV. 542.

c) Moser's Beyträge, IV. 467 ff.

d) C. A. Beck's StaatsPraxis, S. 244.

e) Moser's Versuch, IV. 525 ff., et ses Beyträge, IV. 392 ff.

f) Moser's Versuch, IV. 455 ff. Du même, Beyträge, IV. 382 ff. 391. 395. 414. — Des missions politiques *durant* la guerre, voy. Moser's Versuch, IX. 1. 163 ff.

§. 230.
Et décès du ministre.

Lorsqu'un ministre public *vient* à *mourir* dans le pays où il a résidé, il faut, avant tout, avoir soin d'apposer les scellés à ses papiers officiels, ainsi qu'en cas de besoin à ses effets (§. 209). On lui doit des funérailles convenables, soit que son inhumation se fasse dans le lieu de sa résidence ordinaire, ou dans celui de son décès, ou en lieu tiers, lorsque peut-être il n'y a pas d'exercice public de son culte dans les deux autres endroits *a*). Quelquefois le corps est transporté dans les états du souverain du défunt, exempt alors des droits mortuaires en usage lors du transport de cadavres *b*). — La *veuve* du ministre *c*), avec les autres *membres de sa famille*, et le reste de sa *suite*, continuent ordinairement à profiter, jusqu'à leur sortie du pays, des prérogatives dont ils jouissaient du vivant du ministre. Toutefois on peut, si cela devient nécessaire, leur fixer un terme pour leur départ, lequel passé ils rentrent dans la dépendance de la souveraineté du gouvernement du pays.— L'*inventaire* des biens de la succession, s'il en faut un, doit être fait par une légation ou par une autre autorité désignée à cet effet par le gouvernement du défunt. La *succession* dans le mobilier qui se trouve dans le pays de la résidence du ministre, est réglée ordinairement par les lois de ce même gouvernement, et ce mobilier y est exempt de toute sorte d'impôts.

a) Voyez Moser's Versuch, IV. 569 ff., et ses Beyträge, IV. 361 ff. Sierenkees neues jurist. Magazin, I. 403.

b) Moser's Versuch, IV. 571. et ses Beyträge, IV. 366.

c) Moser, wie lang eines Gesandten Witwe sich ihres verstorbenen Gemahls Gerechtsame zu erfreuen habe; dans ses Abhandlungen verschiedener Rechtsmaterien, St. VI, S. 438—444. Du même, Versuch, IV. 571. Leyser medit. ad Pandect., Spec. 671, med. 5. Engelbrecht de foro viduae legati; dans ses Obss. select. forens., Spec. IV.

d) v. Martens Erzählungen, Th. II, n. 17. — Sur le *testament* d'un ministre voyez plus haut, §. 209.

F I N   D U   T O M E   P R E M I E R.

www.ingramcontent.com/pod-product-compliance
Lightning Source LLC
LaVergne TN
LVHW020615180726
843502LV00002B/486